U0129467

# 很哲学 狠幽默 III

## 一口气读完西方哲学史

张天龙◎著

上海三联书店

图书在版编目（CIP）数据

很哲学，狠幽默 . Ⅲ，一口气读完西方哲学史 / 张
天龙著 . —上海：上海三联书店，2024.1

ISBN 978-7-5426-8224-6

Ⅰ . ①很… Ⅱ . ①张… Ⅲ . ①西方哲学—哲学史—通
俗读物 Ⅳ . ① B5-49

中国国家版本馆 CIP 数据核字 (2023) 第 165582 号

**很哲学，狠幽默Ⅲ：一口气读完西方哲学史**

著　　者 / 张天龙
责任编辑 / 王　建
策划编辑 / 张天罡
特约编辑 / 黄善卓
后期制作 / 辛玉军
装帧设计 / 周　周
出版发行 / 上海三联书店
　　　　（200030）中国上海市漕溪北路 331 号 A 座 6 楼
邮　　箱 / sdxsanlian@sina.com
邮购电话 / 021-22895540
印　　刷 / 三河市祥达印刷包装有限公司
版　　次 / 2024 年 1 月第 1 版
印　　次 / 2024 年 1 月第 1 次印刷
开　　本 / 640 mm × 965 mm　1/16
字　　数 / 250 千字
印　　张 / 21.5

ISBN 978-7-5426-8224-6/B · 862

定　　价：48.00 元

# 目录
## CONTENTS

序言

人性绽放

卷一

这是个什么时代

# 卷二
## 人文主义三代表

# 卷三
## 哲学未成年

# 卷四
# 大牌思想家

第一章　屠龙专家老马

# 卷五
# 来自英伦的智慧

# 卷六
# 理性的故事

# 后记
## 静静等他来

# 附录
## 重要历史人物生卒年表

# 序言
# 人性绽放

有个老掉牙的古希腊故事讲，怪兽斯芬克斯想要吃人。它好似《水浒传》里的强人，信奉"此树是我栽，此路是我开，要想从此过，留下买路财"的强盗哲学，蹲在路口立了一条规矩，过路人都要来玩一个"猜猜看"的游戏：猜对的，"开路一马死"，放过；猜错的，"米西米西"，吃掉。

斯芬克斯谜题太难，无人答对。借此，它吃了好多老腊肉和小鲜肉。

这天，斯芬克斯正在路口剔牙，看见走来个倒霉蛋俄狄浦斯，立即跳出来，抛出了它的"夺命"谜题：有一种动物，早晨用四只脚走路，中午用两只脚走路，晚上用三只脚走路；脚最多时力量最弱，脚最少时力量最强。这种动物是什么？

瞅着"鲜肉快餐"俄狄浦斯，斯芬克斯口水都流出来了。

谁知这个倒霉蛋很厉害，居然猜出谜底是"人"。

赖以混饭吃的谜题给破了，斯芬克斯羞怒难当，它不思进取，也不另设谜题，竟然抑郁，跳崖自杀了。

斯芬克斯把人视为一种独特动物，幼年用四肢爬行，稍长用两条腿走路，老迈之时挂"第三条腿"——拐杖走路，倒也形象。可是，人岂是草木一秋，岂如牛马猪狗浑噩一世。

人异于牛马猪狗，当具有一种定海神针般的根本性质名曰"人性"，有之为人，无之非人。

何谓"人性"？

这是一个传世大难题，症结在于"人"太复杂。人有生命，会生老病死；人有智能，善创造创新；人有感情，现喜怒哀乐；人有意志，执所欲所求；人有道德，知善恶高下；人有信念，明取舍趋避；人能沟通，会组织，得构成共生社会。

看官一看，"噗嗤"一乐。你们搞哲学，总善于把简单的问题复杂化，把清楚的事情含糊化。俺在尘世走，天天见人，倒没觉得区分人与牛马猪狗成难题，你居然拎个"人性"概念来，拿放大镜看，区别人与非人，有必要吗？

哲学家曰：兹事体大，不容忽视。

"人性"与好多大问题筋骨相连，譬如国家政治、法律制度、道德伦理诸般问题。政治家、法学家、道德家都要解决何者为人的问题，他们头脑中不只映现张三李四寥寥数人，他们要琢磨所有人，就得和"人性"概念来玩耍。他们如同特工对着酒精灯察看药水密写的情报一样，让人所共有的"人性"显现。他们还要像老郎中辨症一样，揣摩"人性"，借此对症下药。他们判断人性恶，则皮鞭大棒伺候，故秦国法家推行冷酷"法治"；他们认定人性善，则软语温存诲汝谆谆，故西汉儒家崇尚"德治"……如此这般，皆欲比肩潘金莲姐姐。那时，武大郎被"绿"，妒火高升，去捉金莲和西门庆的奸，却惨遭西门大官人暴打，负伤卧床，金莲姐姐心知大郎病灶在"妒"，便在汤药里加了一味疗妒神药小砒霜，一下就"根治"了大郎的跌打损伤和嫉妒病。

中医出诊，观气色，听声音，问病情，切脉象，无非"望闻问切"而已。思考人性却有千门异径。古希腊哲人讲谈"知情意"，从理性、情感、意志分析人性；先秦诸子辩论"性善恶"，从道德评断人性；近现代西方哲学家从自然、社会、心理入手剖析人性……更有思想家觉着人性当综合考虑，把诸般人类特性来个"一勺烩"，说人性乃自然性、社会性、精神性的混合体，仿佛是午后的一杯柠檬玫瑰百合茶。

对于人性，每个人自然都有发言权。可是随便拎一个说法出来，总令人感觉以偏概全，不似哲学家期望中毫无瑕疵的人性论。

"汝果欲学诗，功夫在诗外"，谈人论性，不能只盯住人。

天龙先生何以敢如此牛皮哄哄地说话，因为，我怀里揣着正确答案呢。可我要对你负责任，依从冯巩牛群相声《威胁》的理念，正确答案"不能马上告诉你，怕你印象不深"。宋人老陆诗云："纸上得来终觉浅，绝知此事要躬行"，答案您要开动脑筋，自己去找一找。

古圣贤教诲我们，授人以鱼，不若赠人渔网。所以，您自己找答案，我要给您温馨友情提示：您要翻翻西方哲学史。

天地悠悠，过客匆匆，潮起又潮落，哲人一波波来，一波波走，留下漫漫卷帙。面对翻滚思潮，您可能会茫然失措，且让我陪你沿着哲人的足迹，潇洒走一回。

古希腊时，雅典德尔菲神庙上刻有一句格言："认识你自己"，意谓唯有认识人自己，方知何去何从，方知何以为人。因此，古希腊人要琢磨"人是什么"这个问题，他会讲"人是万物的尺度""人天生是一种政治动物"。古罗马时候，哲学家们关心人生，于是，产生了伊壁鸠鲁的快乐哲学，也产生了斯多葛派的人生哲学。

可惜，古希腊罗马哲人的这些想法，被战乱湮灭了。

到中世纪时候，基督教思想一统天下，经院哲学大行其道，哲人皆集中精力思考神：神，全能，至善，光荣正确伟大；人，都有"原罪"，不足挂齿。人只要信神，盼望神，爱神，就足够了，没必要在卑微的人身上费脑筋。

在中世纪这一千年，欧洲人日子并不好过。人生苦难，常苦到让人怀疑信仰。

野蛮人袭扰，"上帝之鞭"阿提拉入侵，"世界之都"罗马遭洗劫，神圣教堂遭践踏，纯洁修女遭玷污，无辜人众遭杀戮，名门贵族遭绑票，又有"黑死病"爆发……不分善恶贵贱，人的性命如同股市上的"韭菜"，惨遭天灾人祸收割。

神，你为何如此？

神学家奥古斯丁解释："同样的痛苦，对善者是证实、洗礼、净化，对恶者是诅咒、浩劫、毁灭"。死亡，对于坏人是遭到报应下地狱，对于好人是蒙上帝恩宠召上天堂。可这么说，实在难以平息人的疑惑，毕竟谁也不想随随便便就"蒙宠"死掉。

让人信仰动摇的，还有世俗的欢乐。酒色财气，吃喝玩乐，像花蜜一样诱人。人们像冬眠许久的棕熊，春日来临之时，开始觉知自己的欲望，体会到了作为肉身的存在，展现了生而为人的卑鄙与高尚。看似低下的俗世快乐鼓荡人心之时，敏锐的人也会感觉到，这些肤浅的东西后面还有一种东西，在人们的内心觉醒了，就称它为"人性"吧。

"人性"把世人的目光引离神，转而引向人类自己，引导人们走上了"文艺复兴"的路线，但丁们写些诗歌，薄伽丘们讲些段子，多纳泰罗们雕些塑像，波提切利们绘些油画，就悄无声息地把宗教的条规束缚给消融了。

就这样，在中世纪基督教世界的精神荒漠里，人文主义有机肥一撒，"人性"犹如嫩绿新芽般舒展绽放开来。这个世界上最牛皮的戏剧家老莎，也忍不住在《哈姆雷特》里摇"枪"呐喊："人类是一件多么了不起的杰作！多么高贵的理性！多么伟大的力量！多么优美的仪表！多么文雅的举动！在行为上多么像一个天使！在智慧上多么像一个天神！宇宙的精华！万物的灵长！"

总结一句话，老厉害了，我们人！

神光淡去，人性展露。新时代散发新气息，人们要看世界，要改变世界，要掌控世界。关注人自身，就会关注人的感性和理性，关注人的世界，启动人的哲学。培根会分析人的感性经验，笛卡尔会用理性怀疑一切，霍布斯会讨论公民哲学，拉美特利会视人为机器，康德会批判感性理性，黑格尔会构造精神帝国，费尔巴哈会传扬人本学，尼采会喊"上帝死了"，直至马克思会说："人就其现实性而言，是一切社会关系的总和"。

人性绽放开，理性自然来。

# 卷一
## 这是个什么时代

# 第一章
# 文艺"复兴"了

观望一个辉煌伟大时代，可能像是看庐山的云雾，远远看去云雾绕山甚是美好，可当你怀揣着走近看真切的想法，进入山中观看，却难免雾水罩头，所有的辉煌如吉光片羽，都已和光同尘。所以，我不知道能不能拿捏一个合适的角度，把文艺复兴呈现给你。读了这一段过往，倘若你有一鳞半爪的收获，也不枉我一番苦心钻研了。

十四世纪至十七世纪，欧洲进入了文艺复兴的时代。

文艺复兴的时间边界有点模糊，然而，它就那样在意大利发生了，继而蔓延西欧诸国，创生了超越古代文明的成就。

时代的更替不会像翻书一样，"哗啦"一下旧时代就翻篇儿过去，人们"咔吧"一下就进入新时代，文艺复兴也不例外，它也有个渐趋渐进的过程。

故事要从十三世纪说起，那时候，欧洲人与阿拉伯人接触不断，愉快的和不愉快的接触都有，舞刀弄枪的战争有之，财货往来的贸易有之，文化思想的交流有之。此间，欧洲人发现了阿拉伯人保存的、欧洲人祖上的"宝物"——欧洲古典著作。

欧洲古典著作重视人，重视世俗生活，重视现实世界，文风轻快，思想深邃，有识之士阅之击节赞叹，原来咱古希腊古罗马前辈的文化竟如此高妙，定要速速译成拉丁文，还要整理、注释、出版，再现昔日辉煌。

当时，意大利处在与阿拉伯人接触之前沿，尚古风气自然而然在此地蔓延开来。

十四世纪之初，意大利名流雅士开始四处搜求古希腊罗马文物典籍，装点于高堂之上，运用于创作之中，发起了文艺复兴运动。一时间，人欢马叫，热闹非凡。古代文化好似枯木发芽，逢春再生，复兴了。真让人错觉是春上春树呀！

这复兴并非全然复古，它具有全新的人文主义精神，乃是新媳妇穿了老衣裳，乍一看，表面是老的，实际上是新的，谁揣摩谁知道。

十五世纪中期，奥斯曼帝国使出"窝心连环踹"，崩塌了君士坦丁堡的城墙，苏丹穆罕默德二世的士兵蜂拥而入，罗马帝国的兄弟拜占庭帝国灰飞烟灭。大树既倒，飞鸟四散，大批希腊文化研究者与希腊典籍从拜占庭流入意大利，这相当于给意大利人文主义的烈火投了一捆干柴。意大利人文主义文学、艺术、政治思想各条战线更加蓬勃发展，百花齐放。

一切历史经验告诉我们，烧猪肉的香气是掩盖不住的，意大利人文主义热气腾腾的香气满溢四邻，在西欧诸国迅速传播，人文主义洪流滚滚而来。

天下大势，浩浩荡荡，顺之者昌，逆之者亡。

文艺复兴呼啦啦地到来，连神也抵挡不住。一千多年的神学迷梦仿佛顷刻间就被惊醒了，欧洲人发现了人自身的价值，发现了自然界：这曾被神学迷雾所掩盖的一切，柳暗花明，豁然开朗。天国的幻想黯然失色，雄心勃勃的欧洲人，要依靠自己的智慧和力量，创造一个人间乐园。

　　文艺复兴四百年，真如恩格斯所言，是一个需要巨人，而且产生了巨人的时代。

　　这个时代星汉灿烂，大腕芸芸，但丁、彼特拉克、薄伽丘、达·芬奇、米开朗基罗、拉斐尔、斐微斯、拉伯雷、塞万提斯、莎士比亚、爱拉斯莫一干人等声名赫赫。此外，还有政治学家马基雅维利、空想共产主义者莫尔和康帕内拉名垂千古，又有科学巨人哥白尼、伽利略、牛顿开天辟地。虽哲学家的声势不甚显著，仍有尼古拉、皮科、蒙田、布鲁诺的哲学薪火相续。


## 希腊文化"失落"

　　爱琴海亘古不变的碧波，紧紧拥抱着巴尔干半岛。在可以"清晰地读着贝壳，草叶，星辰"的巴尔干半岛之南，古希腊先民在此生息。

　　两三千年之前，古希腊人创生了令人惊叹的文化，诸如奥林匹亚诸神故事、泰勒斯水哲学、荷马史诗、雅典卫城神庙、断臂维纳斯雕塑、埃斯库罗斯悲剧……神话、庙宇、诗歌之类，当然，这些在异域古文明中并不算稀奇，你有我有全都有，大家各有千秋。古希腊文化之牛皮，在于它创生了哲学。古希腊人没有满足于神话描述的世界，而意欲借助人的思考，勘破世界图景，探寻世界背后的真相。希腊文明开辟了新的思维传统，营造出独特的人类思想花园。

　　希腊文化源远流长，却历经兴衰曲折。

　　公元前449年"希波战争"结束，波斯帝国败于希腊联军，可希腊诸城邦也没因此团结一致向前进，却陷入混战。此时，同属希腊文化圈的马其顿人秣马厉兵强势崛起，他们趁机南下侵入希腊。前337年，战力强悍的马其顿国王腓力二世召希腊诸邦建联盟，希腊诸邦战场上打不过马其顿人，只好如同斗败的公鸡般俯首于马其顿威权。前336年，腓力二世在女儿婚宴上遇刺身亡，时年20岁的亚历山大继位。此时，希腊诸邦爆出反马其顿叛乱。然而，不到半年时间，亚历山大铁血镇压了叛乱。

亚历山大一口咬定波斯人策划、刺杀了他的父王，所以铁了心要打波斯。前334年春，他率马其顿、希腊联军约3万步兵、5000骑兵、160艘战船东征波斯。亚历山大征战10年，追着波斯国王大流士三世往死里打。据历史学家普鲁塔克吹牛说，在阿贝拉决胜一战中，亚历山大带着4万多人干掉波斯100万人，打到波斯帝国崩溃。亚历山大灭了波斯还不过瘾，又向东打印度，四大战役一直打到印度国王波拉斯服输认怂，他才在印度河上游的旁遮普止步。

就这样，30岁出头的亚历山大就建立了横跨欧亚非的超大帝国，以致后世32岁的罗马雄主凯撒见到亚历山大的雕像感叹，亚历山大在自己这个年龄就已征服世界，自己还无所作为。

可惜，亚历山大辉煌的顶点也是他死亡之时，前323年6月，亚历山大病死，享年32岁。

战争暴力带来异族文化，不管喜欢还是不喜欢，战败族群会遭到胜利一族文化的强势漫灌。说穿了，命都捏在人家手里，还不是要你咋样就咋样。当年，清兵南下，手把屠刀，便称"留发不留头，留头不留发"，要么剃头，要么去死，硬把所谓"削平四夷，定鼎中原"的古怪发型，剃在信奉"身体发肤，受之父母，不敢毁伤"的汉人头上，以致如今影视剧满屏大辫子晃来晃去。

不过，有趣的是，战败民族的文化不一定会灭绝，甚至还会逆袭。

别看满清八旗打败朱明王朝，夺取了汉家天下，然而，满清二百年统治，却被儒文化浸染，清室皇帝都成了儒家学说的信奉者和个中高手，乾隆帝如同儒生一样学习汉家经典，他还写汉文诗，每天写，一辈子居然作了四万多首御制诗。

回过头来还说希腊，伴随亚历山大的征服，希腊文化一路传至中亚。

前323年，亚历山大大帝病死后，马其顿帝国分崩离析。历经数十年战乱，欧亚非三洲出现托勒密王国、塞琉西王国、马其顿王国等一批"希腊化国家"。前299年，罗马势力侵入巴尔干半岛。在之后的岁月里，希腊化诸王国陆续灭亡，罗马人渐成希腊人的命运主宰。前30年，罗马灭掉统治埃及的托勒密王朝，古希腊历史随历史之烟尘散去。

古罗马人吞并希腊，却未灭掉希腊文化。古希腊的神被请进了罗马万神殿，希腊神话换套行头成了罗马神话，古希腊的文化在罗马得到承继，古罗马人甚至有一种说法："胜利属于罗马，荣耀属于希腊"。

世事变迁，古罗马兴衰起落之时，希腊文化也历尽波折。

罗马人宽容征服地文化，帝国之初呈现多样文化。罗马境内诸文化之中，基督教文化原本备受打压，然而，313年帝国颁布"米兰敕令"后，基督教文化逆袭上位，信奉"一神"的基督教文化强势排异，直至一统天下。而后，蛮族入侵罗马，西罗马帝国476年灭亡，帝国故地四分五裂，陷入大战乱，罗马时代所有的文明均遭破坏，古希腊文化消失殆尽，唯剩基督教文化以超强生命力延续。

在希腊文化行将凋敝之时，谁能拯救希腊文化？

真是想破脑袋也料不到，是阿拉伯人将古希腊文化保存下来。

当阿拉伯人接触到希腊文化时，就被迷住了，他们宝贝般珍藏古希腊文化果实。

公元七世纪，伊斯兰教在阿拉伯半岛兴起，伊斯兰教的信徒穆斯林们组织了强大的军队，跨出阿拉伯半岛，向西攻占了巴勒斯坦、埃及、西班牙等地，直抵大西洋，向北打败了波斯帝国和拜占庭帝国，向东到达中国和印度边界。他们征服亚历山大里亚、大马士革等地时，搜集了大量古希腊典籍，还从拜占庭收购古希腊手稿。

九世纪初，阿拉伯帝国在"智慧之城"巴格达建立了"智慧房"和"翻译局"，掀起了"阿拉伯翻译运动"，大规模翻译希腊古典著作。接下来的两百年中，大约80个希腊思想家著作被翻译过来。柏拉图、亚里士多德、欧几里德、托勒密、盖伦、希波克拉底等大批希腊人的哲学、科学和医学名著译本，经整理、注释之后，相继问世。

据说，那时候翻译稿酬很贵，要用与译著等重量的黄金支付，足令现今学语言的弟兄姊妹垂涎三尺。

美国历史学家霍华德在《世界通史》里写道："欧洲的基督教思想家欠穆斯林一份情，因为他们保留了希腊传统，而随着西方罗马帝国灭亡之后，欧洲古典世界的知识传统和资源已然被人们忽视和遗忘了。"

历史真奇妙，欧洲人最终要靠翻译阿拉伯文译本，才得以了解先人的思想。没有阿拉伯人保存西方古典文化，就没文艺复兴这码事儿了。

天龙先生据以上历史，得出一个重要结论：备份重要，堪比备胎。

## 小牛之地意大利

在"文艺复兴"发源地意大利，文艺复兴要比宗教改革来得早。

"意大利"之名，窃以为翻译得实在神妙。你一看，觉得，嗯，"意大利"嘛，"意味着有极大的利益"。这么讲也不错，"意大利"这个名称源自希腊人传入的奥斯坎语，本来的语义即曰，拥有小牛之地。

要说，翻译这些地名的人，多少有些嫌贫爱富，怀有瞧不起落后地区的情结。不是我说你们，你看有的地名你们给翻译得多俏：英吉利、德意志、法兰西，还有什么剑桥、柏林、枫丹白露，有的你们给翻译得干巴巴可怜兮兮，老挝、缅甸、乌干达、莫桑比克、埃塞俄比亚，还有磕碜者如爪哇、药杀水、吐火罗、拘尸那。

意大利出于古罗马，其历史纷纷扰扰，乍一接触，就像小猫扔进线团儿里，还真不容易理出个头绪来。

据传罗马由战神马尔斯的儿子于公元前753年建立，它半神话、半传说，很有趣。

古罗马起先实行共和制度，由元老院统治国家。公元前27年，罗马执政官凯撒遭刺杀，共和制结束，罗马帝国时代悄悄到来。

罗马帝国一刻不消停地扩张，到图拉真皇帝时候，罗马帝国控制了欧亚非三大洲大约590万平方公里的土地，整个地中海变成了帝国的内海。可"眼看他起朱楼，眼看他宴宾客，眼看他楼塌了"。四世纪，戴克里先皇帝将罗马分为东、西帝国。五世纪开始，野蛮人潮水般入侵，西罗马帝国衰落，开始上演"城头变幻大王旗"的大剧，西哥特人、匈奴人、汪达尔人、东哥特人各色人马轮番上场，直至476年日耳曼人灭掉西罗马帝国。

仅仅在六世纪，东罗马帝国拜占庭曾昙花一现般夺取西罗马故地，可拜占庭皇帝查士丁尼565年去世之后，伦巴第人568年就打过来，西罗马帝国故地分裂。

九世纪之初，查理曼用九牛二虎之力打了个"神圣罗马帝国"出来。然而，仅过了一代人，到查理曼的孙辈，他的三个孙子843年就签了个《凡尔登条约》，就像切披萨饼一样，把帝国劈成三块分了，进而出现了如今意大利、法国、德国的雏形。

十二至十三世纪，意大利分裂成许多王国、公国、自治城和小领地。十六世纪开始，意大利大难临头，先后被法国、西班牙、奥地利占领。1796年拿破仑入侵，客观上反倒将意大利统成一片。1861年3月，意大利王国建立。1870年9月，意大利王国攻克罗马，建立统一的国家。

意大利如此一路走来，期间曲折自不待言。让我们目光回转，来到中世纪末的意大利。

在十一至十三世纪，中世纪进入尾声，那时候，意大利只有一个乱局，教皇和君王争霸闹哄哄，城市崛起欣欣向荣。

俗世君王不服教皇管，他们随实力增强，胆子就肥起来，要和教皇掰腕子。1076年，德国皇帝亨利四世打了一系列胜仗后，自信心爆棚，公开叫板教皇格列高利七世，"你不是教皇，而是假僧侣"。教皇祭出大杀器"绝罚令"，将亨利四世收拾个半死，直至跪地求饶。可亨利四世像打不死的小强，卧薪尝胆，咸鱼翻身，终率军破罗马，赶走格列高利七世，另立了一个教皇克莱门三世。

"风水轮流转，明天到我家"，教皇当中也有掰腕子高手。

1198年，37岁的英诺森三世任教皇，他号称"万王之王，万主之主"，与世俗君王你来我往争斗不休，而且占了上风，天龙先生在《很哲学，狠幽默Ⅱ》中写道："教皇权在英诺森三世手上达到巅峰：他加冕德皇奥托四世，以获取西西里，奥托反悔，他开除奥托教籍，又加冕腓特烈二世为皇，实实在在控制着权力，令皇帝听命于他；他开除英国无地王约翰教籍，怂恿法国对其开战，英王认怂，称臣纳贡；他插手法王彼得二世等国王的婚姻，并令他们就范"。

然而，这样的混乱中，竟然惊人地隐现一个新时代的到来。

教皇与国王们争权，两不相让，打得不亦乐乎。意大利的城市闷声得"利"，它们实际上独立自主了。在意大利的城市，千年以来不许放贷生利之类的教会禁规，被置之不顾，城市里出现了与封建农业经济不同的玩法，人们靠工商业致富，新经济到来了。威尼斯利用海上威权，依商业称雄；佛罗伦萨靠毛纺加工和金融借贷，过上富裕生活……意大利成为资本主义诞生之摇篮，小牛之地再次雄起，牛起来。

历史学家霍华德说："新经济支撑了欧洲的文艺复兴：一种欧洲古典思想、文化、文学、习俗和鉴赏力重生。许多富有商人都成艺术的赞助人，鼓励了绘画、雕塑、建筑、诗歌和散文的大量涌现。"那些赞助人都是虔诚的教徒，日益富有的教会则成为艺术创作的最大赞助者，"虽然如此，文艺复兴的创造力却赋予宗教表达一种更为实际、更为亲民、更贴近现实的世界，而不是停留在欧洲'中世纪'"。

## 昨日似重现

黑暗的中世纪黎明破晓，古希腊罗马景色仿佛昨日重现。

纵观十四世纪至十七世纪这四百多年，文艺复兴好似一株生机勃发的果木，萌芽（十四世纪初至十五世纪），荣花（十五世纪中期至十六世纪上半期），丰果（十六世纪下半期至十七世纪中），生意盎然，繁茂盛衍。抚摸文艺复兴这棵奇异的大树，可以梳理出它生长的主旋律：这是一曲人文主义的赞歌。

十四世纪初至十五世纪中，可称为文艺复兴的"萌芽期"，新芽破土，竞相萌发。

当年世界上最文明的都市，当属意大利的佛罗伦萨，人文主义就在此出现。自然的美和人的价值，在文学艺术作品中肆意宣泄。这还不够，有立必有破。人文主义者还要讥讽教士无耻荒淫，以烈火滚油猛喷教廷腐败。他们生机勃勃的喧闹，汇成了气势磅礴的时代潮流。

佛罗伦萨的但丁（1265—1321年）、彼特拉克（1304—1347年）、薄伽丘（1313—1375年）被誉为文艺复兴"前三杰"，他们俱存填海精卫之心，共同致力人性解放。

千年以来，教会灌输宣讲，来世幸福才是真幸福，现世要限欲禁欲，克制自己。教会那一套，人文主义者已经不屑了，他们摆明态度：别忽悠我！

人文主义之父彼特拉克说："我不想变成上帝，或者居住在永恒中，或者把天地抱在怀抱里。属于人的那种光荣对我就够了。这是我祈求的一切。我自己是凡人，我只要求凡人的幸福。"

这句话如今看来普普通通，可放在中世纪说，那简直是大逆不道呀！人算什么？且不说你今生犯了什么罪，你是带着"原罪"的罪人呀！你今生该做的要务：一要赎罪，二要赎罪，三要赎罪。幸福在天上。你现在要享受什么幸福？对不起，这里是人间，不提供这种服务！

"青山遮不住，毕竟东流去"，历史的潮流如此，旧势力根本挡不住。人文主义者扎堆儿，就说明一个情况，时势造英雄，有这方环境才萌生这样的想法，才出现了这样一大波文化巨人。

巨人们情怀满溢，爱心荡漾，一反千年的神学传统，不歌颂天道神恩，却歌颂青春爱情。爱就大声说出来，但丁的《神曲》歌颂升入天界的情人贝特丽丝，彼特拉克的十四行诗向死去的情人劳拉诉相思，还有薄伽丘的《十日谈》里数对情人居住一处讲出了令人脸红心跳的段子。

歌颂自己的情爱也倒罢了，他们还干了另一件大事儿，就是"修理"腐朽教会。

在《神曲》里，但丁安排教皇、主教下地狱进火窟，还给当世教皇卜尼法斯八世在地狱预留空位。彼特拉克干脆给教廷取了别号"谬误的学校""谎言的熔炉""阴谋的牢狱"。《十日谈》更狠，故事里上到教皇下至修士，各路神职人员嘴脸卑鄙，他们嘴里头都自称是上帝的代表，教育人清心寡欲，要引领人进天堂，实操中则挖坑下套，淫人妻女，骗人钱财，吃相难看，都是坏到不能再坏的坏蛋。

佛罗伦萨的美术界也发生了变异，跟中世纪时代不同，文艺复兴的画家更关注人类存在，绘画描摹更接近现实的事物。

时至中世纪之末，欧洲画家沉溺于哥特风格，画作中的宗教人物表情肃穆僵硬，缺乏生气。"欧洲绘画之父"乔托（1266—1337年）画作极富生活气息，他破天荒在画中以表情表达人物内心，开创了绘画的人文主义思想和写实主义表现方法。

乔托认为，宗教人物哪怕圣母和耶稣，也有血有肉。故而，他画的宗教人物，肌理细腻，质感鲜明，简直像活生生的人。中世纪画作中，惯常以金色、蓝色为背景，他则以自然风景替代。

1305年至1308年，乔托在巴多瓦阿累那教堂创作了一组连环壁画，描述耶稣生平事迹，其中《金门之会》《逃亡埃及》《犹大之吻》《哀悼基督》最为著名。这些画着实好，佛罗伦萨政府的头头看了也赞叹不已，授予他"艺术大师"名号。后人评价他"绘画之有热情的流露，生命的自白，与神明的皈依者，自乔托始。"

彼时，还有马萨乔、多纳泰罗等艺术家，造诣非凡，各有千秋。

十五世纪中期至十六世纪上半期，可谓文艺复兴的"荣花期"，花团锦簇，繁花似锦。

那时候，有人文主义先行者带路，又有新发掘出来的古希腊罗马的裸体艺术珍品，激得艺术家们热血"咕嘟""咕嘟"上涌。向古希腊人学习！于是，裸体美女赤身帅哥统统入画，哎哟喂，流光溢彩，简直不要太养眼。还有，他们塑的雕像也像两三岁的小弟弟，露出小雀雀来，真是一夜回到古罗马前，古希腊的调调全给复兴出来了。

精神枷锁一旦摆脱，意大利的艺术家们迸发出惊人才华，艺术大师达·芬奇、米开朗基罗、拉斐尔、波提切利，云集意大利，登上了西方美术的巅峰。

为宣教基督文化，教会花了血本，请人去画宗教世界。按说"拿人钱财，替人消灾"，拿教会的钱，办教会的事，结果怎样呢？主题很严肃，尽是千古不变的《圣经》故事，什么创世纪、圣母与圣子、最后的晚餐、耶稣受难、末日的审判之类。可禁不住画家要别开生面，他们画的圣母，看上去像一个村姑，着当代样式的服饰，背景也入乡随俗，取当地风景，套个现今企业考核指标的说法，本土化率超过 90% 以上。

波提切利（1446—1510 年）的《春》，则取材古希腊罗马神话，属于异教徒题材。这画让人心醉神迷，最美的人间女子加上顶级美颜手段也无法企及，直堪赞曰："那画面太美，我不敢看"，画艺把刹那之美变成永恒。恋恋风尘，人心永志美好，那些凝固的美，让人撒不开手。无怪乎，古代那些欲勘破一切的佛学修行者，为证悟美妙皮囊终不免化为尘土，要去野外看尸身腐烂，矫枉过正，把自己恶心到才算，不然，俗世的美会令他凡心大动了。

欣赏美，解析美，要具备高超的学问，要不然，就只能搓着手，干巴巴地说："真好看，真好看，好看死了！"说了，简直跟没说一样。欣赏波提切利的《维纳斯的诞生》，要由高手去讲："裸体女神从浪涛中诞生，她踏着大贝壳，在风神的轻吹中将要靠岸。维纳斯仿佛笼罩着忧郁阴影的脸孔，为一绺一绺被清风吹散的金色长发所围绕，漂亮金发不平静的曲线，表达出女神内心的激动……"看着这样的画儿，听着这样的话儿，我的心也要醉了。

达·芬奇（1452—1519 年）算一号"怪人"，坊间说他不信神，反基督，有狂热分子还扬言要把他烧死。据说，他在刑场给吊死的囚犯作素描，深夜在烛光摇曳中解剖尸身，他还跟踪一个长得极其丑陋的人，他说，奇丑的人跟极美的人一样不平凡。他不仅是世界名画《最后的晚餐》和《蒙娜丽莎》的创作者，也是数学家、发明家，还是人体解剖学家，他的离奇故事简直不要太多。

艺术大师米开朗基罗（1475—1564年）和达·芬奇有一拼，他也是多面手，能绘画，善雕塑，他的大理石雕大卫像和摩西像，以及绘画作品《创世纪》《末日的审判》，举世闻名。他对人体的研究深入，要切开了，看到深层肌理。不过，当时的人觉得，他这么干并不邪恶，因为蒙教会特准，他可以到医院解剖尸体。

米开朗基罗在西斯廷教堂作的壁画《最后的审判》更绝，画中天人神情各异，涌动着世俗的生命，他还把自己也画了进去。更要命的是，画中人光着屁股，连基督和圣母也不挂一丝。教皇保罗三世看了，大为光火，下令再雇画家给画上衣服。

让人画上衣服就能把风尚摆平？不要太幼稚了。补画衣服遮盖住了裸体，可心思活泛的人们照样还会想到光屁股人。这个就像老和尚带小和尚过河，他们遇到如花似玉的大姑娘，姑娘过不去，老和尚就抱她过去。过了河，老和尚，放下她，心无旁骛继续走。可你老和尚能在心里放下大姑娘，小和尚却放不下，还要幻想温香软玉满怀的感觉。

艺术家们很有意思，拉斐尔（1483—1520年）因圣母像和壁画《教权的建立和巩固》《雅典学派》名动天下，米开朗基罗也高看他一眼，甚至自炫："拉斐尔对艺术的所有知识，都是从我这里学来的。"拉斐尔却颇不屑地说："米开朗基罗就像个行刑者，孤独而忧郁。"

那时候，思想家、诗人也各领风骚，尼德兰思想家爱拉斯谟的《愚神颂》，意大利诗人阿里奥斯托的《疯狂的罗兰》，意大利思想家马基雅维利的《君主论》，英国思想家莫尔的《乌托邦》千古流传。

爱拉斯谟（1466—1536年）玩了个扮猪吃老虎的花活儿，祭出一位"愚神"来，还假模假式地"唱"了篇《愚神颂》。这个"愚神"

真是愚不可及，说出了蠢货们的桩桩愚行：教皇和主教们热衷于权势和财富，把宗教做成了一桩生意，甚至为利益发动宗教战争；神父修士们标榜安贫乐苦，实则沽名钓誉，他们在酒色面前毫不退让；神学家们用繁琐的"三段论"去论证神学教条，搞得大家忘记了基督教的主营业务。国王和贵族们也很蠢，他们热衷卖官鬻爵，争权夺利，搜刮民脂民膏，寻欢作乐。就这样，"愚神"把大人物们一网打尽，一个也不能少。这些大人物位高权重，如果他们是聪明人的话，良心就会痛，但愚蠢却使他们心安理得地做这一切。

阿里奥斯托（1474—1533年），意大利诗人，擅长写讽刺诗、风俗喜剧，曾作诗文体传奇《疯狂的罗兰》，讲述查理大帝抵抗北非摩尔人入侵之时，骑士罗兰意中人绝世美女安洁莉卡在败军中迷失了方向，不知所踪，罗兰去寻她的故事。

罗兰思念安洁莉卡日甚，梦魂牵绕，"在这万物沉睡的夜里，罗兰不断地哀叹流泪……罗兰看到自己在原野上跑来跑去，到处寻找着心爱的人，一下子在林深处，一下子在水泽边，声声呼唤着她的芳名。他仿佛听到她在求救的声音，他往声音来处奔去，绝望地搜寻着，想象不能再看到她美丽的容颜，真是痛不欲生！"于是，罗兰穿戴上盔甲，跨上骏马，没有留下只言片语，离开军营，走遍天涯海角去追寻意中人。

结果罗兰这哥们儿很悲催，种种惊险虐他千遍，结果怎样呢？意中人结婚了，新郎不是他。你看安洁莉卡和新郎伊斯兰教勇士麦多曼两个爱得有多深，"形影不离还不够，安洁莉卡在许多大树、石头上刻下两人的名字，或是以一个心形围起来，或是以一支爱神的箭穿过、刻一个蝴蝶结绑住，以宣誓两人的爱情至死不渝"。痛苦啊，绝望啊，仿佛执刑的斧头终于劈下了他的脑袋，终于承受不住情伤的打击，罗兰发了疯。

《疯狂的罗兰》笔触优美，将大自然的美和现世生活的感触，娓娓道来。美女与异教徒爱恋的故事，更对中世纪宗教偏见和禁欲主义构成强刺激。对爱情和英勇行为的歌颂，使此传奇诗篇成为传世经典。

四百多年以来，被扣上"政治恶魔""罪恶的导师""极其玩世不恭的人""吹捧暴君的无耻之徒"各式黑帽子的马基雅维利（1469—1527年），是政治思想家、外交家、历史学家、诗人和军事著作家，他深悟君主权术，所著《君主论》极具争议，历来被指责为败坏道德、鼓吹邪恶的"马基雅维利主义"。但恰恰是这部奇书，奠定了近代国家学说，也为世俗的政治提供了科学的、经验主义的思维方法。

英国空想社会主义者托马斯·莫尔（1478—1535年）的作品《乌托邦》，借一位远航归来的航海家之口，将理想人类社会图景铺陈出来：男女平等、信仰自由、财产公有、民主政治，这就是令人神往的空想社会主义啊！

一个时代出一个流传千古的伟大人物就很了不起了，在文艺复兴全盛期这短短几十年光景，出了一群大师，真是令人惊叹。让你不得不相信，历史唯物主义说得对，时代造就英雄。

十六世纪下半期至十七世纪中期，当为"丰果"期，果实累累，香飘天涯。

植物的果实是欣喜的也是悲哀的，它意味着丰饶的收获，也意味着美丽的花儿谢了；它固化了既往的成就，又隐含着新的生命。对于意大利来说，它还有一重悲哀，1527年，西班牙国王查理五世的军队洗劫了罗马，意大利文艺复兴寿终正寝。

文艺复兴晚期，名家大腕儿依然不少。意大利有"威尼斯画派"四大名家：乔尔乔内、提香、委罗奈斯和丁托列托，还有著名的思想家康帕内拉。西班牙有现实主义作家塞万提斯，英国有戏剧家莎士比亚。

这场复兴的效果很明显，人性高扬，千年老教已不受待见。

神圣难以引发敬畏。画家委罗奈斯的《最后的晚餐》里，基督临在的场面中居然画了醉汉和一条狗，这要算作对神圣的嘲讽。照以往，这是万恶的行为，所以，他因亵渎罪受审。然而，这事儿雷声大，雨点儿小。法官大人只是下令他三个月内修改画。最后，他只是改了作品的名字而已。

清规戒律也玩儿完了。男男女女，别假正经、真淫荡，大家干脆光明磊落相亲相爱。拉伯雷（1495—1553 年）的小说《巨人传》中，在巨人康高大的德廉美修道院里，爱情何必鬼鬼祟祟、偷偷摸摸，他干脆说："男女修士可以光明正大地结婚"。

社会变革的影子也投射在小说中。资本主义野蛮生长的年代，骑士阶层没落，封建主义萎缩，旧势力回天乏术了。塞万提斯（1547—1616 年）写了个迂腐可笑的堂吉诃德，他骑着可怜的瘦马"驽骍难得"，带着忽悠来的仆人桑丘，演绎了一场疯狂骑士的失败冒险。

戏剧舞台是芸芸众生相、百面人性集结的微缩世界。莎士比亚（1564—1616 年）为剧作而生，他的《哈姆雷特》《罗密欧与朱丽叶》《奥赛罗》《麦克白》《仲夏夜之梦》《温莎的风流娘们儿》，一出出、一幕幕，人间悲喜剧故事，展现出人性夺目耀眼的美丽，直击人心。

1622 年，思想家、文学家康帕内拉（1568—1639 年）模仿莫尔，写下了空想社会主义代表作《太阳城》，再度擘画出了未来社会的蓝图。

文艺复兴运动源于意大利，随即波及欧洲大部。这一运动使欧洲人的精神发生了巨大转向：从面向神转而面向人和自然，由宗教转向世俗，貌似回复到古希腊人那种无忧无虑、勇于探索的自然激情状态。

在文艺复兴中，自然科学也逐日崛起，哥白尼、布鲁诺、伽利略拉开了天文学革命的大幕，自然科学的发现风起云涌，更带动了新哲学的创生。

## 理解文艺复兴

中世纪的老规矩，眼见被废掉了，登山宝训、摩西十诫已管不住骚动的心。

"文艺复兴"应运而生，它肯定人性，反对神性，反对禁欲，反对宗教束缚；它的先驱思想家、艺术家、文学家们，在古希腊罗马文化宝库里淘宝，整理、翻译、颂扬乃至模仿古典文化，在宗教、哲学、文学、艺术和自然科学等领域，树立了新的思想范式，营造了新的艺术、学术风气。这是一场新兴市民阶级的新文化运动。

文艺复兴时代有两个重要发现，一是发现了人，二是发现了自然。

一旦人们用感性的、实验的眼光重新审视人与自然，它们便展露新颜。就此，自然科学取得一大串冰糖葫芦一样红红火火的成果：哥白尼推翻了托勒密体系，实现了天文学革命；开普勒发现了天体运动三大规律，将仰仗经验观察的天文学变成一门严格精密的科学；伽利略发现了落体定理和惯性定理等，为近代物理学奠定了基础。

此外，在动物学、植物学、医学、解剖学等学科都有一系列重大发现。

汇聚了人文主义、宗教改革、实验科学大思潮，文艺复兴运动席天卷地而来。

◎ 人文主义滚滚来

人文主义是推动文艺复兴的中心哲学，它由俗世学者发动，挑战教会对文化生活的诠释，确信人应该研究人自己，重视人类知识，赞颂人的力量，肯定现世人生享乐，提倡个性解放。

在中世纪，虔诚的信徒恪守宗教生活誓约，心中只有天国，完全漠视个人；在他们眼中，今生充其量不过来世的准备，尘世微不足道。

可到了中世纪末，一些文化人却突破信神、望神、爱神的老套，开始琢磨人间事。过去的学问琢磨神，现在的学问琢磨人，于是乎，古语、文学、艺术、历史、哲学等人类文化问题成为主题。

这些文化人强调人的自然属性，以人性高贵来回怼经院哲学的神性为上。他们把人的问题和人的价值放在中心，崇尚人的理性，提倡人的尊严和权利，追求人的解放和个人的自由，注重人的需求和物质利益，神的荣光在这里黯然隐去。他们把"人的文化"格外高看一眼，所以，他们被称为人文主义者。

人文主义者向旧文化砸出重锤。是谁给了他们底气呢？且听我细细说了来。

十三世纪时候，意大利城市工商贸易全面发展，社会财富快速增长，众多城市居民出现，世风发生变异。

有权势的贵族乃至一些教会高层要享受当下的富贵荣华，有钱有闲的市民也要享受今生。人们一看，你们这些觉悟高、地位显、金钱多的人都这样，我们也想快活快活，也要潇洒走一回。这心态恐怕东西方都一样，你看中国有了市民阶层后，他们也要找乐子，看《墙头马上》剧，读《金瓶梅》书，唱《十八摸》曲，群体休闲都会自"嗨"起来。在经济学上，新的文艺繁荣很好理解，需求引导生产，供给侧改革满足需求嘛。

此外，更有个赶巧的由头，那时候古希腊罗马文化"出口转内销"，从伊斯兰教世界回流罗马故地，引发举世围观，吃瓜看热闹的群众也深受感染，各色人等四出搜求昔日希腊罗马典籍、出土文物。众人且看且赞，原来我们古希腊罗马的文艺如此牛皮！

普罗大众骨子里都趋乐避苦，人文主义的种种说法正中下怀，人文主义的套套说辞，一经发出，便四处流行，在意大利蓬勃一番，而且逐渐扩散欧洲诸国，到处都激起热烈反响共鸣，形成波澜壮阔的思想运动，让人感叹欧洲无处不"人文"！

你细细品，天主教以神为中心，人文主义以人为中心，这不就在对抗神，提倡以人道反对基督教的神道么？

说来说去一句话：市民社会成气候了，资本主义兴起了，布尔乔亚财大气粗腰杆硬起来，人文主义者自然活泛起来。

人文主义提倡研究属于人的东西，所以，这时候，拉伯雷就出来写《巨人传》。这部书天龙先生买了中译本，老厚一本书，用了一上午时间读完了，整本书貌似满纸荒唐，细一琢磨，还挺有点儿意思。

你猜他说巨人康高大有多大个儿？不说别的，他刚出生就要备"一万七千九百一十三头巴蒂伊和勃雷蒙的乳牛"，专供他每天吃奶之用；他做一件贴肉衬衫，就用了"夏忒尔罗纱布九百码"。这人到底有多大，你脑补吧。

神学里，人是能力有限的生物，骨子里的罪人。但是，你看康高大多厉害，他把巴黎圣母院上的大钟拿下来当小铃铛玩儿。另外，他还德性好，他对于战俘宽宏大度，"我今释放你们，让你们和先前一样，重作自由之民。不但如此，你们在城门口各人还能领取三个月的银饷，作为归家团聚之用"。

拉伯雷赞美巨人有种种伟力和优秀品质，这就是在肯定人的尊严和人生的价值。所谓"此消彼长"是也，"人"高大起来，"神"就矮小下去；一个劲儿夸奖别人老婆漂亮，就等于嫌弃自己老婆丑。

人文主义者们还不敢否定上帝至尊，不过，他们避开上帝，他们不谈人神关系，他们谈人兽关系、谈人物关系，强调人与万物的区分，突出了人的优越。但丁说，天赋的理性是人与禽兽的根本区别，是辨别善恶之光。人只有遵从理性指导，才能达到至善之境，获得真正幸福，"人的高贵，就其许许多多的成果而言，超过了天使的高贵。"

西班牙人文主义者斐微斯（1492—1540 年）热情讴歌人的创造力。在他的眼中，文明不是神的恩赐，而是人自己的创造，人由此摆脱了在基督教神学中的卑微地位，一跃成为众神尊敬、羡慕的对象。在《关于人的寓言》一文中，斐微斯讲，人有一颗充满了智慧、精明、知识和理性的心灵。人足智多谋，单靠自身就创造出许多了不起的东西，令人赞叹不已。人用很少几个字母就可以拼成极其复杂的语言，用以记录知识。人几乎具有预见未来的能力。

天主教面向彼岸，宣扬禁欲主义和来世，他们说人在世间就是赎罪，现世人生毫无意义，大家要一心向往天国的幸福。人只能爱上帝，哪个敢高调爱情人，那就是给自己找不自在。你看，英国国王亨利八世要离个婚，要正儿八经娶情人安妮，就费了死劲。

人活在现世，实在等不及天国的幸福，只要当下的快乐！人文主义之父彼特拉克撇开宗教那一套，他赞美情人，为爱情歌唱。洛伦佐·瓦拉（1407—1457 年）写了篇《论作为真正幸福的享乐》宣扬享乐主义原则，说自我保存的感觉是最自然的感觉，"有什么比快乐更能保存人的生命呢？"追求快乐是最自然的要求，没有不道德的享乐。就连宗教改革家马丁·路德也对于教皇既允许神父们拥有女人，却又不允许他们结婚的禁令，十分不屑：这岂不是让一男一女单独在一起，同时又不允许他们堕落吗？这好像是把火与干草放在一起，命令它们既不要冒烟，又不要燃烧。

中世纪个人自由稀缺，人文主义者呼唤自由。

农奴在领主的地上种植、放牧，为领主上供，跟着领主打仗，当然，还要供神，向教会献上"什一税"。身家性命都被领主和教会捏着，领主老爷们拥有人的肉体，教会掌控人的精神，芸芸众生做梦也梦不到自由。领主就很自由吗？也未见得，上面还有大领主管着，一层管一层，层层不自由。神父能自由吗？也不能，进得修道院来，要发誓服从教规、固守贞洁、安于贫穷，修道院清规戒律一万条，条条把人难为死，读一读法国情圣阿伯拉尔悲催的故事你就明白了。

当教皇和国王忙着打架的时候，出现了管理漏洞，意大利的城市人花着做生意赚来的钱，呼吸到了一点自由的空气，尝到了自由的甜头。自由是个好东西呀！被迫交租打仗，不要，不要！清规戒律锁定，不要，不要！压制迫害，不要，不要……所以，拉伯雷的修道院要自由，"人人都可富有钱财，自由自在地生活"，修道院唯一规矩就是"想做什么就做什么"。自由建立在平等基础之上，自然而然，人文主义者会主张人的自然平等。

众人拾柴火焰高，人文主义者们汇聚点滴之力，逐渐构成了一个关于人的价值、自由、平等的人文主义世界观。

### ◎改革宗教还信于民

你要知道，欧洲中世纪的时候，大部分人都没文化，教士讲经布道支撑着世人的精神世界。经过教士教化，大家深信，人类祖先吃了上帝的苹果，做了对不起上帝的事，犯了原罪，人类都是罪人的后代，要赎罪，最大期望就是末日审判时避免堕落地狱，能飞升天堂。

依循那些教士们唬人的说法，每一个教徒死了，都要落入"炼狱"。在那里，由火炼净才可以上天堂。一个人平均每天犯三十件小罪，每一小罪要在炼狱里烧一日，再加上其他大罪，一个人若有六十岁的寿命，他基本在炼狱里要烧个千儿八百年的。

在炼狱里烧，极其痛苦，纵使英雄汉，也别想能挺住。想在地狱里被烧成灰，疼只疼那一回，就一了百了，可没那么便宜的事儿。教士们说，人的肉体烧没了，可人的形体还在，烧着还会疼痛苦楚。假若要减少在炼狱里受的苦，你需要念经、做弥撒等圣事，积蓄许多功德来赎罪。还可以求彼得、保罗等圣人，他们的功德多得很，求他们，他们会把富余的功德匀一点儿给你。圣人的功德都由教皇保管，存于功德库中，求功德的人按所求功德的多少而付钱，教皇发给他一张证书，那就是"赎罪券"，罪就赎了。

人们真信、真想，心心念念只有神，那情形要用《往后余生》歌词描述才贴切，"往后的余生，我只要你，往后余生，风雪是你，平淡是你，清贫也是你，荣华是你，心底温柔是你，目光所至，也是你……"

顺便说一句，你看这词写的，是不是献给神，比献给爱情更合适？爱情缘于体内激素分泌所致，也就维持三两个月，爱慕神才是一辈子的事儿。

罗马教廷自诩是上帝在人间的代理机构，握着天国钥匙。可那时的教廷言行不一致，辜负了信徒，他们的骚操作肥己损人：敛集"什一税"，贩卖"赎罪券"，金钱到手；俨然以世俗君主和诸侯的太上皇自居，凌驾一切；思想控制，压制异见，硬核迫害；极欲穷奢，堕落腐化，道义蒙尘。

此外，教廷简直是个争斗机器，它对外与世俗君王争夺权力，打得头破血流；它对内互相伤害，教内曾发生"二皇并立""三皇鼎立"乱哄哄的局面，结果教皇失去了凌驾于各国君主之上的威风，还要靠各路君主支持才能与自己的对手抗衡。

教皇没落，教会也落入君主的掌控之中。1414 年，康斯坦茨宗教会议形式上恢复了教会的统一，但教皇权威已成悠悠逝水，一去不复返。

教内乌烟瘴气的情形，不用说外人，教内人士都看不过去，彻底改革势在必行。1517 年，马丁·路德抛出《九十五条论纲》，迎头痛扁了老罗马教廷，引发宗教改革，把千年老教给改了。从此，新教出场，与天主教、东正教三派鼎足而立。

按新教的说法，个人可以直接与神对话，横亘在个人与神之间的教会成为多余。新教理论鼓励人们勤奋工作，节俭生活，努力积累财富，客观上促进了资本主义生产方式和生活方式形成。你看，新教国家尼德兰和英国，比天主教国家意大利和西班牙就更早更快进入资本主义时代。为此，后世牛人马克斯·韦伯还写了本书《新教伦理与资本主义精神》。

宗教改革的故事，在《很哲学，狠幽默 II》里一股脑讲过了，此处不再重复。

当然，不重复不等于不重要，说到底，宗教改革乃是重大社会生活内容。

◎**实验科学拓土开疆**

在中世纪，一切为神所造的观念一直盘踞人心，人们对自然界和自然现象，从根本上说毫无兴趣。出于作为上帝尘世代表的自信，基督教会并不对科学抱有敌意，它把科学发现看作对上帝伟大的证明。

然而，出乎神学预料，自然科学推进，神学遭到碾压。神学谈论大家所不知道的世界，当人们知道的世界扩大时，神学的地盘就萎缩；科学颠覆性的发现冒出来，神学危机就显露出来。此时，神学家挥老拳阻挠科学，就为世人唾弃了。

中世纪有学问的人当属经院哲学家，可老狗学不会新把戏，他们只会日复一日热火朝天争论虚构的问题。这些问题荒诞不经，繁琐不堪，无聊至极。爱拉斯谟讽刺经院哲学家，说他们热衷于争辩"原先上帝化身，是否取了一个妇女的形象，或一个魔鬼、一个葫芦、一块燧石的形象？要是能够的话，那末那个葫芦倒是怎样布道、怎样演出奇迹、怎样被钉上十字架的呢？"

不过，经院哲学用理性论证神学的玩法，产生了意想不到的事情。哲学家费尔巴哈说，理性的观察使人"意识到自己的独立自主性，意识到自己在精神上的高尚优雅，意识到自己具有一种内在的、天生的、与上帝相似的东西，产生了对自然界的兴趣和研究自然界的兴趣，获得了观察的才能和对现实的正确观点"。费尔巴哈够胆，他直接把人跟神相提并论了，神能创造世界，人自然可以理解世界，人类产生科学精神顺理成章。

偏巧文艺复兴又来推波助澜，辗转流传而来的古希腊天文学、数学和生物学论著，引发了人们对自然科学的爱好，古希腊数学家欧几里德的著作即为一例，它一直到十九世纪都是欧洲人的标准数学教材。

科学实验也得到重视。十五世纪的哲学家库萨就倡导对世界进行量的考察，认为试验的结果更接近真理；他还认为，学者们应当走出书斋，到现世生活中去，"读上帝亲手写的书"，即读大自然这本书。

开始时，科学家由于害怕或出于习惯，不得不作出种种妥协。被烧死的"日心说"宣传者布鲁诺和血液循环论者塞尔维特，被教会收拾得七荤八素的伽利略，以及其他人的遭遇，表明老教会出手狠辣，科学家当谨慎行事。所以，人们欣赏达·芬奇等人的智慧，当世界还没有为他准备好条件，他抑制自己，不发表观点，以不引人注目的方式帮助未来，为后人进步开辟道路。

十六世纪中期出现了第一个重大科学进步：1543 年，哥白尼"日心说"发表，自然科学在实验研究的基础上大踏步前进，摆脱了神学。

文艺复兴和之后的年代里，科学在不同时期分头取得进展。天文学带头发力，继而是十六世纪的物理学，化学在十八世纪得到发展。尽管维萨留斯（1514—1564 年）人体结构学说和哈维（1578—1657 年）血液循环学说已冒了尖，但生物科学仍落在后面，直到十九世纪才取得进展。

意大利人对古文化的发掘以及对人性的重视，促成了富有人文主义精神的"文艺复兴"。"文艺复兴"作为一场波澜壮阔的思想解放运动，一举消解了宗教神学束缚，为现代西方文明开辟了道路。

在这个时代，人文主义向天主教神学世界观发动全面的进攻。

它对人本身、对理性、对现世生活的肯定，使人们不再甘心屈服于教会的淫威，促进了人们自我意识的觉醒。它对世俗生活的重视，引起了人们对自然的浓厚兴趣，推动了自然科学的发展，构成了文艺复兴伟大历史功绩和"自然的发现"。一些有远见的哲学家及时地汲取了新文化、新的科学成果，提出了具有自然哲学倾向的新哲学，成为近代哲学的先驱。

也许，你也曾抱着理解"文艺复兴"之心兜兜转转，你终于发现，如同所有的历史潮流：来的终归来，去的终归去，它不需要你理解，只需要你接受。

# 第二章
# 资本主义凶猛

十五世纪时候,教士们许诺天上的财宝已不顶用了,俗世的人要"叮咣"作响的真金白银。时机成熟,"每一个毛孔里都流着血和肮脏东西"的资本主义猛兽,踊跃出笼了。这头猛兽要用侃爷王朔的说法形容:动物凶猛!

一帮胸中燃烧着发财欲望的人,奉行一切向钱看的理念,在本已不太平的世界上豕突狼奔。可就怀着这么低俗的念头,这帮人居然让欧洲甚嚣尘上,赶超了盛世中国。

他们在海沼上生生建出水城威尼斯,他们以海洋为通途,依商业系统行事,贸易兴邦,资本致富;这帮人相当生猛,凭简陋的木质帆船、初级的航海仪器、不靠谱的海图和有限的资源,在海上开出了新航路,发现了美洲新大陆,实现了环球航行。

不过,这些听起来豪迈的作为,貌似光鲜,内里却充满卑鄙龌龊。

## 金钱击溃道德

在资本主义野蛮生长的时代,金钱至上,道德退位,暴力为王。

　　真是"无心插柳柳成荫"，罗马教廷与神圣罗马帝国争权，两不相让，趁此机会，意大利很多城市实际上已独立自主，连神圣的教会都管不住了。教会规定不许放贷生利，这是先圣的教导，《圣经》说："你借给弟兄的，或是钱财或是粮食，无论什么可生利的物，都不可取利。"可是，大家一门心思发财致富，连这样的禁规都置之不顾了。金钱像不朽的永动机，驱动着意大利的城市奔腾起来。

　　意大利诸城之中，威尼斯独具一格，它是个傍海的水城，没啥农业、手工业。在那里，住着拿着退休金赋闲的贵族、小有家业的市民，还住着许许多多奴工。威尼斯奉行商贸立邦，整个城市社会如同一个大公司。

　　威尼斯人什么都敢卖，甚至甘冒基督教之大不韪，把系出同门的东正教兄弟卖为奴隶。怕有虔诚教徒思想上转不过弯儿来？好办得很，东正教信徒很容易就可以说成是异教徒嘛，就像雍正皇帝给反对他的宗亲、阿哥之类讨厌东西，取个"阿其那""塞思黑"的污名，就方便下手了。

　　卖个兄弟为奴还不算什么，还有更厉害的呢。"十字军"东征历来标榜崇高理想，号称要打到耶路撒冷解放耶稣的圣墓，解除异教徒对基督教徒的压迫。可最终怎么样呢，威尼斯人为了钱，把"东征军"给带沟里去了。

　　1201 年，在教皇英诺森三世和香槟伯爵忽悠下，"十字军"要第四次东征了。东征军请威尼斯人提供船只、水手、粮草，算了算经济账，发现钱远远不够。威尼斯总督丹多洛憋出个大数字来，一年费用是八万五千银马克。教皇的使者目瞪口呆，当时整个东征军总共才有五万银马克。

　　威尼斯人的规矩是"先做威尼斯人，再做基督徒"，没钱免谈。

东征军没钱怎么办？

事有凑巧，有个流亡的拜占庭王子阿列克谢作出承诺，如果威尼斯人和东征军帮他夺到拜占庭的帝位，他愿出一万士兵和二十万银马克作为酬劳。有利可图呀！威尼斯人就和东征军一合计，我们干脆帮阿列克谢，攻打君士坦丁堡。阿列克谢遂了愿，可他只抓到个烂摊子，根本没钱兑现承诺。那就不好意思了，威尼斯人和东征军便动手抢掠。

就这样，为了钱，打着高尚旗号的东征，变成了对同门兄弟的打劫。

坏事到处都在发生，资本巨兽令英国的百姓也遭了殃。

英国十五世纪开始"圈地运动"，那些农村公社曾共同占有、牧人们牧放牛羊的土地，被一些人利用法案独自占有。到 1801 年，英国四分之一的土地，由社区财产转变为私人财产。

得到土地的人发了大财，有的还转身成了资本家。牧人们却失去赖以生存的牧场，只好租地种，或者去城镇打工，成为发展资本主义需要的劳动力。这个过程非常痛苦，非常血腥，无业的人流离失所，可能因为偷窃一些吃的用的东西就被吊死。十六世纪中期，英国爆发多起农民暴动，在一次暴动中就有 3500 人被杀。

这样你就理解了，为什么经济学家熊彼特要说，资本主义是"创造性的破坏"。

## 大航海时代

碧波汹涌的大海上千帆相竞，令人热血贲张的"大航海时代"，乘风踏浪而来。

大航海时代，带来了地理大发现，让地中海沿岸的经济活动进入了数千年来最活跃的年代。每一个充满活力的心灵都被注入新的自信，障碍已经被推翻，没有什么能够限制人们大有作为，正像培根所言："那些小小的帆船，就像天上的星辰一样，也能绕着地球航行，这是我们时代的幸运"。

《马可波罗游记》美妙的传说更激发了欧洲人的无限遐思，让人跃跃欲试。鼓胀的风帆、满载的三桅货船、凶悍的独眼船长、稳掌方向的舵手、袒露古铜色肌腱的水手，是那个时代的印记。欧洲人内心熊熊燃烧的发财梦，驱动了一个大航海时代。

航海能带来巨大财富，可谓"船桨一响，黄金万两"。欧洲人远航，意图带回东方的调味香料、象牙、宝石、丝绸，这些东西都是奢侈品，有钱佬的挚爱。在那个时候，只要你有好货，不怕没人买，欧洲富人圈的需求大大，金钱多多。给你讲段往事，你就知道航运真太赚钱了。麦哲伦环球航行，出发时带了5条船，270人，走了3年多，失去4条船，死了247人，花费833万西班牙金币，只有18人驾着破烂不堪的"维多利亚号"回来，带回区区26吨香料。不过，你猜结果怎样？简直让人难以置信，他们居然还纯赚35万金币。要知道，那年头，7个金币就能买一头牛呀！

谁掌握了商路，谁就掌握了财路。可惜，商路被兴起的奥斯曼帝国给堵住了。于是，各路航海家纷纷出动，寻找去往财货之地亚洲的海上新航线。

在十五世纪初，航海技术已有很大提高，但由于船只简陋，海难事故频发，航海远非我们所想象的浪漫事业。

当时的海船很小，一般载重数十吨到一百多吨，乘坐数十人。

船员住低矮的船舱，在其中甚至无法直立。厨房简陋，食物常常半生不熟。淡水用小木桶装，很快就发黄变质，粘乎乎的，发出臭味儿。

海上还时常会有断粮的风险。麦哲伦 1519 年环球航行的时候，就遇到了断粮危机，随船编年史家皮卡费塔写道："11 月 28 日，星期三，我们离开了海峡，进入一片我们航行了 3 个月又 20 天的海洋，再也没能享受到任何新鲜的食物。我们吃的面包干，不再是面包干，而只是灰尘，掺杂着蠕虫和老鼠屎，臭得要命。而我们被迫喝的水，早已坏掉，并出现异味。为了不饿死，我们吃用来绑横杆防露水的皮革。这些不断受到风吹雨淋日晒的皮革非常硬，必须先泡在海水里四五天弄软，然后在炭火上烤，再使劲咽下去，味道令人作呕。往往我们只有剩木屑可以吃，就连令人厌恶的老鼠，都成了不可多得的美味，要花一个半金币才买得到。在这骇人的日子中，4 名船员去世，麦哲伦每次都在船员咽下最后一口气时，立即把尸体丢入波涛中——或许害怕可能成为食人族。我便见到一位，眼睛贪婪地盯着一名刚刚死去的西班牙人，下巴来回动着，我毫不怀疑，这名水手在想，要割下死者哪块肉，然后吞下去。"

此外，船上时常疾病肆虐。船员一离岸就吃不到蔬菜，缺维生素，会得败血病而死。

所以，那时海员死亡率极高，能达到十之四五。

远航这种风险极高极艰苦的事业，普通人鲜有兴趣，海员常常由无业游民、罪犯充任。1492 年，哥伦布要跨过大西洋去找印度，就从监狱搜罗了七八十个囚徒。这帮人没什么底线的，所以，各种可怕的事情就接二连三地冒出来，船队火并，船员叛乱，对海外土著抢劫屠杀，几乎成了注定的逻辑结果。

葡萄牙人最早寻找往印度去的海上航线。从十五世纪初"航海王子"亨利开办世界上第一所航海学校,继而派人探索西非沿海开始,葡萄牙迅速向富强的海洋帝国迈进。最终,葡萄牙人达·伽马发现了绕过非洲南端好望角前往印度的航线。之后,西班牙也派出船队劈波斩浪,在茫茫大海上开辟新航线。后来,哥伦布跨越大西洋发现了新大陆,麦哲伦的船队则实现了环球航行。

在十五世纪中叶,人类知道的陆地占地球陆地的百分之四十,知道的航海区域占全部海域的百分之十;到了十七世纪末航海时代结束,人类已知的陆地和航海区域都达百分之九十。

伴随远洋探险船队四海航行,越洋商业活动越来越多。海外贸易带来巨额财富,刺激欧洲人跑到美洲、亚洲之地,如同种树一样地去殖民,像蚂蟥吸血一样掠取资源。他们掠夺、搜刮、累积的资本,促进了欧洲资本主义与工业革命的发展。

就这么样,欧洲的资产阶级崭露头角,逐渐抓住了经济命脉,控制了政府,掌握了国家,欧洲跑步趋近大工业昌盛的"摩登时代"。

## 印第安人的悲剧

"殖民"不同于梁惠王"河内凶,则移其民于河东"的良心之举,它乃是强国为掠夺被征服国家人民财富、心怀不轨的恶意移民。

随远航而来的殖民者极其可怕。原来美洲有近1亿的印第安人,欧洲殖民者入侵后,到1620年,印第安人剧降至160万,几近灭绝。

殖民者大都揣着险恶的用心和大杀器而来,所以,你看历史,区区百十来个西班牙殖民者竟然灭了拥有600万人口的印加帝国。

据传,在印加帝国,神与帝王合一,帝国非常富有,贵族不但用金子打造身上的饰品，还用金杯喝酒。

1532 年，皮萨罗率西班牙远征军 170 人，到达印加首府卡哈马卡城。此时，印加皇帝阿塔瓦尔帕有 5 万武士驻扎在城外。不过，印加武士的装备极其落后，兵器不过是石头、木棍、短斧、弹弓之类，他们根本没有骑兵、钢铁刀剑，更不用说枪支、火炮。皇帝轻敌大意，贸然应允西班牙人在卡哈马卡广场扎营。

西班牙人这帮没人性的家伙，诓骗皇帝到他们的广场营地共进晚餐。皇帝信以为真，竟然带着没有武装的随从，落入西班牙人的圈套。

印加皇帝上场很炫，可下场很惨。他到来时，排场极大，"在最前面的是 2000 名清扫道路的印第安人，他们身穿五颜六色的花衣服，一边行进一边捡起路边的石头和小草。他们身后是三群身着不同颜色服装、载歌载舞的印第安人。再往后是大批的印加武士。他们抬着巨大的金属盘子和金银打就的皇冠和许多金银制品。在众人的簇拥下，坐在肩舆上的印加皇帝阿塔瓦尔帕出现了。肩舆的木支架用银皮包裹，四周插满五颜六色的鹦鹉羽毛，并用金银饰品装饰，由 80 名印加领主扛在肩上。阿塔瓦尔帕本人锦衣绣服，头戴皇冠，脖子上套着用绿宝石穿成的巨大项链，坐在肩舆中装饰华丽的鞍型小凳子上。在肩舆两边的轿子和吊床上，坐着用大量金银饰品装饰起来的高级领主，后面又是抬着金银制品的印加武士。印第安人唱着嘹亮的歌进入了卡哈马卡广场，挤满了广场的每一个角落。"

鸿门宴开场，西班牙人干脆利落地挟持了印加皇帝，然后用剑、用枪，像屠杀弱小动物一样，杀害皇帝的随从，这一场杀了数千印加人。

印加皇帝只道西班牙人千里奔袭全为财，就许诺用填满囚禁自己房间那么多的黄金和填满另外两间屋子那么多的白银来赎身。谁知西班牙人不止要钱，还要命。印加人老老实实奉上黄金 6 吨、白银 12 吨之后，西班牙人却并不释放皇帝，他们要通过皇帝控制庞大的印加帝国。就这样煎熬近一年，到 1533 年，西班牙人听谣言说，印加军队要来解救皇帝，就下毒手，烧死了皇帝。

印加皇帝死后，印加人才真正开始反抗。西班牙人依仗钢铁兵器和骑兵优势，轻松击溃数以万计的印加军队。到 1572 年，西班牙人最终消灭印加人的反抗力量。

殖民者的枪炮刀剑杀戮还只限于枪弹锋刃所及，他们带去的病毒则令印第安人的死亡不可计数，几乎将印第安人消灭殆尽。《瘟疫与人》一书讲，美洲人对欧洲大陆来的天花、麻疹之类的瘟疫毫无抵抗力，许多部落被传染后疾速灭绝，"印第安人死得那么容易，以致只是看到或者闻到一个西班牙人就会使他们魂飞魄散"。

## 欧洲发生了什么

读历史不能只看到发财致富的故事，更要看到故事后面涌动的趋势。在文艺复兴方兴未艾之时，中世纪社会慢慢解体，新社会形态慢慢生长出来。

从十三世纪到十八世纪，资本主义从意大利发端，尼德兰生长，英吉利蓬勃，成为浩浩历史潮流，带动艺术文化、科学技术、政治体制的变革。资本主义一路走来，高速发展，奠定了超越亚洲繁荣的基础。

此时，金钱的功能强大起来，它不再像阿里巴巴四十大盗藏在宝库里的财宝，不过是一堆闪闪发光的死钱。金钱活了起来，具有了精怪一样的魔力，它推动资源运转起来，孳生出更多金灿灿的财货，这样的金钱就不再是货币那么简单，它升级变异成为资本。

所谓"主义"，乃是人民奉为圭臬的大道理，当金钱推动的生意大行其道的时候，"资本主义"成了天经地义的硬道理。

在中世纪时代，光有钱没有用，强权可以武力抢，可以"借"，借后还可以践踏信用，不还钱，当"老赖"。借贷资本遇到背信弃义的王室，也无可奈何。对于王室爽约失信，他们唯一的制裁措施，就是我未来不借钱给你。欧洲史上，百年金融望族，比如意大利的佩鲁奇、美第奇家族，以及德国的富格尔家族，都曾惨遭王室割韭菜：王室恶意违约，贷款人无权要求法庭审判，他们也不能向继任者追讨。

资本不会永远吃这样的"瘪"，它的本性是赚无限的钱，它是一头贪婪的猛兽，不断地吞噬资源，不断地壮大，它会扭转乾坤。最后，社会的法律、政府、文化、哲学都要为它量身定做，绕着它运转了。这就好像爱美的太太，买了一双新鞋，为了和鞋子匹配，她要购置一条新裙子；为了配新鞋新裙子，还要配置一个新包包；最后，她发现老公落伍了，狠狠心想，干脆也换个新的吧。你换老公，自然会产生纠纷，还可能出现"家暴"。在国家层面，改弦更张换统治者，则会爆发像英国"光荣革命"那样的大动荡。更有甚者，就像法国资产阶级革命，打得头破血流，路易十六皇帝也被杀了，断头台上人头滚滚。

# 第三章
# 极简近代科学史

一个玩儿哲学的人，如果不谈自然科学，就好像过年吃饺子，没老醋和蒜汁儿，少了好多滋味；一个玩儿西方哲学的人，避而不谈科学，那就是过年吃饺子，光有饺子皮儿，没包饺子馅儿。

## 真理的大海

牛顿曾豪迈地说，真理的大海，让未发现的一切事物躺卧在我的眼前，任我探寻。

读了牛顿这句话，你我相视而笑，莫逆于心，全懂了，根本不需要费口水，什么科学精神、科学史之类，那都在目光中交流过了。

果真如此，那我简直要乐得像蹦蹦跳跳的企鹅弟弟一样，跳过近代科学史这一段儿，到真理的大海里畅游了。可什么也没有发生，科学的历史还横亘在那里。我还要使出全身解数，演说科学史。

讲哲学为什么绕不开自然科学？

道理很简单，自然科学认识到的世界，就是哲学认识到的真实边界，很多时候，自然科学的发现，就像一支硬邦邦、冷冰冰上了膛的枪，结结实实顶在一切神学家和哲学家的脑门儿上。你哲学说要给人智慧，上知天文，下知地理，目极太空，手触纳米。你的发言，如果超出自然科学已知范围，你自可云遮雾罩，大吹特吹。一旦进入自然科学已知范围，你还敢信口开河，自然科学冰冷的枪口里就可能突发一粒子弹，一招致命。

而且，自然科学要划在大哲学的范围内，否则，哲学就不好玩了。

哲学讲世界观，一定要看看科学怎么讲，就像物理学，就直接讲物质世界的规律，这就是对世界真相的看法。哥白尼说："人的天职在于勇于探索真理"。所以，您不要奇怪，我一介文科学生，为啥非要谈论科学的那些事儿。

科学是哲学能够立足的结实大陆，除此而外都是迷雾。

回顾史上最牛皮的哲学家们，他们都勇于指点科学，激扬文字，挥洒宏论，侃科学，论技术，大手一挥，还要给科学指明方向，可能仅仅就是那么不经意的一指，就有人发现了二进制，发明了计算机，开创出数字化生存的时代。

曾经以为，那些哲学家们可能只是略懂而已，科幻式地指一通。哲学家多了，指哪个方向的都有，总有一款适合科学发展的道路，照此深挖细作，研究居然成功。笛卡尔就说过："不管多么荒谬、多么不可置信的事，无一不是这个或者那个哲学家主张过的。"

可是，翻开西方科学史，就发现很多科学家和哲学家原来是一伙人，达·芬奇、牛顿、笛卡尔、莱布尼茨、康德，举目一望，比比皆是。真正的大拿，科学、哲学样样精通。

何以如此？这个道理很简单，科学、哲学都是聪明人玩儿的东西，聪明人炒什么菜它不香。

近代科学何以科学家荟萃，科学发现何以井喷？

天龙先生要回复一句名言，只要时势具备，集齐七颗龙珠，自然可以召唤神龙现身。

## 科学，预备跑！

近代自然科学的兴起，既是古代科学精神的复兴，又是新方法应用的结果。

在西方科学史上，有两个思想趋势：亚里士多德思想趋势，关注生物科学，满足于对自然定性的认识；毕达哥拉斯倾向，关注世界的数字特征，侧重对世界定量的认识。

很幸运，近代科学先驱者们，追随了毕达哥拉斯。

文艺复兴时代回流欧洲世界的古典科学著作，揭示了大自然确凿的事实，激发了科学家对于经验和实验的重视。此外，像小蜜蜂一样辛勤的阿拉伯人，传播了出自印度的数字体系、小数点观念和零的概念，为自然科学家们的数学工具插上了飞翔的翅膀。

科学家们以自然为对象，通过实验、列表、比较、排除、归纳，将感官经验上升为公理，带来了科学理念和方法的进步。

"工欲善其事，必先利其器"，十七世纪，至少发明和使用了六种重要科学仪器，即显微镜、望远镜、温度计、气压机、抽气机和摆钟。

1590 年左右，人们发明了复式显微镜，这个神奇的工具将人带入了微观世界，人惊讶地发现了细菌。

天文学家用望远镜比用肉眼更能够清楚地看到遥远的天体。1608 年，有个叫李伯希的尼德兰人发明了望远镜，不过，伽利略在科学上首先正式利用望远镜。

另有人说，伽利略还发明了温度计，他的弟子托里拆利则发明了气压计。气压计、温度计用来观察和测量气压、温度的变化更加精确。

盖里克发明抽气机。抽气机能够排除空气的影响，在近于真空状态条件下进行实验，使物理学家可以加深对空气性质的研究。

时钟虽然不是新东西，但在十七世纪时也大大改良。摆钟更加精确，使得人们能够测量微小的时间间隔。

近代科学得以存在，要依赖科学仪器的应用。各种现象得以精确测量，使科学家能把它们定量地关联起来，发现其中规律。

还有一项发明至关重要，虽然它算不得一件科学仪器。十四世纪中国印刷术传到欧洲，德国人古登堡改进了它。随着 1439 年古登堡木制凸版印刷机的发明，各种学问加速传播，科学如同坐上了所罗门王的飞毯，能到达任何地方。


## 近代自然科学往事

数学方法和实验方法与自然科学研究结合起来，不可避免地推动自然科学进化成精密的实验验证科学。

十四世纪至十五世纪，科学在人体、天文、地理以及其他自然领域四处开花结果：曾企图点石成金的炼金术，迂回曲折地变成了化学；占卜星象、预测命运的占星术，演变为以观测为基础的天文学；会说话的动物寓言，不知不觉地成为动物学……

到十六世纪和十七世纪，欧洲科学技术空前繁荣，各种新的科学发现神奇地涌现出来。

## ◎天文学

天文学对于神学具有强大的杀伤力。

浩瀚天空之中，日月星辰运行，云雾雷电变幻，风霜雪雨交织，真是气象万千。人面对如此高深莫测的天，不由得战栗拜服。

当大众无知的时候，就有人扮演先知。

关于神秘的天，神学没有缺位，神学家们自信满满，发表过许许多多涉天言论：天堂、天使、天书……言之凿凿。

当科学家将天文望远镜对准天空的时候，天空的景象与神学家所说如此不同，神学家坐不住了，要么实施鸵鸟战术，捂上双眼，不要看，不要看；要么说这是魔术，用魔幻的图景障蔽世人的眼睛；要么架起火刑架，准备灭口。

天文学家要走的路很远，不光用望远镜看看而已，还要根据观察记录，推算看不到的星辰运行规律，勘破天宇的秘密。

十六世纪开始，伟大的天文学家纷纷发声。

波兰天文学家哥白尼（1473—1543 年）临终时发表《天体运行论》，说太阳是太阳系的中心，地球等行星围绕太阳转动，掀起了"天文学革命"。

意大利天文学家、物理学家伽利略（1564—1642 年）用自己创制的望远镜观测天象，宇宙的奥秘在历史上第一次直接展现在人类眼前。他看到了月球上的山和谷，太阳上的黑子，木星的四个卫星，金星和水星的盈亏现象，发现银河由无数恒星组成等等，以确凿的证据证明了哥白尼的"太阳中心说"。

德国天文学家开普勒（1571—1630 年）发现了行星沿椭圆轨道而不是正圆轨道运行，提出了行星运动的三定律，用精确计算和科学规律，证实和发展了哥白尼学说，为万有引力定律的发现砸下了"定海神针"。

◎**物理学**

亚里士多德把哲学称为"物理学之后"，似乎抬高了哲学。可我觉得，如果哲学沉溺于人类玄思，口说玄虚，玩弄概念，哲学就变成了一场游戏一场梦。

物理学可能是最重要的哲学观念的源泉和支柱，应该像一些传统哲学家，把物理学称为自然哲学。物理学可以称为精确可以验证的哲学，对于自然的认识，物理学是最直接的方法。

当然，哲学不应该止步于科学认识的范畴，它应该用思想超越科学发现的疆界，为科学擘画未曾达到的远方，就像古希腊哲学家，看到物可以分割，就能提出原子说。

伽利略在力学方面，发现了惯性定律、抛物定律，还有《两个小球同时落地》故事里讲的"落体定律"，他提出了力学的相对性原理等，开创了动力学，为经典力学和实验物理奠定了基础。

意大利物理学家托里拆利（1608—1647年）结合水利工程研究液体运动，发现了水流定律，奠定了水动力学基础。他还发现玻璃管内水银柱随气压大小变化而升降，从而创制了水银气压计。

法国科学家帕斯卡（1623—1662年）提出密闭流体传递压强的定律，给液压机的制造奠定理论基础。

英国物理学家波义耳（1627—1691年）发现"波义耳定律"，处在一定温度下的一定量气体，压力和体积成反比。他还拍熄了点金术的神秘"元素说"幻想，把化学确立为科学，被尊为"化学之父"。

英国物理学家牛顿（1643—1727年）发现经典力学的基本定律，他概括了开普勒关于天体运动规律的研究成果，从而发现了万有引力定律。这样，牛顿就把天体力学和地上物体的力学统一起来，使经典力学的科学体系圆润完满。

在光学方面，牛顿用三棱玻璃透镜分析日光，发现白光由不同颜色的光合成，奠定了光谱分析的基础。关于光的性质，牛顿提出光是粒子，即"微粒说"，惠更斯（1629—1695 年）则提出光是波，即"波动说"。为此，两人大吵一通。结果，后世人发现，光兼具波、粒二项性质。

◎数学

力学大发展、大进步之时，为力学直接服务的数学，也取得了卓著成就。

1614 年，英国数学家耐普尔（1550—1617 年）著《奇妙的对数规律描述》，公布了他发明的对数。

法国哲学家、数学家、物理学家笛卡尔（1596—1650 年）发明了坐标几何。

据说，笛卡尔生病卧床，仰观蜘蛛织网。蜘蛛织网这种小事，人们见多了，不奇怪。但有人看出意义，你看蜘蛛多有耐性，屡败屡战，最后织丝成网。有人看出无聊，在这么个地方织个破网，过会儿还得弄破，这么折腾何苦来哉，何不拐个弯，到别处织。笛卡尔则分析出蜘蛛的位置和网的关系，创立了一门新学问。

笛卡尔之前也有人研究坐标，他的首创在于使用坐标系，就是用平面上一点到两条固定直线的距离来确定这点的位置。这决非笛卡尔对数学的唯一贡献，却是最重大的贡献。

十七世纪，牛顿和莱布尼茨（1646—1716 年）各自独立发明了微积分；微积分几乎是一切高等数学的工具。在高等数学中就有个"牛顿－莱布尼茨公式"，这公式把两个人紧密连在一起，可谁知道他两个却因为微积分的发明权打嘴仗，成了相互白眼的冤家。

◎生物学

处于初创阶段的生物学，较详细地描述了动植物机体构造，改进了分类方法。

英国医生、生理学家哈维（1578—1657年）根据实验研究，发现了动物和人体的血液循环，并说明心脏的搏动作用，从而把生理学确立为科学。1628年他公布了自己的发现。

尼德兰生物学家列文虎克（1632—1723年），本是个卖布料的商人，他检查布料的纹理，要仔细看细微处，经常用到放大镜之类的镜片，结果就鼓捣出个显微镜来。这东西可太好玩儿了，他就拿显微镜看各种东西。

好奇心这玩意儿天龙先生也有，小时候得到个万花筒，一看就是小半天，些许彩色碎纸片旋动之后，在多个镜面反射之下显现出无穷奇幻的构图，令人爱不释眼。

大抵列文虎克也怀着这样的心情，他用显微镜看来看去，什么植物、动物、昆虫统统拿来放大了看，他还很"不正经"地把男人的精液搁在镜子底下看，惊奇地发现了里面形如"小蝌蚪"的人类精子。唉呀妈呀，镜子下面竟然有个微生物的新世界。就这样，虎克又发现原生动物，即单细胞有机体，甚至发现了细菌。

意大利解剖学家马尔比基（1628—1694年）最先描述了显微镜下蛙肺的毛细血管，并在植物、解剖、胚胎学方面进行显微研究。

到了十八世纪，瑞典生物学家林奈（1707—1778年）发表了《自然系统》，开创了生物学界、门、纲、目、属、种的物种分类系统，建立了由拉丁文"属名"加"种本名"命名动植物的"双名法"。这么命名，规范多了，就好比蒲公英，要说成"菊科，蒲公英属"。

此前，你则会看到许多奇怪的植物名字，比如蒲公英在古欧洲被叫做"尿壶""母马之屁""裸体小姐""猎狗之尿""光屁股""抽动的睾丸"等，乱七八糟，粗俗至极；在中国好一点儿，我们管它叫黄花地丁、婆婆丁、华花郎，有几分雅致，有点亲切。由此看来，没有科学统一的命名，不拘雅俗，你绝难从各地报来的花草名上，判断它们是否属于同一类花草。

## 科学的威力

1543 年，哥白尼的日心学说发表，这是科学对神学第一次大入侵。不过，哥白尼的学说直到十七世纪经过开普勒和伽利略改进，始为社会广泛接受。随后，科学与教会之间的长期战斗序幕拉开。这场战斗中，守旧派在新知识面前打了败仗。

科学带来的结果，使有学识的人见解彻底改变。

在 1600 年，绝大多数人的思想见解还属于中世纪式的。1700 年的时候，有学识的人思想见解则完全近代化了。

在莎士比亚生活的时代，彗星还是不祥征兆。在莎翁的戏剧里，常有"乞丐死了的时候，天上不会有彗星出现；君王的凋殒才会上感天象"这样的句子。到 1687 年，牛顿的《自然哲学中的数学原理》出版以后，大家知道牛顿和哈雷已经算出一些彗星的轨道，弄明白了原来彗星和行星同样遵守万有引力定律。

自然法则的支配力量，在人们的想象中已牢牢扎下了根，这一来魔法巫术之类的玩意儿便信不得了。

科学诉诸理性裁断，全凭这点胜过宗教。科学不是统治权威，而是理智上的权威，所以，科学的权威与教会权威大相径庭，全然不同。可喜可贺的是，近代大多数哲学家都承认科学的权威。

科学知识在增长，恐惧在消灭，面对未知，人们不再盲目崇拜，想要更多地征服。

# 第四章
# 近代哲学缓步来

中世纪之末，重见天日的古希腊罗马典籍，犹如清新的海风，缓缓吹入沉闷压抑的欧洲，激起了人们对自然的新兴趣。一些勇敢的人怀着渴望自主的理智与情感，发起了文艺复兴运动。

文艺复兴把人们的目光引向人和自然，开拓了人类知识的新领域，印证了人的力量，带来了人文主义和自然科学。一些哲学家打着复兴古希腊哲学的旗号，彰显理性的价值；一些哲学家在自然科学的基础上，建构自己的自然哲学体系。

可惜，"复兴"的古哲学不可能成为新时代哲学的实质，成长中的自然哲学仍然稚嫩，还不能担纲主角。纵观整个文艺复兴，伟大的哲学家、重要的哲学著作都不曾出现。

文艺复兴时期的哲学虽不成熟，但文艺复兴时代却孕育了近代哲学。

## 经院哲学埋下"雷"

西方哲学走过了漫漫两千年的长路，它艰难蹚过千年中世纪的神学泥潭，但是，此时哲学的高光时刻还蛰伏在喧嚣的尘世之中，未曾到来。

神学统治的土地上，人类精神家园一片荒芜。神学家眼中，《圣经》已经囊括了所有的真理，只有末日审判才最重要，人类的知识学问一文不值。在神学洗脑、福音催眠之下，人们一千年都这么迷迷糊糊地过去了。

可事情一直在变化，哪怕在信仰高于一切的神学当中。

在不知不觉中，经院哲学给自己埋下了"雷"。柏拉图哲学、亚里士多德哲学进入神学体系，经院哲学家们慢慢将理性运用到神学之中；阿伯拉尔要为理性辩护，托马斯要用理性方法证明神学，奥卡姆要以理性的剃刀斩除虚构的实体。

有道是"用进废退"，理性这东西一用多了，自动强大起来。用费尔巴哈的话说，理性"意识到自己在精神上的高尚优雅"。哈！原来我自己这么强大呀，简直跟上帝有一拼，大自然这么有趣，大自然的奥秘原来可以懂。于是，理性开始按照自身的逻辑运行，将目光投向人和大自然，自然而然产生人文主义和科学精神，经院哲学为神学埋下的这个"雷"就要爆了。

## 中世纪哲学终结

由于十四世纪以来，文艺复兴遍地开花，教会衰微了，自然科学发展了，个人自由的思想萌发了，正统的经院哲学日趋没落，哲学愈益脱离神学，中世纪哲学逐渐向近代哲学过渡，中世纪哲学终结了。

文艺扮作恢复古希腊罗马荣光的样子，似人畜无害地在市面上流行，却实实在在搅动被压抑的人性，活泼泼的人性觉醒了。在大学、在修道院、在哲人隐居的山川野林，理性开始崭露头角，人们停止了无谓的玄学论争，开始进行科学试验，新事物的发现层出不穷。

哲学家费奇诺、皮科、庞波纳齐打出复兴柏拉图、亚里士多德哲学的旗号，蒙田则力图复兴希腊怀疑主义，推动人们对柏拉图、亚里士多德、怀疑主义的真正认知。当时的人文主义者们忙于获得古代的知识，不求甚解，不谈超越，哲学上很难得出什么独创性的东西，但文艺复兴还是慢慢摧毁了死板的经院哲学体系。

这种对经院哲学的变革已经很了不起了，你想想光绪皇帝和维新派那么轰轰烈烈地闹腾，搞了个维新，老佛爷还不一巴掌照样给拍熄火了。变革创新，谈何容易！

## 甜果子慢慢熟

十五世纪至十七世纪初的年华，构筑了西方近代哲学的第一阶段。

哲学需要厚重的积淀，经院哲学的废墟支撑不起近代哲学的宏大架构，美味可口的甜果子要汲取更多的养料，需要更多的时间。

近代西方哲学伴随着人类的自我觉醒慢慢形成。

文艺复兴把人们从缥缈的天国带回到热火朝天的俗世，人们的思想从宗教的彼岸世界返回到了尘世，从而发现了自然，也发现了人自身，开始追求知识，渴望个人自由。

一切终将上升到哲学上来。

哲学开始关注人和自然，形成了人文主义和自然哲学两股互相交织的思潮。人文主义主张，以人为中心，一切为了人的利益，反对灵魂不朽之说和禁欲主义；自然哲学的代表人主张，用经验观察的科学方法代替经院哲学的推演方法。

这一段时间涌现了库萨、布鲁诺、达·芬奇、伽利略等哲人。

## 切中时代的要害

十七世纪初至十八世纪末是西方近代哲学的第二阶段，真正的近代哲学从这段时间起步。

科学发现振奋着哲学家的精神，理性如何获取知识成为哲学的主题。

那时候，自然科学开始分门别类地研究，现实世界成为可以把握的对象。学者们十分重视对认识论、方法论的研究，想找出认识世界的途径和方法。于是，在哲学上形成了英国经验论和大陆唯理论两大哲学派系。

经验论哲学遵循着科学的经验研究方法，当它提出某些一般性的原则时，它总要将它们验之于直接的经验证据。

唯物主义经验论哲学家培根和洛克认为，后天获得的外部世界感觉是认识的来源，感觉是可靠的。培根承认自然界是物质的，物质是能动的、多样的，认为掌握知识的目的是认识自然和征服自然，知识就是力量；洛克认为心灵是一块"白板"，观念是外界事物在白板上留下痕迹的产物。

唯心主义经验论代表贝克莱和休谟，抓住经验论的基本范畴——"经验"，进行了严厉拷问，唯物主义经验论遭遇到了严峻的挑战。贝克莱断定"存在就是被感知"，世界上除了感知的精神实体和被感知的知觉之外，什么也没有。休谟进一步认定，真实存在的只有知觉，经验由知觉构成，知觉以外的东西都不可知。他们撬动了整个经验主义的思想大厦，斩断了它的后路，使传统的经验论哲学从此一蹶不振，寿终正寝。

大陆各国的唯理论走出了另外一条路。

唯理论哲学家认为，感觉经验不能提供普遍必然的知识。他们偏重总结自然科学中数学演算法的成就，更多地关心探讨知识的普遍必然性问题；他们在方法论上特别强调演绎法，力图在理性思维自身范围之内，解决人类认识世界的问题；他们重视理性思维的作用，在认识论上提出了唯理论。

唯心主义唯理论代表笛卡尔和莱布尼茨认为，只有在完全清晰明白、无可怀疑的公理基础上，经过"理性"进行清楚明白、准确无误地推理，才能得到真正可靠的知识。笛卡尔提出"天赋观念"说，认为人的理性认识能力由上天赋予，人生而固有不证自明的第一公理，否认感觉经验的作用。不过，他承认，除了精神实体独立存在外，还有物质实体独立存在，并把这两个相对独立的实体统一于绝对实体"上帝"。莱布尼茨认为，一切观念皆出于天赋，不过，观念最初作为倾向、禀赋、习性或自然的潜能，存在于人们心中，须经加工才真正显现出来。当然，莱布尼茨也承认感觉在认识中的中介作用，虽然他确信必然性的理性真理要高于偶然性的事实真理。

以斯宾诺莎为代表的唯物主义的唯理论认为，认识的对象是客观存在的自然界，但是只有理性才能把握它，感觉经验不可靠。斯宾诺莎把自然界视为唯一的"实体"，认为思维和广延是唯一实体的两种属性，个别事物是唯一实体的变形，只有通过理性把握了唯一实体，才能认识个别事物。由此，他承认观念系列和事物系列的一致性。

十八世纪，除了唯理论和经验论的争论，还有法国启蒙思想家和百科全书派的唯物主义哲学家。启蒙主义者起而批判唯理论思想和宗教神学，极大发展了唯物主义学说和资产阶级自由政治理论，他们的学问带有机械形而上学的特色。启蒙主义和百科全书派还有机械唯物主义都很有意思，咱这本书里装不下了，天龙先生将在下一部书中一一道来。

从十八世纪末的康德哲学起，西方近代哲学进入第三阶段，主要代表有康德、费希特、谢林、黑格尔和费尔巴哈，其哲学称为"德国古典哲学"。德国古典哲学博大艰深，是西方古典哲学的顶峰，为世人瞩目。天龙先生要秉承"宜将剩勇追穷寇"的精神，将它烹调料理为一道美味奉献诸君。不过，这也是后话了。

# 卷二
## 人文主义三代表

# 第一章
# 诗人神游三界

意大利人文主义先知、伟大诗人但丁（1265—1321年），人文主义之父彼特拉克（1304—1347年），人文主义先驱薄伽丘（1313—1375年），俱名头响当当，作品传四方，古今"意"外，为人景仰，他们仨可视作意大利人文主义的三个代表。

三代表之中，但丁年齿最长，天龙先生先从但丁说起。

## 家世

但丁的家乡在佛罗伦萨，那是他爱恨情仇所系的地方，他生于斯，长于斯，却被逐离开，终生没有再回来。

他的生平故事很多，经考证能够确证的少之又少，很无奈的。所以，我要说，搞好人事档案，千真万确地要紧。经组织对"三龄两历一身份"求真务实的审核认定，生平细节都铁板钉钉地清楚明白；一册人事档案在手，基本情况全有。你们不知道，多少本人事档案就是多少本书，仔细翻看很有意思，此间妙趣我不告诉你。

在诗篇《神曲》中，但丁利用作者之便，将自己的远祖父安排在天堂住；但丁讲，他的远祖父是位骑士。

你可能觉得，骑士也没啥了不起，不就像塞万提斯笔下的唐吉诃德，骑一匹瘦马，挂一柄破剑，扛一杆破枪，到处乱晃嘛。

你错了，你要知道，中世纪的骑士是很牛的，那时候说自己家祖上是骑士，那简直在炫富！

就这么跟你说吧，现如今牛是很金贵的动物，一头牛要卖人民币一万五左右，家里要是有那么几头牛，那简直会有财主的感觉，而一个骑士简直就是牛群的群主。

有人测算过，在十一世纪晚期，骑士的一匹战马相当于 5 至 10 头牛的价。这还不算，骑士还有其他行头，头盔、宝剑、长矛、盾牌，又相当于 5 头牛。比起铠甲来，这些都是小零碎，铠甲这个玩意儿相当于防弹衣，保命用的，更贵，值 20 到 50 头牛，高端的要 100 头牛，所以，便宜的铠甲要折算 60 万元人民币，贵的要 150 万元人民币，光这副铠甲就差不多够在二三线城市买套房。这么一算，骑士穿这一身行走江湖，就相当于每天开着保时捷豪车在首都二环上飙车。

"东市买骏马，西市买鞍鞯，南市买辔头，北市买长鞭"，这些武器装备，你做骑士要自己买，没钱，你怎么当骑士？

你看，那骑士干着杀人的买卖，有钱勇敢又多情，骑士的故事怎么不让人浮想联翩。于是乎，中世纪骑士文学盛行。

扯太远了，我们再回来说但丁。


## 痴情诗人

诗人但丁是痴情种子，一爱上了就爱得特瓷实，跟技能大赛焊接组冠军给焊住的一样，牢不可破。

他和她美丽的初见，在青梅竹马时。那时，但丁 9 岁，贝特丽丝 8 岁。年纪小的时候，可以想念的人不多，但丁情钟得很深。可惜，老天不遂人愿，情人嫁人了，老公不是他。情人嫁做钱商妇，红颜命薄短寿死。

贝特丽丝 25 岁死去，但丁堪比丧妻的诗人纳兰容若，纪念诗篇一首又一首。1295 年，但丁的 31 首情诗集成《新生》，里面尽是痴情回忆："我的爱情来得多么突然／至今想起仍震撼我心魂／我觉得爱神正酣畅，此刻他／手里捧着我的心；臂弯里／还睡着我轻纱笼罩的情人／他唤醒她，她颤抖着驯服地／从他手上吃下我燃烧的心／我望着爱神离开，满脸泪痕"。

张爱玲曾说过，忘记一个人只需要两样东西，时间与新欢。真的很灵，随便你使用哪个，包你忘得快。

但丁却好像突破了这个规律。

要说嫁了他人，还能有个念想，可谁知一转头，便生死相隔，阴阳两界。痴情但丁照样对贝特丽丝念念不忘，还把她记在世界名著《神曲》里，令她名垂千古。

"我在花雨缤纷之中看见一位贵妇人，她蒙着白面纱，其上安放着一个橄榄树叶编的花冠，披着一件绿披肩，其下衬着一件鲜红如火的长袍"，但丁一见，就从她神秘的德行中感召旧情，"周身的血，没有一点一滴不再震荡了！我认识了我旧时情火的暗号。"

福无双至，祸不单行。但丁情人死去，厄运又来，他居然遭到流放。

但丁生活的年代，佛罗伦萨有两派，贵尔弗派效忠罗马教皇，吉柏林派效忠日耳曼皇帝。贵、吉两派互斗，结果贵派把吉派打趴，掌了佛罗伦萨的权。正像辩证法所云,矛盾会转化,贵、吉互斗结束,贵派内斗开始。又有教皇来挑事儿,教皇在想,既然贵派支持我,那干脆让佛罗伦萨归我管不挺好嘛。

支持你不等于要受你掌控,贵派里的暴发户就不愿意被教皇操控,这部分人称为白党;可贵派里的破落户一百个愿意,为啥呢?他们想借教皇之势咸鱼翻身,他们是黑党。

但丁属白党干将,他力挺佛罗伦萨自主。1300年夏,但丁入选佛罗伦萨最高权力机关六执委之一。

黑白两党斗争不休,但丁受委派到罗马,去和教皇商量咋办。结果,教皇耍了手腕,他请法兰西王的弟弟查理出面,去佛罗伦萨说和;这查理名义上是做"和事佬",却偏心搞起了大审判,判令放逐但丁两年。

黑党借查理之势,甚嚣尘上。他们还扬言,假如在佛罗伦萨见到但丁的影子,就把他捉住烧死。但丁无奈,只得远走他乡。

## 且听《神曲》

古语云:文章憎命达!这话要往好处想,命不好的文人也可以逆袭,华彩文章是文曲星大仙对失意文人的打赏。但丁经典诗篇就这样来了。

但丁为何伟大?相当于他替上帝干了件大事,把史上那些大名角儿预先给审判了,谁该下地狱,谁能上天堂,分门别类。"神学之王"托马斯没搞定的事,但丁都给办妥了,天堂地狱的情形在但丁的《神曲》里写得明明白白。所以,西方人怎么高看他都不过分。

《神曲》作为一篇结构宏伟、内容庞杂的诗歌，以中世纪特有的梦幻文学形式，记述了作者但丁一次奇趣的神游三界经历。一万四千行的长诗，是在中世纪宗教信仰架构下的宏大叙事，把地狱、炼狱、天堂统统描述一遍。

但丁35岁，值人生半途。一日，他神游在一片幽暗的森林里，迷了路，遇到五色斑斓的豹，几次想回头逃避。当然，现在连小朋友都知道，逃不掉的，一头豹子奔跑时速80公里，马拉松冠军也就时速20公里，他真跑不掉呀！

一波未平，一波又起。又有一只狮子出现，呼呼的口气吓煞人也！同时，还有一只瘦瘦的母狼，似乎饥不择食，吓得但丁浑身发抖。

可是，在此荒山旷野，居然来了救星。

如同贾宝玉在太虚幻境里大叫"可卿救我"，但丁赶紧叫道："请你快来救我！不问你是什么，一个影子也好，一个真人也好。"

飘过来的大救星，乃是古罗马诗人维吉尔的灵魂，维吉尔代表人类理性。维吉尔携但丁立马穿越，将但丁引进了"地狱"之门，穿过地球中心，通过与耶路撒冷对极的海面，攀上"净界"之山，山顶便是"地上乐园"。维吉尔到此悄然隐去。接着，象征着天启神智的天使、但丁的梦中情人贝特丽丝来接他登上天国，游历天堂，直至与上帝面晤。

看了《神曲》，你自然纳闷，一脸诧异，这也没啥呀，怎么就人文主义了？

但丁使用了上帝的权限，将史上各色名人编排到各自的居所，或天堂，或地狱。洞察他人，他全不用研究什么FBI微表情学，只凭自己对这些人的稔熟把握。当然，怎么编排这些人，也将他的人文主义者的好恶都明白无误地表达出来。你大可以此为主题，写一篇《论但丁〈神曲〉中的人文主义精神》，洋洋洒洒写它万八千字，一朝完成，想必可以去意国申请个文学学士学位了。

诗中所述许多仍然是中世纪神学和哲学的观念，但诗人追求最高真理的精神和关怀人类命运的热情，透露出人文主义的光亮：但丁幻游地狱、炼狱，以及天国路上的所见所闻，传达了个人与人类怎样从错误和迷惘中经过痛苦和考验，达到真理和至善的境界。

作为人文主义的先知，但丁还写过一些其他作品，攻击教会和教皇的黑暗腐败，表达了对人的关怀的理想。

有鉴于此，伟大导师恩格斯将但丁誉为"中世纪的最后一位诗人，同时又是新时代最初一位诗人"。

# 第二章
# 人文主义之父

但丁死的时候，彼特拉克 17 岁。

在佛罗伦萨，彼特拉克的父亲与但丁站在白党一边。1302 年，黑党夺取佛罗伦萨的政权，残酷镇压白党，把彼特拉克的老爹和但丁都被判了流放。

彼特拉克的老爹一家背井离乡，来到意大利阿雷佐，1304 年 7 月 20 日，彼特拉克降生。

1311 年，彼特拉克随父流亡法国，1312 年侨居法国南部普罗旺斯地区，在阿维农城住下。这个地区现如今大家都知道，那里是薰衣草天堂和抒情诗的故乡。

父亲往往指望儿子继承自己的衣钵，老彼特拉克也一样，想让儿子搞法律。于是，从 1316 年开始，彼特拉克先后进入法国蒙特波利大学和意大利波伦那大学学法律。

彼特拉克自幼喜爱文学，法律这玩意儿，搬弄条文，曲折是非，挺枯燥，实在没意思。1326 年父亲去世，没人督着他，彼特拉克便放弃法律，专心从事文学。同年，他返回阿维农，当了教士。

## 恋上他人妇

1327 年，年轻教士彼特拉克 23 岁，精力旺盛，才华横溢，有着小狼狗般的劲头。

有一天，他遇到一位骑士的娇妻劳拉。少妇劳拉 20 岁，用一个字形容"美"，两字形容"真美"，用三个字形容"太美啦"，用四个字形容"妩媚动人"……，好了，彼特拉克一见这个大美人劳拉，就觉着她便是那人间四月天，爱上人家了。欧洲那会儿，时兴喜欢别人的媳妇儿，而且爱别人的老婆一往情深，也能算作美德。要搁现在，涉及公职人员便是生活作风有问题，平头百姓叫做违背公序良俗"搞破鞋"。

当然，也不光意大利那里有这种故事，哪里还没有那些个"恨不相逢未嫁时"的故事。这样的桥段，中华民国时候也不少，那些升斗小民的苟且，我们无从稽查，但大名人的故事却有传记流传。当年民国才情美女林徽因、名门学者梁思成、哲学大师金岳霖"铁三角"的故事，在江湖上广为流传。

他们仁的佳话是这样的，金岳霖瞧上了梁思成的媳妇林徽因。林徽因啊，那是民国媳妇儿，要才有才，要貌有貌，才貌双全。金岳霖爱的小火苗，烤得林徽因受不了，她就跟老公梁思成摊牌。

Ms 林：我同时爱上两个人了。

Mr 梁：你自己选吧，我怎么都成。

二人内心煎熬，彻夜难眠。

还好，林徽因毅然维护了中华原配正统观，正确地选择了正确的选项，继续做梁夫人。金岳霖则甘当隔壁老王，住在她家院子旁。当然，金岳霖不是西门庆，人家是哲学家，文化人，住在旁边，很规矩。可偏有促狭网友并不放过金大师，还要编排故事，说备胎金大师每天都要服务到床，要给因因掖好被，说完"宝宝好好睡"之类安眠话后，才穿堂回房，继续自己的单身狗生活。人常说，关系不错，有通家之好，不知道有没有这样的丰富内涵。

好吧，自从那一次之后，虽岁月流逝，比特拉克却一往情深，对劳拉的爱有增无减。

这种古典的浪漫主义，咱这时代有点看不明白，可你要看《唐吉诃德》就能理解。唐吉诃德把邻村挤奶姑娘幻想成自己的女主人，美其名曰：杜尔西内雅。他要像骑士那样想念她。恐怕他在梦里还要幻想他的心上人儿被恶龙抓走，他甘愿痴甘愿狂，甘为她冒险，甘为她受伤，像童安格寻找神秘耶利亚女郎那样，一定找到她。

小时候读此书，觉得堂吉诃德的故事是过于粗陋的编造；现在一看，那时的人都这样，这么想都是挺正常的嘛。看来，人没病，时代有病，资产阶级犯了世界观、人生观、价值观"三观"不正的病。

就这样，教士彼特拉克时时刻刻思念着意中人——别人的老婆劳拉。可惜红颜薄命，劳拉不幸于 1348 年死于黑死病。别人的老婆死了，彼特拉克痛不欲生，他告白道：

"劳拉，那位非比寻常、在我诗歌中备受赞美的女士，于我弱冠之时初次进入我的眼眸，那是 1327 年 4 月的第六天，第一个时辰，在阿维尼翁的圣克莱尔教堂里：同一座城市，同样是 4 月，同样是第六天，同样是第一个时辰，而在 1348 年，我们的白昼被夺去了光明，而我不巧身在维罗纳，呜呼，对自己的命运多么无知！"

红颜死去，彼特拉克遂寄情于笔端，吟诗抒怀。已然凋零的那位月桂夫人仍旧是灵感源泉，彼特拉克的"劳拉之恋"一直写到了1368 年，而誊写与排序的工作则持续了他的全部余生。

对文化人而言，生活的闲适很重要。你想下，倘若李白被安排在首都机场航站楼当安检员，每天累得像条死狗，看他还能写出"仰天大笑出门去，我辈岂是蓬蒿人"来不？

很幸运，彼特拉克除了爱情，还有闲情。

从 1330 年起，大约 17 年时间，彼特拉克在教廷工作，日子挺清闲，生活挺滋润，读读书，写写诗，顺便参加一下宗教活动什么的，优游岁月。

彼特拉克喜探奇览胜、游赏山川湖海，寄情乎山水之间。

人热爱大自然，追求对大自然美的享受，这是人天性使然。可在天主教中，曾流行一种观念，认为山川湖海为恶魔所造，引诱人们走向歧途，所以，饱览祖国大好河山这种事，也犯忌讳，可彼特拉克就偏要任性展现人性。

## "诗圣"

彼特拉克是作诗的行家里手，了不起的诗人，多种题材都能上手，可谓诗行多面手。

彼特拉克善写情诗，大量地融情于景、近乎歇斯底里地一唱三叹，成为此后 300 多年间欧洲情诗作品典范。

情诗，讲情，讲爱，宗教里的禁欲教化之类，当然要滚犊子。彼特拉克爱劳拉的爱情诗，收集在他的《歌集》中。后人在整理《歌集》时，将 366 首诗按劳拉的寿命编为"生前"与"死后"两部，分别命名为《圣母劳拉之生》《圣母劳拉之死》。

彼特拉克情诗中的劳拉，不矫揉，不造作，没有中世纪高不可攀的贵妇作派，你看，劳拉有金黄的卷发、明亮的蓝眼睛、白皙的皮肤、丰腴的身材……概而言之，貌美肤白，奶大水多，真是诱人。

已经好久没在文学作品里看到如此鲜活的女子了，看了以后，内心的人性就要战胜神性。无怪乎，有文青读了彼特拉克的诗，就春情荡漾，居然跑去寻找美人儿劳拉。

吟诵彼特拉克的《美好的瞬间》，就看到他对爱的渴望："一和她的目光相遇，我只好束手就擒／爱神的金箭射中了我的心房／它深深扎进了我的心里／我尝到了这第一次爱情的滋味／落进了痛苦又甜蜜的情网／一个动听的声音从我的心房，不停地呼唤着夫人的芳名／又是叹息，又是眼泪，又是渴望"。

读他的《甜蜜的幻想》，可体会他对心上人爱的纠结："我见她如此姣美地走过／我的灵魂颤栗，而不敢飞向她／她，发出阵阵叹息，像在保卫自己／她是爱情之敌，也是我的冤家"。

中世纪呀，教会教导众生要禁欲。十二世纪拉特兰宗教会议定下来，高级教士要独身，结果上行下效，弄得普通教士也要独身，未结婚的发誓独身，已结婚的要分居，除了自己的亲戚女眷，别的女人教士都不能与之独处。教会这么做，普通人也跟风效仿。到后来，两口子过夫妻生活过于热烈，也要定性为通奸，老公亲老婆都被认为是"不洁"的行为。

要知道制度跟人性作斗争是困难的，那个欲是禁不住的，欲望令人失禁，不然怎么要说情不自禁，越是禁，人们内心越饥渴。有个故事说，有个信念不坚定的信徒忏悔，他说，我悔过，我坐怀而乱：在那昏乱时分，我内心激烈斗争，人性诱惑我进入人间，可神性告诉我该出离凡人，可一会儿人性战胜了神性，一会儿神性战神了人性，就这样人性和神性大战几百个回合……

你看，彼特拉克在《给后人的信》中，也写："我年轻时，我曾一直同那无法抵抗的，但是纯洁的，我唯一的爱，斗争。如果不是她的早逝，我会继续斗争下去，（斗争）痛苦，但是对我有益的。斗争把那团火熄灭。我常常希望我能说我完全自由于肉体的欲望了，但是我知道，那样我是在说谎。"

这样，你就明白什么是人文主义者了，他们怀着人类的情感，男人对女人天然的爱，这种爱是宗教清规戒律禁止的爱，此一刻，神圣离得比较远，人性离得比较近。

所以，彼特拉克要摹写真实生活中人的感受："我像往常一样在悲思中写作／鸟儿的轻诉和树叶的微语／在我耳边缭绕／一条小河／傍依着两岸鲜花／在和风细浪中畅怀欢笑"。

他这么写法有新意呀，与中世纪的诗风截然不同。中世纪诗歌往往寓意隐晦，用一些儿神秘象征手法，搞得云山雾罩。他的诗有法国普罗旺斯骑士诗派和意大利"温柔的新体"诗派爱情诗的味道，又有自家创新，他把十四行诗推到一个完美的境地，成为一种新诗体"彼特拉克诗体"。他诗句明快，诗意情景交融，借景抒情，并形成独特风格，大受欢迎。

这种诗体被后来的乔叟、莎士比亚等著名诗人和文学家所模仿，为欧洲诗歌的发展开了新路子，故彼特拉克被尊为欧洲"诗圣"。

1338年伊始，彼特拉克用了四年时间，写成著名史诗《阿非利加》。

在史诗中，彼特拉克仿效古罗马诗人维吉尔的笔法，叙述了第二次布匿战争的故事。迦太基大将汉尼拔，翻过阿尔卑斯山，出奇兵从北部攻入罗马。要知道，迦太基在南，罗马在北。罗马人只料想迦太基从南打过来，谁知这帮家伙从北方杀来，真真儿猝不及防，京城都被包围了。危机关头，罗马大将西庇阿以攻为守，采取"围魏救赵"策略，派兵直取迦太基本土。成果相当喜人，罗马人居然端了汉尼拔的老窝，迦太基投降。史诗热情讴歌西庇阿将军，称颂他功如天大，堪与庞培、凯撒试比高。

这史诗讲的都是人间高手对决，不像史诗鼻祖荷马的诗，在史诗里尽讲各路神仙掺和人类战争，人怎么都搞不过神。

彼特拉克不光写小情小爱的情诗，也写忧国忧民的政治诗。

《歌集》中还有少量的爱国主义诗篇和政治讽刺诗，其中《我的意大利》最有代表性。当时的意大利受到教皇干涉、外敌入侵，且境内各城邦混战不休，长期处于四分五裂状态。目睹此种现实，诗人写道：

"看吧／我的祖国／你所喜爱的我的故乡／正在为无名原因引起的战争／和那不能抑制的纠纷／受着多么残酷的／折磨和煎熬！"

彼特拉克也讲政治，要宣扬人文主义，敲打教会。

其诗云："以前是伟大的罗马城／现在是万恶的巴比伦／这里是数不清的悲伤，野蛮凶狠的庙堂／这里是那邪教徒的寺院／引入邪途的学堂／这里是眼泪的发源地／是黑暗的监狱／是充满欺骗的场所／在这里，善良被扼杀／凶恶却在成长／这儿是人们死前的黑夜和地狱／难道上帝不将惩治你？"

好啦，写这么多彼特拉克诗歌的事儿，无非在告诉看官老爷，要看分明，彼特拉克就是个人，情感丰富、有血有肉的人，有情有爱的人，而且他很享受做人。天主教那些存神理、灭人欲的做派，他不赞同，就连他们作诗的套路也不喜欢了。在天主教还一统天下的时候，他一个教士就那么大胆，不和天主教保持一致，敢说人话做人事，真是个大大的人文主义者，要给他点赞！

当然，照教科书的说法，要这么说，《歌集》反映出诗人内心的矛盾，他大胆追求爱情和幸福，但有时又认为这是邪恶；他热爱祖国和人民，但又轻视和脱离群众；他主张人类之爱，但又有浓厚的个人主义色彩。这些都是早期资产阶级人文主义者的特征。这些矛盾正是从中世纪过渡到新时代的人文主义者内心的矛盾。

想必十四世纪的欧洲诗人，跟我大唐王朝的诗人一样牛皮闪闪。

彼特拉克的史诗火透了，连安茹王朝国王"聪明的罗伯特"都高看他一眼，赐他紫袍。在西方，赐紫袍，就如同清朝皇上赏黄袍马褂一样牛。要知道，西方古代王室专用色为紫色，在十九世纪化学合成紫染料以前，王室要用"提尔紫"染衣袍，这样的紫衣袍贵得吓死人。经济学讲，满足需求的资源稀缺性，决定了产品价格。"提尔紫"极其稀缺，它要从地中海染料骨螺提取。古代染料师像蜜蜂采蜜一样，敲开一个个骨螺螺壳，把骨螺分泌的一丁点儿紫色粘液收集起来。这样，要从25万只骨螺中，才能提炼出十来克"提尔紫"，刚刚够染一条长袍。这么贵重的紫衣袍，却有个致命的毛病，"提尔紫"衣袍一直带有海螺的味儿，且味道极其浓重，腥臭扑鼻。

这样，他37岁时，在同一天收到了罗马元老院和巴黎大学的邀请，要授予他"桂冠诗人"的称号。最后，他在罗马接受了这个已经中断一千三百年之久的称号，赢得了当时一个文人所能享受的最高声誉。

1341年4月8日，彼特拉克身披紫袍，在仪仗队簇拥下，去领受诗人最大的荣光，罗马元老以桂冠置其顶，命以"桂冠诗人"。

诗人彼特拉克在情人劳拉身上，寄托了自己的审美理想，他对劳拉的形体之美咏叹再咏叹。他亦享受自然之美，在一些诗作中，他将赞美情人劳拉和描绘自然美景融为一体。他善于描摹人的内心变化和爱情体验，超过以往的诗人。彼特拉克的诗都表现了人文主义者以个人幸福为中心的爱情观。

天龙先生总在感叹，你看最美的情诗往往与那些宗教人士相关，僧人的情诗才深刻，才直击人心。

我看天主教教士彼特拉克的情诗，要用藏传佛教六世达赖喇嘛仓央嘉措的诗作来呼应："住进布达拉宫／我是雪域最大的王／流浪在拉萨街头／我是世间最美的情郎"。

还要有鄂尔多斯民歌《喇嘛哥哥》唱和："上房瞭一瞭，瞭见了王爱召，二小妹妹捎了话话哟，要和喇嘛哥哥交……喇嘛哥哥好心肠，半夜三更送冰糖，冰糖放在枕头上，紫红袍袍咱盖上"。

## 高层次复合型人才

布鲁尼在《彼特拉克传》中说，拉丁文学两大巨人维吉尔能诗不能文，西塞罗能文不能诗，自古无人能兼得，而彼特拉克在两方面都有精湛造诣。

可惜文艺理论家大都没研读过人事管理，缺乏我们人事战线干部的本领，竟然用区区"学者"二字就想把人家彼特拉克的本领给概括了，实在是低估了人才的价值，要知道，像彼特拉克这种一专多能的高手，一定要用上"高层次复合型人才"的名号，才让人舒坦。

除了作诗，彼特拉克还有多项才能，他还干历史学家的活儿，著有《名人列传》一书。书中列有21位古罗马时期的名人，囊括了凯撒、亚历山大、汉尼拔等人的传记。彼特拉克以人物传记的样式给意大利人写了部历史，为他们上了一堂生动的爱国主义教育课，让他们了解意大利便是过去横跨欧亚非三大洲的罗马帝国，激起他们的民族自豪感和民族自信心。《名人列传》中所贯穿的爱国主义和民族主义思想，是彼特拉克作为人文主义者的又一重要特征。

在史学领域，彼特拉克有一个超级巨献，他提出一个全新的历史时期概念。在他看来，在他所崇拜的古代和寄予无限希望的新时代之间，存在着一个令人深恶痛绝的时代。这个时代既毁灭了古代文化的精华，又毁灭了"公共美德"，因而是个黑暗、愚昧、倒退的时代。日后，学界命名这个时代为"中世纪"。

彼特拉克在地理学方面也有建树。他阅读了大量地理方面的书籍，掌握了许多地理资料，绘制了第一张意大利地图。

他把自己的文艺思想、学术思想称之为"人学"或"人文学"，以与"神学"相对立，相当拉风。他还讲，要来一场"古代学术——它的语言、文学风格和道德思想的复兴"。

彼特拉克在一生中用了大量时间研究古典文化，他说："在我感兴趣的事物中，我总是着意于古典，因为当今世代对于我常常是难以忍受的。"

他不辞劳苦，周游四方，极力搜集希腊、罗马古籍抄本，反复研读之，认真校对之，予以诠释和阐述。还引导他人共同进步，他热心支持一位名叫里昂古奥·彼拉多的希腊人，把《荷马史诗》全部译成拉丁文。凭这思想觉悟，凭这认识高度，誉为罗马国学家也不为过。

长期供职于教廷，彼特拉克看到许多黑内幕。这时还要为教会唱赞歌，太贱格，他做不出。他的想法是，干脆大家别去研究神了，谈人吧。关怀凡间之事，现实的生活、爱情、荣誉和幸福，这才是人应该追求的真正目标，只有享受人间的幸福，才能体会到上帝的恩典；不认识人自己，何谈认识上帝呢？他表达了对古典文化的崇敬，对禁欲主义的厌弃，以及对个性自由的追求。

彼特拉克还将最痛苦的事记录在自己最常翻看的书页上，他要以这种方式提醒自己，生命中的欢愉已经走到尽头，是时候逃离"万恶的巴比伦"、抛弃对现世名利与情欲的追求了。

彼特拉克还说过一句话："我是凡人，我只要求凡人的幸福！"

综上所述，尊他为"人文主义之父"，经得起历史检验，绝不过分。

彼特拉克在活着的时候，已经是声誉远播。50 岁时他访问故乡阿雷佐，朋友把他带到他出生的那所房子里，告诉他那个城市如何禁止对房屋内原来的样子作任何变动。

1349 年，彼特拉克与薄伽丘相识。薄伽丘也很牛气，他写《十日谈》，流传甚广，这本书有点黄书的味道，若非挂着世界名著的名头，估计家里的大人都不会堂而皇之把它摆上书架。

薄伽丘比彼特拉克小 9 岁，狂热崇拜他。

两位志同道合的人一见如故，结下了终生友谊。1351 年，彼特拉克辞去教皇秘书的职务，由薄伽丘荐举，到刚刚成立的佛罗伦萨大学讲学。

1374 年 7 月 18 日，夜幕已降临。在一个名叫阿克瓦的小村庄，彼特拉克正在阅读维吉尔的著作，他的身子突然一震，旋即扑倒在维吉尔的著作上死去，享年 70 岁。

假若世间真有灵魂，那彼特拉克的灵魂，该与那些伟大古典作家们的灵魂在一起。

彼特拉克身任教廷要职，不但写讽刺诗，他还写文章骂教廷和阿维尼翁教皇：

这不虔诚的巴比伦，地球上的地狱，罪恶的渊薮，世界的阴沟。在此既无信仰，也无仁爱，宗教，对上帝之敬畏……他们对羞愧之事，趋之若骛，好像他们的荣耀不在耶稣的十字架，而在宴乐、酗酒、不贞……教皇游戏之猥亵之逸乐，乃是血族相奸、强奸和通奸。

反动教会势力恨呐，他们眼中，彼特拉克"吃着教会的粮，骂着教会的娘"，属于可恶的典型和典型的可恶，恨之入骨。

要知道，反动派们往往又卑劣又残忍。所以，彼特拉克即使死了，反动派们也不放过他，竟将他的尸体弄出来示众。

反动派的这种做法没有用，彼特拉克的历史功绩抹煞不了。

彼特拉克死后不久，文艺复兴运动蓬勃兴起，人们亲切地尊称他为"文艺复兴之父"。后世，英国著名诗人拜伦在游历意大利时，写诗篇赞美彼特拉克，说他的声名传遍诸国。

彼特拉克周游欧洲，重新发掘和出版了经典的拉丁和希腊著作。他通过古典文化、文学和艺术来看待历史，提出了"中世纪"这一说法，中世纪就像中了魔法，就此截止了。

# 第三章
# "黑书"《十日谈》

缪斯的慧命绳绳相续，"黑书"的故事代代流传。

彼特拉克的得意门生薄伽丘曾受过爱情的伤，女主令他伤痕累累。爱情的伤，实在伤不起，爱情未得到，钱包榨干了。女主是美丽的渣女，外表美，内心渣。对女主的一通追求之后，美人不见了，薄伽丘变成了穷光蛋。

还好薄伽丘尚有才气在，他一气呵成一部小说《十日谈》，成就了千古大名。

《十日谈》肯定了人生的唯一目的，就是追求和享受幸福。

追求幸福的大绊脚石就是教会，所以，薄伽丘就拿修女、修士、修道院长这些神圣头领开涮，用京地粗话说，"黑"丫没商量！

我们小市民一般又庸且俗，所以故事有些露骨，纯洁的孩子们，可采取跳跃式阅读，一目十行，把不纯洁的部分跳过去，免得家长担心学坏了。

故事这东西最厉害，传得快，记得牢。会讲故事的人如果要诚心黑谁，谁就完蛋了。

《十日谈》可昵称为"黑书"。"黑"不是说它没户口，人家是世界名著，流传千古，四方景仰呢。主要是这书黑了当时的各路神圣，修士、修女、修道院长这些"圣洁的人"都给黑了一遍，且传诸全世界。

《十日谈》书里讲，公元1348年，意大利发生了一场可怖的瘟疫。瘟疫不断地一处处蔓延开去，佛罗伦萨城里，居民相继死亡，几乎成了空城。

一座庄严的教堂里冷冷清清，只留下七个出身高贵的年轻妇女，她们商议趁早结伴到乡间别墅，过清静生活，听鸟儿唱歌，眺望青山绿野，欣赏田亩连片，麦浪起伏。她们请求三个有亲友关系的青年男子，本着兄弟般纯洁的友爱，加入到她们的队伍里来。

在乡间，众人来到一块草坪上，那儿绿草如茵，丛林像帐篷般团团遮盖了阳光，微风阵阵吹过。

领头的女子说道："你们瞧，太阳还挂在高空，暑气逼人，除了橄榄枝上的蝉声外，几乎万籁俱寂……让我们讲些故事，来度过这一天中最热的时候吧。一个人讲故事，可以使全体都得到快乐。"

姑娘们和青年们全都赞成。就这样，他们轮流讲，每人一天讲一个，十天一共讲了一百个故事。

故事各个精彩，拣选三个讲一讲好不好？

没反对的，就当你们同意了哈。不过，故事有点儿儿童不宜，小朋友们赶紧闭上眼翻过去吧。


## 修士活该挨黑

在这里，先讲个修士的故事。

故事梗概说，阿莉白要出家修行，遇着修道士鲁斯蒂科，教她怎样把魔鬼送进地狱。

美丽可人的富家女阿莉白，才只 14 岁，头脑又简单，听得好多本城的天主教徒都是满口赞美着耶稣基督，崇拜着天主，不觉也生了向慕之心。有人告诉她，侍奉天主最好的办法莫过于弃绝尘世的一切羁绊，就跟那些逃避到撒哈拉沙漠里去的隐士那样。于是，她一个人来到了那片荒漠，找到一位圣洁的年青修士鲁斯蒂科。

那个修士鲁斯蒂科有心想试一试自己过硬的道行，竟把她引进自己的小屋里。

到了晚上，还没歇了多少时候，肉欲的引诱已经开始向他的性灵逞威了。这位修士这才发觉过于估高了自己的克制功夫；经不起魔鬼的几番猛攻，他只得屈服告饶了。圣洁的思想、祈祷、苦修等等，全都给他丢在脑后，他一心只是思量着那少女的青春美貌；又在胸中盘算着该用怎样的手段才好满足自己的欲望，又不致让那姑娘把自己看成淫荡无耻的人。

于是，他就滔滔不绝地向她讲解魔鬼是天主多么大的一个对头，接着就让她懂得，侍奉天主，最能讨得他老人家欢心的，便是把魔鬼重新送进天主禁锢它的地狱里去。

修士鲁斯蒂科说：我的下身拴着一头魔鬼。

"赞美天主！"那女孩子说，"那么我比你幸运得多了，因为没有这促狭的魔鬼来缠绕我呀。"

修士鲁斯蒂科：可你身上长着一个地狱……让我们把魔鬼打到地狱里去吧。

"我深信天主派遣你到这里来，就为的是拯救我的灵魂，好让它得到安宁；因为这个魔鬼把我折磨得好苦哪！要是你看我可怜的话，让我把这魔鬼送到地狱里去吧，那你就给了我最大的安慰，同时你也替天主做了一件功德，会叫他老人家大为高兴，而且你这样做，你长途跋涉来到这里的愿望也就实现了。"

那个虔心诚意的姑娘听了这话，连忙说："很好，我的神父，我原是为侍奉天主而来的，既然地狱就长在我身上，那么就听凭你高兴什么时候就什么时候把它关进去吧。"

"我的女儿，愿天主祝福你！"修道士说，"让我们现在就动手把它关进去吧，免得它以后再来跟我捣蛋了。"

说完，他就把那个姑娘放上小床，叫她怎样睡好，好把那遭受天主谴责的魔鬼关进去。

这女孩子的地狱里原是从来没有关过魔鬼的，所以不免感觉到一阵痛楚，禁不住嚷起来了："噢，神父呀！这个魔鬼可当真邪恶哪，它真是天主的对头，无怪要受到天主的惩罚，就连把它打回地狱的时候，它还是不改本性、在里面伤人！"

"女儿，"鲁斯蒂科说，"以后谅它不敢这样放肆了。"

为了煞那个魔鬼的凶性，鲁斯蒂科接连把魔鬼打入地狱六次，制服了魔鬼，他这才下了床，急于休息一下。

可是在以后的几天里，魔鬼还是昂首怒目，好不嚣张，亏得那个柔顺的女孩子十分出力，乐于收容它；久而久之，这种服役叫她感到有趣极了，她对鲁斯蒂科说："我想，城里的人说得真对——他们说，侍奉天主是人生最快乐的一件事。我生平做过的事情，再也没有一件能像这把魔鬼关进地狱里去叫我浑身畅快，通体舒服的了。所以我觉得那些不去侍奉天主、反去干别的事的人，真是再蠢没有啦。"

## 男修道院长干坏事

黑过男修士，不忘黑修士的领导，薄伽丘再接再厉，猛黑男修道院长。

修道院长爱上了富裕的农场主费隆多如花似玉的娇妻，竟堕入了情网，为她日思夜想，忘了寝食。偏是那个费隆多尽管百事懵懂，惟独对于看守自己老婆这一层却一点也不糊涂。

不过院长究竟是一个聪明人，他听费隆多老婆忏悔，她因为自己老公愚鲁无知，妒忌得要命，感到痛苦，觉得"自己好比是一个寡妇"。那院长听得她这些话，乐意极了。

院长对女人说："我们要治好他，必须把他送到阴间的炼狱去"，还说"等他在那儿苦苦忏悔，受尽折磨，把他妒忌的本性洗涤得一干二净，那时我们会祷告天主，让他重又回到人世来"。

这是帮了多大的忙呀！

不过，院长帮她，也是有条件的，"快把你那颗心、把你那个身子交给我，成全了我吧，唉，我心里像火一样地烧，你真叫我想得好苦呀。"

"我的心肝儿呀，"院长说，"你别奇怪，我还是做我的圣人，并不因为方才说了什么话就打了折扣。因为归根说来，圣洁不圣洁要看你的灵魂，而我求你的事不过是肉体上的罪过罢了。不过别去管这一套吧，一句话，谁教你长得这样风流妩媚，叫我一见魂销，我不求你，又去求哪一个呢？你听我说，你应该引为得意呀，你可以在旁的女人面前夸耀自己千中挑一的美貌，竟使得看惯了天仙玉女的圣人也为你动了情。再说，我虽然是一个院长，可我也像别的男子汉一样，是一个人呀。我的年纪又没有老。我求你的这件事，又并没叫你为难什么——照说，你应该求之不得呢。等费隆多进入炼狱、去洗涤罪孽后，我夜里就来陪你，代替他来给你安慰。"

费隆多来到了修道院，院长一看见他，就决定把他送到炼狱去赎罪。

这位院长得到一种珍奇的药粉。据说这是当年"山中老人"常用来叫人们灵魂出窍、跟天国往来的灵药。依照用量的多少，可以随意叫服药的人睡得时间长些或者短些，绝无弊病，人们服了这药，就睡得跟死去一般无二。现在院长就拿出那药粉，称好足够叫人熟睡三天的分量，溶在浊酒里，请费隆多到他房里来喝酒。费隆多并不疑心，一大杯酒全喝了下去。过后，院长又把他带到外面走廊里去，那些修道士，以及院长，照例逗着他说些傻话，让大家取笑。一会儿药性发作，费隆多突然瞌睡起来，十分难熬，人还立在那儿，却已经支撑不住，睡熟了；再一会，人就倒下去了。

众人认定他已断了气，于是院长让他穿着本来的衣裳，把他葬在院内。

当天晚上，院长从床上悄悄爬起来，和他的一个心腹——刚从波伦亚来的修士，两人把费隆多从墓穴里抬出来，移到一个不见天日的地窖里去。

到了晚上，院长特意穿着费隆多的衣服，由他的心腹修士陪着，到那位太太家里，和她行乐，直至破晓，才回院中。

再说费隆多，他在地窖里苏醒过来以后，不知身在何处。正在惊异，那波伦亚修士大声咆哮着来了，一把抓住他，举起棍子就没头没脑打下来。修士告诉他，他已堕入炼狱。

费隆多哭叫起来。

修士说："天主下了命令，每天要打你两次。"

"我作了什么孽呀？"费隆多问。

"因为你太会妒忌，"修士说，"你娶了当地最贤慧的女人，竟然还要妒忌！"

费隆多说："你说得对，她还是天下最可爱的女人呢，就是蜜糖也没有她那样甜蜜哪。只恨我不知道天主是不欢喜男人妒忌的，我早知道的话，就决不会妒忌了。"

费隆多在那地窖里有吃，有喝，还有挨打、扯淡，不觉已过了十个月，在这段时期里，院长一有机会就去探望他那个漂亮的太太，两人寻欢作乐，好比是一对活神仙。这事一直瞒过外人的耳目，但是到后来终究出了毛病——那女的不幸怀孕了。她一发觉之后，慌忙告诉院长，跟他共同商量一个办法，觉得只有赶紧把费隆多从炼狱里放出，叫他回到阳间来，那么她就可以推说肚里的孩子是他的了。

第二天晚上，院长走进禁锢着费隆多的地窖里，故意压紧嗓子，对他说：

"费隆多，恭喜你！奉天主的命令，我们就要放你回阳间了，将来你的妻子还要在阳间替你生一个儿子呢，这个孩子你应该给他取一个名字，叫做'班尼迪克'，因为全靠你那圣洁的院长，以及你那贤妻的祷告，又看在圣班尼迪克的面上，天主才赐给你这个恩典的。"

在下一次给费隆多酒喝的时候，院长又在酒里放进一剂药粉，教他沉睡了约莫四小时光景，院长和那修士，趁他不知人事的时候，替他换上了自己的衣服，把他偷偷地抬到本来埋葬他的坟墓里。

第二天清晨，费隆多醒过来了。从石棺的裂缝里，看见一丝光线——这还是他十个月以来第一次得到光明呢。他相信自己已经活转来了，就大叫大嚷道："让我出来啊！让我出来啊！"一边嚷一边拼命用头去顶那棺盖，棺盖本没有合缝，经不住他几撞，就撞开了。

院长说："让我们赞美万能的主吧！我的儿子，既然天主放你回到阳间来，那么快回家去安慰安慰你的妻子吧，可怜她，自从你一死，终日以泪洗面呢。从此以后，你得真心真意做天主的朋友和奴仆啊。"

他去后，院长在那许多修士面前，假装惊奇得不得了，认为是奇迹出现了，叫大家一齐高唱起赞美歌第五十一篇来。

他就这样回转家门，重又跟老婆团聚，掌管自己的财产，好不快乐，后来老婆的肚子一点点大起来了，他还认做他的功劳呢。事有凑巧，不先不后，到了第九个月——那班没有知识的人还道女人怀孕照例只有九个月——那位好太太生下了一个男孩子，取名"班尼迪克·费隆多"。

村里的人看见费隆多行动如常，都深信他是死后复活，因此大大地替院长宣扬了圣誉，抬高了他的威信。费隆多本人呢，因为从前太会妒忌，挨了不知道多少顿打，现在毛病已经医好，果真像院长早先对那位好太太所作的保证那样，不再吃醋了。他的老婆好不称心，像从前一样，跟他安分守己过着光阴；只是一有机会就瞒着丈夫去跟院长幽会，而院长也的确尽心尽力，满足了她的迫切要求。

## 女修道院也跑不掉

男修士和男修道院长都黑了，修女和女修道院长也不放过，照样黑她们一遍。

这个故事讲，小伙子马塞托假装哑巴，做女修道院的园丁，修女们争着和他睡觉。

世人以为女孩儿家只要前额罩着一重白面纱，脑后披着一块黑头巾，就再也不是一个女人，再也不思春了，仿佛她一做修女，就变成了一块石头似的。

有一座以圣洁著称的女修道院，有八个修女和一个女院长，都是些年青的女人。她们无意中雇了一个假扮聋哑人的年轻园丁马塞托。

那山寨聋哑人在园圃里工作了不多几天，那些修女就开始来跟他淘气，拿他做嘲笑的对象了，就像一般人对待哑子聋子那样，在他面前说了许多胡闹的话，只道他一句也听不懂。

有一天，他累了，躺在树荫底下休息，恰巧有两个年青修女到这里散步，他便假装睡熟。

一个胆大的修女说道："我时常听得来这里探望我们的那些奶奶们说，天底下无论哪种乐趣，要是跟男女之间的那种乐趣比起来，那简直算不了什么。所以我心里头老是想跟这个哑巴尝试一下——此外又叫我们到哪儿去找男人呢？再说，他也确是一个最合适的对象，因为就是他想讲我们的坏话，也办不到呀"。

另一个回答，"难道你忘记了我们已经立誓把童贞奉献给天主了吗？"

"许下心愿的不光是我们两个呀，让他老人家去找别人还愿吧。"

于是，另一个修女也急于试探男人到底是怎么样一种畜生了。

她们看见四无人声，就去把马塞托弄醒，牵着他的手，做出一副媚态；他笑得咧开了嘴，活像个白痴，由她牵着进了小屋，也不用三邀四请，他就依着她的心愿干起来了。等她尽兴畅欢之后，果真像是一个事事遵守规约的出家人，把她的位置让给了她的同伴。马塞托依旧假装是个白痴，由着她们摆布。可偏是那两个姑娘还不想走，还要再领教一次这个哑巴的骑马功夫，不免重又来了一遍。事后，她们私下谈起，一致认为这回事真有意思，比她们所听说的还要有趣呢。所以一有机会她们就去找那个哑巴厮缠。

有一天，她们正在干着这件好事，不料给其他修女发现，她们后来再三商量，却改变了宗旨，反而跟那犯了清规的两个修女取得了谅解，要她们把人交出来，大家一同取乐。最后，只女院长一人蒙在鼓里。

有一天，女院长独自在花园里散步，看见那园丁正睡在杏树底下。他只因夜夜骑马赶路，十分辛苦，弄得日间稍为劳动一下，就感疲乏，便睡在树荫底下。恰巧一阵好风吹来，把他的衬衣吹起，竟什么都露了出来。那女院长不觉看得出神，动了凡心，立即把马塞托叫醒了，带到自己的房里，接连几天不放出来。

从前给女院长看作罪恶、痛加谴责的那种欢乐，现在她自己尝到了甜头——尝了还要尝、不肯罢休了，到最后，这才把那园丁放了回去。

这样弄得马塞托疲于奔命，招架不住了，这个哑巴忽然开口说起话来了："院长，我听人家说，一只雄鸡可以满足十只雌鸡，可是十个男人简直不能满足一个女人。而我一个人却要对付九个女人，我再也支撑不下去了。我已经弄到精疲力尽，什么活都做不成了。求你看在老天爷份上，放我回去吧，否则也得给我另想办法才好！"

那女院长听见哑巴开口怔住了。

"院长，"马塞托回说，"我是个哑巴，不过并非天生就哑的，只因为有一次害了一场重病，才忽然不会发音了；今天夜里我第一次觉得自己又能开口讲话了，我是多么感谢天主呀！"

然后，马塞托把实情全告诉了她，她这才知道，她手下的八个修女个个比她高强。

不过，女院长做事到底来得稳妥。她找修女们一番讨论，大家一致赞成，对外只说马塞托哑了多年，现在靠了她们虔诚的祷告，和院里所供奉的圣徒的恩典，已经恢复说话的机能了。这番话果然叫附近一区的男女深信不疑，盛赞为奇迹。

另外，修女们给马塞托的活儿也安排了一个程序，使他不致疲于奔命。就这样，院里生出了一大批小信徒，不过，一切都做得十分周密，外间始终一无所知。直到后来女院长死了，马塞托年纪已老，又积了些钱，急于想回乡了，事情才传开去。


要想弱化之，先必幽默之，所以，在《十日谈》的故事里：修士、修女、修道院长尽皆如此，更说明人性战胜神性，连口口声声教化众生的教职人员尚且如此，平常人更当如此。

薄伽丘摊开来说个明白，你们教会和神父怎么干的，虽然你们口口声声都讲神圣的话，可做出的事一点儿也不圣洁。

神父、修女干了些男女之事。想来大家骨子里都还是人，肉体凡胎，做了一点人的事而已，也不是什么罪大恶极之事。关键这些人，做了也倒罢了，却总口是心非，嘴上说得都高大上，下边做的都低小下，而且用了各种欺诈手段。这也倒罢了，还要站在道德制高点上搞这个、整那个，而且往死里整，这就太不对头了。

《十日谈》是欧洲文学史上第一部现实主义作品。好心的文艺批评家为了方便黑书流传也真作了不少努力，义正词严地在文学史上写道：它批判宗教守旧思想，主张"幸福在人间"，被视为文艺复兴的宣言。

薄伽丘的《十日谈》把教会得罪狠了，他去世以后，教会将许多珍贵版本的《十日谈》付之一炬，而且挖了他的坟。


## 人文主义先驱


薄伽丘是私生子，父亲是佛罗伦萨商人，母亲是法国人。薄伽丘幼年之时生母去世，他随父亲来到佛罗伦萨。不久，父亲再婚。他便在严父和后母的冷酷中度过童年。还好，他有文学作伴，他自学诗学，阅读经典。

稍长，父亲送他到那波利，学做生意，又学法律、宗教法规，对这些他统统都不感兴趣。在那里，他倒结交了很多人文主义诗人、学者、神学家、法学家做朋友，还与罗伯特国王的私生女玛丽娅谈了一场伤不起的恋爱，受了痛彻心扉的伤。

1340年冬，父亲的生意受重挫，家境一蹶不振。没钱给他过悠闲自在的生活，他回到佛罗伦萨。在佛罗伦萨，他进入行会，管过财务，还多次受共和政府委托，作为特使执行外交任务。

薄伽丘曾说过："有人努力写着作品，替他们的时代增添光彩；有人却贪得无厌，只知道面包，像虫子一样无声无息地死去。"

他的使命是挥笔写作。他的小说蜚声世界，他还擅长写作叙事诗、牧歌、十四行诗，在学术著述上也成就卓著。

他的早期作品都以爱情为主题，表达对人世生活和幸福的追求，谴责禁欲主义，他借鉴古希腊古罗马诗歌、神话、传奇，但不落俗套。1336 年左右，他写第一部传奇小说《菲洛柯洛》，故事发生在西班牙宫廷，讲基督教徒和异教青年艰难恋爱，还好，有情人终成了眷属，这是欧洲较早出现的长篇小说。后来，他又写了欧洲最早的心理小说《菲洛美塔的哀歌》，描写被恋人抛弃的女子菲洛美塔的遭遇，细致地描摹她的爱和怨、希望和痛苦，以及翘首盼望恋人归来的心理。

薄伽丘在他的理论著述中，批判教会对诗歌的诋毁，提出"诗歌即神学"的观点；提倡诗人从古希腊、古罗马文化中汲取营养，并讲求虚构、想象。他自己既说又练，动笔写了大量诗歌。

晚年，薄伽丘一心钻研古典文化，埋头著述《异教诸神谱系》，以丰富的史料叙述神和英雄的起源，展示神话的基础。另外，他还研究但丁，写《但丁传》，致力于《神曲》的诠释和讲解。他还翻译了荷马的作品，在搜集、翻译和注释古代典籍上作出了重要贡献，实属博学的人文主义者。

1350 年，薄伽丘和彼特拉克相识。翌年，他受命邀请被放逐的彼特拉克回佛罗伦萨主持学术讨论，二人建立了亲密的友谊。1374 年，挚友彼特拉克去世，他极度伤心。

1375 年 12 月 21 日，薄伽丘在契塔尔多去世。

卷三

哲学未成年

# 第一章
# 古典哲学复兴者

十二、十三世纪的哲学，从中世纪经院出走，脚步蹒跚，还像个未成年的孩子，它不知道往什么方向去，就想随着"文艺复兴"回到过去。

于是，在文艺复兴的大纛之下，几乎每一个古希腊哲学流派都复兴了。

1440年，佛罗伦萨新建了柏拉图学园，学园的学者费奇诺、皮科打出了复兴柏拉图哲学的招牌。那个时代，还有一名学者庞波纳齐，他着力复兴亚里士多德哲学。古希腊的怀疑主义哲学，也出现了继承者蒙田。

当然，这些古典哲学复兴者并不简单重述古典哲学，而是从哲学上对人文主义思想作出理论阐述。


## 掌门费奇诺

佛罗伦萨的马尔西略·费奇诺（1433—1499年）是文艺复兴时期影响最大的柏拉图主义者。他家境不错，出身医生家庭，曾在佛罗伦萨大学学习医学和亚里士多德的物理学。

在青少年时，他受过良好的人文教育，精通希腊文。1462年，佛罗伦萨统治者柯西莫·梅第奇给他一套宅子，让他翻译柏拉图和柏拉图主义著作，后来任命他为柏拉图学园的领导。

他一生翻译和注释了柏拉图、普罗提诺、波尔费留、伪狄奥尼修斯等人的大量著作，名气很大。1482年，他发表了主要著作《柏拉图神学》。1495年，他出版了自己的书信集，里面有许多重要哲学论文。

◎**宇宙等级论**

新柏拉图主义和中世纪神学已有宇宙等级之说，这个费奇诺了然于心。

在宇宙体系中，由上帝、天使、灵魂、性质、物质构成一个自上而下的等级结构。

在这个结构中，每个事物都有其固定的位置和级别，就好像我们的省部、地市司局、县处、乡科级别，但它们不是简单地排列起来而是互相联系的。整个结构是一个连续的整体，在各等级之间，都有中间物存在。

在这个结构中，费奇诺注入了新内容，提出了世界统一性思想。世界统一的基础是灵魂，因为灵魂具有认识和爱的能力。

◎**"柏拉图之爱"**

费奇诺创造了"柏拉图之爱"概念。

在他看来，柏拉图主义的"灵魂不死说"最正确不过，人生的最高目标就是通过沉思上升到对上帝的认识，但只有智者的灵魂可以今生达到，其他灵魂则要等到来世去追寻。这种追求有似柏拉图的精神恋爱术啊！

他把"柏拉图之爱"与基督徒对上帝的爱、人们之间的友爱联系起来，并进一步把它规定为世界统一的原则。

当灵魂思考且爱一个对象时，就和这个对象统一起来，对它发生作用。由此，理智灵魂成为联结理智世界和物质世界、联结整个宇宙的纽带，成为整个宇宙的中心。

在费奇诺那里，这种理智灵魂指的就是人。

◎沉思

费奇诺哲学的一个基本概念是沉思。

沉思是一种直接的精神体验。在沉思中，灵魂、肉体与外界的一切事物脱离开来，回到自身，深入到自己的内在本质。在那里，灵魂不仅发现了自己的神性，而且发现了理智世界、超验的理念，以及构成这些东西的共同源泉和本质的上帝。

回到内在的精神生活之中时，我们就避开了罪恶，避开了命运的干扰，仅仅服从于纯粹的认识和良知。因而，沉思的生活应当是一切人追求的目标，是达到真善美唯一的道路。

可是，沉思的这种目的，只有少数智者的灵魂可以在今世达到，为了使它成为一个对所有人都适用的目的，就必须假设有来世的生活。这一条对神学好有用，1513年拉特兰宗教会议，就正式把灵魂不死规定为基督教教条。

## 学园中坚皮科

皮科与皮肤科无关，哲学界亲切地称他"米兰多拉的乔万尼·皮科"（1463—1494年），他是米兰多拉伯爵的儿子，意大利贵族子弟。

中国人常说，从来纨绔少伟男。未曾料到，富贵人家也出神童，也培养学者。皮科非常牛，大学读过三所，精通多种欧洲语言和东方语言，熟悉古代文献和各种哲学学说。

世界那么大，谁不想去看看？谁不想来一场说走就走的旅行？皮科的贵族身家，自带财务自由，大学毕业后就周游各地，令人艳羡。

他才大志大，作出宏大构想，想把希腊文化、犹太文化和基督教文化统一起来，搞一个全人类共享的世界宗教。

他敢想敢干，准备花大笔银子付诸行动。1486年，他出钱邀请各地著名学者开大会，齐集罗马讨论900个哲学论题。

这个动静搞大了，惊动了天主教会的老大。教会老大一看，嗯？居然搞了数目如此之多的异端论题拿来讨论，皮科这个家伙要干什么！

好似佛祖从云端拍下如来神掌对付孙猴子，教会老大一出手，皮科的讨论会立马被拍熄。可这事儿没完，教会是不会放过皮科的。皮科深知教会毒辣手段的厉害，赶紧跑法国躲起来。还好，他准备的哲学大会演讲稿没丢，在他去世后得以发表，名曰《论人的尊严》。

皮科属于有志之士，他参加了佛罗伦萨柏拉图学园，成为费奇诺之后的学园中坚人物，发展了费奇诺的哲学。

◎自由意志说

在皮科的宇宙等级结构中，人处在等级体系之外，不再占有一个固定的地位。

上帝在依其神秘智慧法则建立宇宙家庭之后，希望有某物来细细揣摩他伟大工作的计划，爱它的美，惊异它的广大。于是，上帝就创造了人。

上帝将世间的一切，分门别类列入最高等级、中间等级、最低等级，却没给人安排等级，因为人既不属于天堂，也不属于尘世，既非可朽，亦非不朽。

这可怎么办呀？

上帝没有忘记人，上帝把人暂时放在世界的中心。可是，不要高兴的太早，上帝仍然没有就此确定人在宇宙体系中的地位。

上帝这么做，自然另有深意，他要赋予人自由意志。让人凭借自己的自由意志，决定自己本性的界限，自己塑造自己。

人成为一个自由的匠师，可以凭灵魂的判断转生为高级形式，即神圣的形式；也可以沦为低级生命形式，即沦为畜生，如同现在的说法"佛魔全在一念间"。人遵从自己的意志自由，选择了自己在等级世界中的地位。

无限变化的能力造就了人的本质和伟大。人不断创造新的东西，从而实现自己，超出自己，超出世界。此时，人的自信爆棚，感到自己仿佛是地上的神，就是造物主。

◎皮科伦理学

皮科认为，外在形式不紧要，内在本性才重要，内在本性构成事物本质。

无知无觉的本性造成树木，而不是树皮；无理性的感性灵魂造成负重的畜生，而不是兽皮；不偏不倚的秩序造成天空，而不是其球形形状；精神的智慧造成天使，而不是脱离精神的肉体。

放纵食欲者为幻象所蒙蔽，无异于草木；为感性世界的诱惑所束缚者，无异于走兽；能正确运用理性推断的哲学家，是天上的人；幽居心灵深处，不感觉到肉体的纯冥思者，是可敬的神灵。

灵魂摆脱肉体的束缚，摆脱情欲的影响，把进入自我的反思视为达到至善的唯一途径。人们应当用道德哲学驯服情欲冲动，用辩证法驱除理性的黑暗。这样，自然哲学的光辉就会照进我们平静纯洁的灵魂，使灵魂通过认识神圣的事物而达到完美。

真不错，皮科的伦理思想，简直像一篇充满诗意的散文。

# 亚派老庞

在文艺复兴年代，复兴是潮流，柏拉图主义在复兴，亚里士多德主义也在复兴。尤其是，亚里士多德哲学在中世纪被经院哲学歪曲已久，是可忍孰不可忍，于是有亚派私淑弟子出头。

提到这一段，就不得不说一说，研究亚里士多德主义哲学的亚历山大学派主要代表皮埃特洛·庞波纳齐（1462—1524年）。我的妈呀！这个名号也太拗口了，我还是叫他亚派老庞吧。

老庞出生于意大利的帕托瓦城，就学于帕多瓦大学，学成之后，在帕多瓦大学、费拉拉大学和波伦亚大学教哲学和医学。由于天龙先生对老庞历史材料掌握不多，看到老庞到帕大、费大、波大教书，只能猜想，这老庞在多个大学跑来跑去，定是他水平高、功力强，深受各大学欢迎，被各大猎头挖来挖去，抑或是那时的大学也发展出了轮岗交流的高级管理策略。这可真让人费思量。

## ◎人这奇迹

老庞说："人是一个伟大的奇迹，因为它是整个的世界，并且能变成每一种自然状态，因为他已被赋予追随无论任何为他所喜好的东西之性质的能力。"

老庞的这句话有些古奥，人怎么就是整个世界？怎么就能有神一样的本领，变成每一样自然状态，依据也不甚明了。

哲学家老庞要给出解释自圆其说。

他认为，人是最完满的动物，在物质世界占据首位，是物质世界和非物质世界之间的中介。人是小宇宙，或者是小世界；在人的世界，任何事物的本性都与人的根本性质一致。

"人是小宇宙"，那不就等于说，人在这个小世界里就是传说中的神，那还有什么办不到的。老庞的底气很足呀！他何以如此自信呢？一切皆由人的特殊性造就。人是完满的动物，他虽是物质世界的肉身，可他凭借独特的灵魂，能与非物质世界联系，这本领乃是上帝的恩赐，其他动物只能干瞪眼。

人的灵魂智力分为三种，理论智力、生产智力、实践智力。

上帝赠与人类理论智力，使人们可以从事思辨和科学活动。人人都具有理论智力，但并非人人都能正确地、完善地运用它。所以，只有少数人能成为哲学家、数学家。

人类普遍拥有生产智力，人们依靠生产智力从事生产，借以维持生命。也有部分动物具有生产智力。

人真正的智力是实践智力，这是关于品性和处理公私事务的智力。

理论智力能够造就好的形而上学家，生产智力可以产生好的建筑师，依照实践智力才能区分好人或者坏人。所以，只有在实践生活中才能充分地体现出人之为人的本质。

老庞认为，人的根本性质，不在于理性的沉思生活，不在于灵与肉的分离，不在于彼岸生活，而在于现实的道德生活，在于灵与肉的结合，在于此岸世界。

◎《论灵魂不死》

1516 年，老庞发表《论灵魂不死》一书。这书名看着似在宣传灵魂不会死，兴致勃勃打开书阅读的虔诚教士，读后会惊得下巴掉下来，因为书里分明论证了灵魂必死。

老庞认为，世上一切事物都有自身目的，这个目的与其本性相符，不应超出事物的本性提出要求。注定死亡的人，不应当指望不死的幸福，不死的东西不适宜于必死的人。人的灵魂依存于人的肉体，不死的灵魂只是人们为了促进道德生活而提出的假设。

不死的灵魂无法用理性证明。

老庞认为，赏罚是存在的，可由于灵魂必死，所以，赏罚不存在于虚无缥缈的来世，而仅存在于今世。

有两种不同的赏罚。一种是偶然的赏罚，它与德行或者恶行之间不存在必然关系，而是可以脱离开的。另一种是本质的赏罚，即德行或者恶行本身。

德行使人稳定，使人摆脱一切骚乱，因此德行是最大的幸福。而恶行则使人不安，使人痛苦、不幸。所以，有时即使偶然的赏罚没有出现，本质的赏罚也不会缺席。偶然的赏罚会淡化德行或者恶行本身的性质：得到偶然的赏报，本质的善就会降低，不能保持其圆满了；受到刑罚的恶行，也没有本质的恶行那样恶劣了。

德行是最大的幸福，恶行是最大的不幸；德行比生命更可贵，犯罪比死亡更可怕。所以，弃恶从善就是人们自愿追求的目标。那种认为宁可犯罪也比忍受死亡的痛苦好的观点，是源于人们不知道德行的优越和恶行的卑鄙。

总之一句话，偶然的赏罚大大的不好，本质的赏罚大大的好。

# 怀疑者蒙田

有学者认为，在彼特拉克那里人文主义思想达到第一次高潮，最后一次高潮则在蒙田那里达到。

法国哲学家米歇尔·德·蒙田（1533—1592年）出生于波尔多，这个地方如今以盛产高档红葡萄酒著称世界。蒙田富而好学，自幼受人文主义熏陶，曾在波尔多大学、图卢兹大学学法律，熟悉古希腊古罗马的古典著作。他学校毕业后，走上从政路，担任过波尔多市议员，还当过市长。他阅历丰富，曾游历德国、瑞士、意大利诸国。在哲学家堆儿里，他的人生可算一帆风顺。

## ◎人文主义怀疑论

蒙田复兴的怀疑主义哲学比较具有杀伤力，人的认识能力遭到严重怀疑。

虽然蒙田也研究人，不过，他爱揭批人的弱点，喜欢给早期人文主义的过度乐观浇一浇凉水，让大家冷静冷静。他认为人很渺小，没有什么可夸耀的东西，他说过一句格言："我知道什么？"满溢出对人类理智无能的无奈。

在他的眼中，日月星辰运行不息，主宰人类的命运祸福、德行罪恶、才能学问，人的理性也仰赖上天赐予。人类却认为宇宙万物为人所设，自称宇宙的主人；认为世界上唯有人类才具有理性，才能够认识宇宙大厦的美和宇宙的组成，才有权对宇宙大厦的建筑者表示感谢。人们把自己不知道的，就视为不存在，把月亮看作天上的一块地，凭空臆想月亮上也有山脉河谷，梦想在那里建造人类家园。其实，人连宇宙的分毫也不能认识，更谈不上指挥和控制宇宙了。人的这一切虚妄，皆出于人类灵魂盲目地自以为是。

企图用有限的知识，去认识上帝和宇宙，都属虚空徒劳。人类经过一番探索，并未获得新力量和颠扑不破的真理，只认识到自己的低能，人类该就此抛弃自命不凡的心理，承认自己的本位。

人类一切认识源于感觉，而感觉可能虚假，会欺骗我们。感觉无法证实自身是否与现实相符。所以，建立在感觉之上的理性也不可靠。每个人的感觉各不相同，但每个人又都确信自己的认识，造成了无休无止的争论。人们相互之间永远也不会就一个问题达成一致意见。同一个人的看法也经常变，今天的看法可能否定了昨天的看法，同时，又可能被明天的看法所否定。事物本身也不断变化，人对事物的认识就只能是相对的，不存在任何绝对的知识和真理。

蒙田这番道理，把人说得灰头土脸，垂头丧气，活着都没劲了。蒙田同学，你救救我们吧！

还好，蒙田给人类留了活路，他开始放水。他说，认识到人类无知，并不妨碍人类的实践生活，也就说，即便无知，人仍可以过道德的生活呀。知识在讲，什么是真的，什么是假的；它并没有讲，应当做什么，不应当做什么。人生活的关键，在于道德行动，作出应当怎么做的选择。

生活的标准有两个："合乎自然本性的生活"，以及"福音"即超自然的启示。

他主张，人应当有妻儿、财产、健康，但人的幸福不应当依赖于此。人应该返回自我，为自己保留一个一切属于自己、完全自由的退避场所。世界上最伟大的事情莫过于学会如何皈依自己，"一个能够真正地、正当地享受他的生存的人，是绝对地、而且几乎是神圣完善的"。人若缺乏自知之明，企图超出自身，追求虚妄的、不属于自己的东西，会把自己变成禽兽。

他认为，人的价值标准在他自身的价值，而不在于出身门第、权势、财富等外在的东西；国王、贵族、富人和农夫、平民、穷人的差别，不过是衣装不同罢了。因而，他崇尚"自然生活"状态："没有买卖，不懂文学，没有数学，没有长官或政治家这种名称，用不着奴隶，没有贫富现象，没有契约，没有继承，没有分割""除坐食之外无所事事，只有对于父母的一般偏爱""不穿衣服，不从事农业，没有金属，不用酒类或五谷""表示虚伪、奸诈、蒙骗、贪婪、忌妒、诽谤、饶恕等等的字眼是从来没有听到过的"。这样的自然生活，你会喜欢么？

### ◎蒙田随笔

作为哲学家，蒙田不算太牛，但他的随笔却顶呱呱。

当然，他的哲学思想也体现在随笔里，特别是他的人生哲学。

有哲学思想的随笔才更有味道，所以，西方最经典三部随笔，培根、帕斯卡尔和蒙田的随笔，皆为哲学家作品。

1580至1588年期间，蒙田的主要著作《随笔集》分3卷共107章，在巴黎次第出版。

蒙田随笔，恬淡自然，包罗万象，天文地理、草木鱼虫、人情世故，无所不谈。他的人生哲学皆源于自我感受，他说"我本人就是这部书的材料"，他将人生中的种种道理娓娓道来，处处流露真性情，像潺潺的小溪滋润人的心灵。

他论功利与诚实时说："我直言不讳时，言语激烈，很少忌讳说得过重和刺伤人心，即使在背后也不会说得更加恶毒，完全是一种坦诚与有感而发的表现，因而也更容易让人觉得我不会心怀叵测。

我行动时只思行动，不期望其他结果，也不考虑其长期后果也不提长期建议；每次行动都是针对事件本身，成功则好！"

什么是功利什么是诚实，他给说透了，出于个人利益与情欲所产生的刻骨仇恨不应该称为"勇气"，一种背叛阴险的行为不应该称为"勇气"；一些人把自己邪恶暴烈的天性称为"热诚"，其实，使他们心热的不是事业，而是他们的利益。

他论意志的掌控时讲："人总是出租自己。他们的天赋不是为自己，而是为奴役他们的人用的。这样住在家里的不是自己而是房客。""我们要心灵掌握的东西太多，反而不能使它集中与牢记。有些事只需知道，有些事要记住，有些事要刻骨铭心。""大家看得到底的欲望是来自自然的，在我们面前躲闪、让我们追赶不上的欲望是来自我们的。钱财的贫乏易治，而心灵的贫乏则不可治。"

关于意志掌控，他还说，心灵要受到命运千辛万苦、艰苦卓绝的折磨；依然要从人生中原有的严酷与沉重来衡量和体验，要利用人生的艺术，避开命运的锋芒。

他论阅历时道："没有一种欲望比求知欲更自然。我们尝试一切可以达到求知的方法。当理智够不上时，我们就使用经验。""看到事物的相似就从中得出结论是不可靠的，尤其因为事物总是不相似的。事物的面目中若说有什么普遍性的话，那就是它们各有差异，互不相同。"

回望各种过往之事后，他说，心灵的伟大不是往上往前，而是知道自立与自律。心灵认为合适就是伟大，喜爱中庸胜过卓越显出它的高超。最美最合理的事莫过于正正当当做人，最深的学问是知道自然地过好这一生；最险恶的疾病是漠视自身的存在。

此处，天龙先生在他的随笔中撷取几朵小花，各位看官老爷想要观赏全貌，您要亲自到他的精神花园去流连了。

# 第二章
# 泛神论者库萨

尼古拉·库萨（1401—1464年），德国神学家、哲学家、数学家、政治家，出生于特利尔城近的库萨村。他在海德尔贝格大学、帕多瓦大学和科隆大学接受了法学、数学、哲学、神学教育。毕业后，库萨成为神职人员，曾担任罗马教会的红衣主教，职级不低喔！

他不赞成宗教迫害，主张宗教宽容和一定的信仰自由。他倾向于人文主义，从事神学、数学、天文、地理和古代哲学研究，第一个绘制了中欧和东欧的地图，并提出过历法改革方案。

他的主要哲学著作有《论有学问的无知》《论猜测》等。

库萨哲学继承了新柏拉图主义和中世纪神秘主义，有点神秘兮兮。

他主要讲经院哲学玩儿剩下的老问题，有限的人类理智何以认识无限的真理—上帝。不过，他发挥人文主义精神，讲出了新意，提出一个具有泛神论色彩的哲学体系。

# 论三种极大

关于"极大"，在《论有学问的无知》一书中，库萨定义道："一个事物，不可能有比它更大的事物存在，我称之为极大。"

有三种极大，值得细品。

## ◎绝对的极大

绝对的极大不需要什么道理，不需要你拿它跟别的巨大事物比，它的极大也没有什么好说的，你只要相信它无限大、最大、绝对大就好了。这种极大"是绝对的一，因为它是一切；一切都在它里面，因为它是极大""它在事实上是一切可能的存在，不受任何事物限制，一切事物都受它限制"，这个绝对的极大就是上帝。

库萨要你相信有这么个上帝，它是无限的绝对最大。好神秘！总要说一说它有啥特色优势吧。于是，他开始解释。越解释，越神秘！

上帝是无限的"一"。我感觉，库萨的这个"一"，好像《道德经》讲"道生一，一生二"里面的"一"，意思是说，有那么一个东西，不好说它是啥样的，权且叫它"一"吧。好，我们继续。上帝作为无限的一，把一切有限者都包容在自身之内，但这种包容并不是整体对部分的包容，不是用多来构成一，而是多融化在一中。

在上帝无限的一里面，万物来源于它，终将复归于它，万物在它里面也没了区别。

在上帝无限的一中，一切对立最终在上帝里面达到调和，达到和谐的统一，一切对立和差异都最终消逝。上帝把一切对立面包含在自身之中，自己却是无对立的统一。

相形之下，有限事物普遍地存在对立面，它们的对立面最终不可能达到完全一致，仅达到对立面的统一而已。

依从正统神学，库萨称上帝为"造物主"和支配世界万物的主宰，而且他说："如果离开上帝来观察物，那末物是虚无""如果离开物来观察上帝，那末上帝存在，而物不存在。"不过，当他进一步讲上帝创造世界时，他对"创造"作了新解，"说上帝创造万物，跟说上帝即是万物，这是一回事。"进而，他肯定地声称："上帝自身即是物的存在。"上帝在万物中，万物在上帝中。

神不存在于自然万物之外，神就是自然万物，自然万物都是神的体现，开玩笑讲，神有点四处泛滥啊，这个在哲学上便称为泛神论。

让我们唯物主义者说，泛神论就是出离唯心主义的进步，可以点赞。

◎**限定的极大**

这一段儿，不绕弯子，直截了当告诉你，限定的极大说的就是宇宙。

宇宙是存在者的普遍统一，它的统一被限定在多中，离开了多，它就不能存在。宇宙在时空上无限，但存在也依赖于上帝，是相对的无限。

此处可以深切感受到，为啥库萨称宇宙为"限定的"极大：你宇宙虽然也"统一"了众多的存在者，但存在者们还是"多"不是"一"，你的统一是有对立的统一；你虽然有无限之处，达到时空无限的极大，但总要依上帝而存在，你还是被限定的。

教会宣扬"地心说"断言：宇宙是有限的，地球是宇宙的中心，第八层天即"恒星天"是宇宙的边界，在此边界之外就是"原动力天层"即神居住的天国。

库萨哲学则说，宇宙从时间上说永恒，时间古有、今有、未来有，一直有；从空间上说无限大，无中心，也无边界。因此，地球并非宇宙中心，所谓"恒星天"也非宇宙边界。地球和其他所有星球一样，由同样的元素构成，只不过是普通一星罢了。

库萨的"限定的极大"貌似顺带说了一下地球的星际地位，可列位看官要注意，他的《论有学问的无知》在1440年完成，而哥白尼掀起天文学革命的著作要到1543年才出版，相当于库萨在哥白尼之前，已从哲学上断定"地心说"不靠谱，这也正是哲学家库萨的厉害之处。

### ◎既绝对又限定的极大

哲学这根硬骨头本来就巨难啃，还要加上神秘主义的调料，我太难了！

不要说别的，你看这个说法，就让人崩溃，"既绝对又限定的极大"，这跟一本正经地说"有些黑的纯白"有啥差别？

没有什么能够阻挡库萨，他就这么说，既绝对又限定的极大就是他眼中的第三种极大。

库萨认为，宇宙中的任何事物都无法达到上帝一样的无限。不过，宇宙中的人却有特质，人是一个小宇宙或者小世界，人类适宜产生一种极大：人为万物之灵，人在自己的生命中，结合了尘世的东西和神的东西，结合了物质、有机的生命、动物的生命和理性，可以像镜子一样反映"限定的极大"即整个宇宙，以致无限。

你看到这里，不要高兴的太早，库萨可没说所有人都能达到无限。

实际上，人类中只有一个能够达到人类的极大。他就是耶稣，既是人又是神。

由于耶稣是人，所以，他的极大是限定的极大；又由于耶稣与上帝同一，所以他的极大又是绝对的极大。

这一段你感觉好神秘吧，可这个在他们那里不过平平常常，他的说法和基督教神学里"三位一体"教义同出一辙。倒是库萨在论述耶稣的极大时，讲到人类的特质，因应了人文主义的潮流。

## 人的认识能力

库萨说："人有一种理智力量，这种力量就其创造活动来说，是神的理智的摹本。"

在他那里，人和上帝一样，具有创造力，堪称"上帝的摹本"。人可以像上帝一样，用理智的力量创造概念世界和艺术世界。

人的灵魂具有各种不同力量，包括感性、想象力、知性、理性。灵魂在身体以内行使感性和想象力，在身体以外行使知性和理性。

一切认识始于感性，外部刺激五官，形成感觉。想象力汇合各种感觉，形成整体印象，从而摆脱对事物接触的依赖。知性进行度量、比较、区分，创造出概念并进行判断和推理，还创造出自然所没有的艺术世界；但是，知性不能理解对立面的统一，不能认识无限。理性可以进行综合与直观；在理性直观中，对立面融合在无限的统一中，灵魂与上帝达到一致，对立面消失了。

于此，库萨抛出了自家的认识论法宝，开始讲论人如何认识世界。

## 有学问的无知

库萨断言，无限的上帝不可认识，人对上帝真理的认识，乃是"有学问的无知"。

上帝为每一种生物都配备了追求最佳生活方式的自然欲望，并配备了相应的功能和识别能力。

那上帝给人配备了什么？答曰：求知欲和理性。人的理性不知疲倦地认识一切事物，以求得真理。

假使事物可以直接进行比较，认识就相对容易；如果二者之间有许多中间环节，认识就相对困难；如果二者之间根本没有可比关系，认识就无从谈起。

人类理智认知有限，而"绝对的极大"无限，有限无法跟无限比较，"无限者作为无限的东西摆脱了一切比例关系，因此是无法认识的"，看来，人类有限理智不能认识无限的上帝。

破解这个困局，人类只能借助非理解的方式，超越有限，达到无限，进而把握不可理解的上帝。

想法很美妙，到底该怎么解？

把握上帝的真理，要借助类比和理性的超越。我体会，这个与中国人讲顿悟有似，眼前和尚手指月，佛理顿悟我心明。

库萨讲，在所有有限事物中，从有限向无限的跳跃，数学符号最具类比的力量。有限的数学符号可以延伸扩大到无限，由精确的数学符号认识，可以产生近似无限的认识。对数学符号的精确认识是有学问的，但近似无限性的知是不可能的，是无知的。所以，这就叫做"有学问的无知"。

此外，由于上帝是万事万物的本质，理性无法认知上帝，故而无法精确认识事物本质。世界上不存在两个完全相同的事物，理性通过比较来认识事物必然具有相对性。因此，即便对有限事物的认识也是"有学问的无知"。

理性虽然无法精确地认识真理，真理永不可及，但是，理性可以通过不断地猜测、无限地逼近真理；认识的真谛就在于，永不企及和渐行渐近的辩证统一。

一些哲学史家认为，只有库萨才真正在哲学层面上体现了文艺复兴时代的精神，不愧是近代资产阶级哲学的思想先驱。

# 第三章
# **勇敢的布鲁诺**

诚如恩格斯所言，乔尔达诺·布鲁诺（1548—1600年）是"在思维能力、热情和性格方面，在多才多艺和学识渊博方面的巨人"之一，而不是在反对旧势力斗争中生怕烧坏了自己手指的小心翼翼的庸人。

1600年2月17日，在罗马鲜花广场，布鲁诺将被以不流血的方式"仁慈"地处死，你别想那时残忍的宗教裁判所会有什么安乐死，他们一贯使用的招数是活活烧死。

在拙作《很哲学，狠幽默Ⅱ》里，天龙先生写过教会火刑处死科学家塞维斯特的情形，那叫一个惨，历历在目，惨不忍想。

活活被烧死远不如来一刀好，不是连汪精卫之流都要作诗说"引刀成一快，不负少年头！"

小时候，我读过《聊斋志异》，还记得有则故事，叫《好快刀》。

这故事说，明朝末年，济南府章丘县有很多强盗，官军捕到他们就杀掉。

章丘县官军有一兵士，佩刀甚是锋利，属杀人利器。一天，官军捕获十多个盗贼，有一个盗贼认得那个兵士，就蹭到兵士跟前说："闻君刀最快，斩首不砍第二刀。求您来杀我。"那兵士说："好的，你到时候跟在我身边，别离开我。"

强盗跟着那兵士来到刑场，兵士手起刀落，盗贼的头"骨碌"一声掉下来，滚到数步之外，一边转圈一边大赞："好快刀！"

天龙先生当年遭女友决绝离弃，就曾引用过这个故事，由衷赞叹她快刀斩乱麻、一剑穿心的痛快。

再回到1600年2月17日，刽子手就要放火烧布鲁诺了，勇敢的布鲁诺高呼："火，不能征服我，未来的世界会了解我，会知道我的价值。"

行刑队一看，不好，不能让他再说了，再说下去，那岂不成宣讲会了，赶紧堵上嘴，赶紧放火，赶紧的。

可怜的布鲁诺就这样被烧成了灰，教会连灰也不放过，撮起来倒在河里，被河水冲得无影无踪，才放心。所以，你想去祭奠布鲁诺，安排到"端午节"和屈原先生一起吧。

可是烧死了布鲁诺，地球不绕太阳转了么？

最后，教会羞愧地发现，地球真是绕着太阳转的，才给人家布鲁诺平了反。

## 布鲁诺的考察材料

采用我们考察干部的方法，从德能绩勤廉多维度评价，可以看出布鲁诺实实在在是一名战斗到最后一刻的英雄。

估摸你没搞过干部工作，在这里，给你科普一下。干部考察以后，要写考察材料。考察材料的写法是这样的：先介绍个人简况、家庭情况，然后写德才表现。考察材料重点写考察对象的德才表现，写每一方面德才，先写一句概括的话，用英文的说法叫做 Topic sentence，然后，是典型事例支撑，这用的便是"金字塔原理"里的材料支撑法则，最后，进行总括，得出判断。

写考察材料，用老一辈干部的说法，就是要给考察对象画像。这是考验考察组写作水平和道德水平的活儿，考察组要秉持甘为人梯、甘做铺路石的精神把好干部考察出来。用我的老上司的话说，我们就是要做好帽子铺的小伙计，把合适的帽子发给对的人。

附带说一句，天龙先生虽然水平有限，但一定要比毛延寿给王昭君画得好一百零一倍，主要是天龙先生比他有道德。

天龙先生遍稽典籍，对布鲁诺形成考察材料如下：

布鲁诺，男，民族：拉丁族，出生时间：1548 年，出生地：意大利诺拉，政治面貌：没落贵族，新兴市民资产阶级哲学卓越代表，反封建、反天主教会黑暗统治的坚强战士。

全日制学历：神学博士，毕业院校及专业：多米尼克修道院，神学专业。

简历：

1565 年，在多米尼克修道院攻读神学；

1570 年，获神学博士学位，并担任神父；

1578 年，流亡日内瓦，因反对加尔文教派入狱；

1579 年，获释，前往法国土鲁斯，在当地大学任教；

1583 年，逃到英国伦敦，达到创作巅峰，作《灰堆上的华宴》《论原因、本原与太一》《论无限、宇宙与众世界》《飞马和野驴的秘密》等，宣扬"日心说"；

1585 年，返回巴黎，遭驱逐后，前往德国、捷克等地讲学 6 年，著《论单子、数和形》《论无量和无数》；

1592 年，为威尼斯贵族乔凡尼诱骗回意大利，被其指控为异端，遭逮捕，受八年残酷折磨；

1600 年，被处以火刑。

主要德才表现：

布鲁诺的一生是战斗的一生，坚持真理的一生。

布鲁诺具有强烈的英雄意识。他的著作《论英雄热情》，就是当时反封建战士的生动写照。在这部著作中，他赞扬那种为崇高理想和科学真理而自我牺牲的英雄精神，即"英雄热情"。他指出，为了追求光明而自我牺牲，是不朽的英雄业绩。不过，他所称颂的英雄是少数个人"英雄"，而不是人民群众英雄。在他看来，只有少数英雄人物才能探讨真理，管理国家，人民群众似乎只能信仰，处于被统治地位。

布鲁诺是坚强勇敢的战士。他在教会学校学习的时候，由于接触了反对神学的进步思想，就开始了反对天主教的斗争。在教会反动势力的迫害下，他不得不离开意大利流亡 15 年。此间，他不断受到各国教会反动势力的迫害，颠沛流离，备尝辛酸。然而，他宣传哥白尼学说、反对天主教神学的斗争从未停息。他被骗返意大利，立刻被捕入狱，遭严刑拷打，敌人威迫他放弃自己的信念，他也绝不向反动势力屈服，体现了一名勇敢战士的本色。

布鲁诺坚持真理至死不动摇。宗教裁判所决意处死布鲁诺，做了所谓"不流血的任意处理"的判决。临刑前，布鲁诺身体被绑在火刑柱上，教皇克莱门的使者向众人说，布鲁诺有八大异端罪行。布鲁诺则对那些围观的人喊话："黑暗即将过去，黎明即将来临，真理终将战胜邪恶！"在罗马的鲜花广场，刽子手点燃了企图消灭真理的烈火。可正如同布鲁诺所说，反动派能够杀死布鲁诺，却不能杀死真理。

布鲁诺探索哲学取得丰硕成果。他指出，最好的哲学不能依据启示，而必须运用"人的理智"，探讨揭示"自然的真理"，以便使人们能够过"更幸福和神圣的生活"。他继承了古代朴素唯物主义思想和后世的自然哲学，特别是依据哥白尼的天文学，形成了自己的哲学体系，提出了唯物主义自然观和认识论。布鲁诺的哲学是文艺复兴时期新哲学思潮发展的最高成果。

不足之处：自我保护意识不强。

一句话评价：坚持真理，勇于为真理献身。

## 诺拉哲学

布鲁诺常思念家乡诺拉，他多年流落在外，自称诺拉人，他的哲学，自然而然也叫"诺拉哲学"。

若果老天有远视眼，天龙先生未来成了哲学界的腕儿，你们管我的哲学叫"天龙哲学"好不好？虽然，现在我的哲学还没研究出来，但咱的名儿先起好了，先搁在这儿，到时候你们别忘了。

布鲁诺主要著作《论原因、本原与太一》《无限、宇宙与众世界》《单子、数和形》中阐述了自己的哲学思想。

哲学的本体论与认识论在诺拉哲学中都没有缺席，列位且听我慢慢道来。

### ◎万物的本原

"本原"又叫实体，它从内部促使事物构成，并留存于事物之中。

他认为，自然万物的本原在于自然本身。他说，自然即宇宙，是神，是"第一本原"。他把自然、宇宙和神看作同一回事，这是当时流行的泛神论观点。

自然界中有两种本原：一种是形式，一种是物质。

形式是万物积极的潜能，有创造的可能性；物质是万物消极的潜能，有被创造的可能性；形式与物质相结合，从而产生了万物。物质是自然事物的母亲，物质自身中包含着形式，从自己本身之中产生出形式。精神、灵魂、生命处于万物之中，并按照一定的程度充满全部物质，因而是万物的真正形式，世界的形式就是"世界灵魂"。形式不能离开物质独立存在，"形式离开物质，便没有存在，形式在物质中产生，在物质中消灭，来自物质和归于物质。"

世界事物不断变化，但存在着同一质料。

在自然界中，尽管各种质料形式变化无穷，并且一种形式接着另一种形式发生，但其中总是保持着同一种质料，难道你们没有看到"一粒种子变成了茎，从茎长出穗子，从穗子产生粮食，从粮食产生胃液，从胃液产生血液，从血液产生精子，从精子产生胚胎，从胚胎产生人，从人产生尸体，从尸体产生泥土，从泥土产生石头或其他物体，从此可以类推到一切自然形式"吗？布鲁诺这番话好生动！世界物质本原的原理，这么清清楚楚地被他说出来了，哲学都这么易学就好了，可惜不能。

布鲁诺用了好大劲，以亚里士多德的哲学套路讲了世界如何而来，我觉着，这是他为了适应当时那些有学问之人的胃口。故而，布鲁诺的哲学中加杂了一些神啊，灵魂啊，真正的形式啊，世界理智啊之类的让人发昏的术语。可你细一品味，会发现他遮遮掩掩说了一个意思，世界万物由物质形成，物质自行具备了万物的形态。

### ◎宇宙万物统一

他形成了关于宇宙万物统一性的学说。

他认为，世界无数的"杂多"只是事物的表面现象，"统一"才是事物的本质。

无限宇宙和无数世界统而为一。宇宙是"能生产的自然"即生产者，宇宙只有一个；世界是"被生的自然"即被生产者，世界（各种天体系统）则数量无限多。

无限的宇宙有无数的世界，太阳系以外有无数个恒星系，所有天体，包括太阳、地球、行星、恒星在内，都由水火气土四元素构成，第五种元素"以太"则充塞于整个宇宙空间，无限的宇宙是物质的宇宙。布鲁诺赞同哥白尼关于地球绕太阳运行的说法，不过，哥白尼将太阳看作为宇宙中心，且有"恒星天层"作为宇宙边界，这些观点布鲁诺就不认同了。布鲁诺认为，无限的宇宙不可能有任何边界和中心。

宏观如此，微观世界如何呢？

布鲁诺已深入物质结构内部，他认为，宇宙由不可分割的微粒即"极小"构成。极小在自身中包含着成为一切的可能性，极小可以成为极大。所以，极小就和"极大""太一"成为一样的东西。不仅"极大"和"极小"吻合为一，而且在"极大"和"极小"自身中，对立面也归于统一。据此，布鲁诺说："谁要认识自然的最大秘密，那就请他去研究和观察矛盾和对立面的最大和最小吧。深奥的魔法就在于：能够先找出结合点，再引出对立。"

极小的东西具有灵魂，有运动能力，这样，宇宙就不需要"第一推动者"，它自己就能动缓。"一个东西，不管怎么纤小，怎样微不足道，其中总有精神实体的部分，这种精神实体，只要找到合适的主体，便力图成为植物、成为动物……这就是通常所说的有了生机。因为精神处于万有之中，任何一个最最微小的物体，都不能不包含着成为有生机之物的可能性。"

当然，布鲁诺这些思想属于哲学上的猜测，没有严谨的科学证明。

天真的小孩或许会问，你们哲学家为什么要说这么多科学上没证明的道理呢？

那会儿的哲学家有自己的玩儿法，他们认定宇宙遵循一个基本的道理，按照这个基本道理推导下去，宏观世界应该怎么样，微观世界应该怎么样，一目了然，他们只考虑能够自圆其说，所谓"逻辑自洽"。

一番推理之后，哲学家摊摊手说，大方向我给你指了，世界到底是不是这样，你们科学家研究去吧，呵呵。

### ◎万物产生的原因

"原因"从事物外部促成事物产生，自身留存在事物之外。

世界灵魂内部有一种特有的能力叫"世界理智"。世界理智是自然万物真正的作用因，它使物质承受了形式。世界理智根据形式的意义和条件，赋予物质以形状，并塑造形成万物，使万物处于一种惊人的秩序中。

事物起源于物质，物质本来就囊括了形式。世界理智唤起形式进行活动。世界理智不同于万物的实体和实质，所以说，它是外因；它又在万物之中起作用，所以说，它又是内因。

读过亚里士多德哲学的看官，不禁莞尔一笑，布鲁诺的这些说法，真像古希腊哲学呀！要不然，怎么说人类文明薪火相传呢。

### ◎认识自然真理

人类理智能够认识"自然的真理"，它通过感性、知性、理性、心灵四个阶段，形成一个统一的认识过程。

认识从感性开始。所谓感性，即以感觉认识具体事物。感性只能认识杂多的表面现象，不能认识事物的本质，可能提供错误的印象，真理并不存在于感觉之中；知性运用抽象概括和推论的能力，从特殊中抽象出一般；理性主动地、积极地整理知性活动的成果，把知性得出的一般论断提高到原理原则，从而认识到事物的实体统一性；心灵直观神或自然的本质，可以达到对一切存在的本质认识，达到对统一、无限宇宙的认识。

对自然真理的认识不会完结，因为人类理智永远不会停留在已被认识的真理上面，而会向着尚未被认识的真理继续前行。

好吧，说完布鲁诺的认识论，"诺拉哲学"的讲述也告一段落。可是，诺拉哲学来过了，它就在人类精神世界上留下了印记，恰如一切工作纪实、活动"留痕"。

凶狠的宗教裁判所可以用火刑夺走哲学家的生命，可以用禁令销毁哲学家的著作，但却阻挡不了哲学家思想的广泛流传。布鲁诺的哲学思想没灰飞烟灭，在笛卡尔的理性论、斯宾诺莎的泛神论、莱布尼茨的单子论、德国古典哲学的辩证法思想中都得以不同程度复现。

# 第四章
# 巨人的自然哲学

近代科学史上，有众多不同凡响的人物，达·芬奇、哥白尼、开普勒、伽利略和牛顿。他们的思想穿过历史的尘埃，如今依然熠熠生辉。

亚里士多德老爷子把哲学称为"物理学之后"，意在抬举哲学，说它超越现实可触摸的物理世界，能窥探世界背后的规则。可你细想，自然科学比如物理学，认知物理世界的规律，何尝不是一种哲学。

很多时候，哲学与自然科学水乳交融，你对自然的认识如果脱离了自然科学，那简直就是一场信口开河的说笑。自然科学家探寻自然奥秘，观测世界本真样态，描述世界运行的法则，称其为自然哲学家亦无不可。这样就很好理解，你攻读西方自然科学到最高段位，学院会授予你一顶黑色的哲学博士帽。

虽说如此，毕竟科学与哲学已有分野，科学精于实证测算、哲学善于归纳思辨，科学由于细分而深入、哲学由于综合而宏观。

不过，我还是要说，科学开花结实，哲学摘果酿酒。

## 达·芬奇密码

列奥那多·达·芬奇（1452—1519年）出生于意大利佛罗伦萨的芬奇镇。

他的父亲是个公证人。老实说，在哲学系读书时，我不知道达·芬奇这样的人有多厉害，我们讲西方哲学史，教授压根儿没提到过他。老师不讲，考试不考，甭管多伟大，俺就不闻不问了。

我上班之后，见到隔壁办公室美女买了英文版小说《达·芬奇密码》，我借了来，每日午休读十来页消遣。读着，读着，我被吸引住了，我被震住了。丹·布朗的这部小说有明暗两条线索，主线讲哈佛教授罗伯特陷入一桩谋杀案中，追踪蛛丝马迹，他发现，卢浮宫博物馆长遇害，竟然缘于达·芬奇画作《最后的晚餐》里隐藏的神秘信息。于是，他开始了他惊险的调查；暗线却是达·芬奇令人无比震惊的天才，他暗中在画作上留下了隐修会的密码，那牵涉到耶稣的圣杯和血脉等一大段传奇故事。

这本书吊足了我对达·芬奇神秘故事的胃口。时至今日，我翻阅多部达·芬奇传记，他的伟大神奇才透过尘封的故事在我脑海日渐清晰。

据说，除科学家特斯拉之外，达·芬奇是史上智商最高的人。达·芬奇在数学、力学、医学、天文、建筑、工程、机械、绘画、哲学等各领域，都劈荆斩棘作出卓越贡献。

世间众人的赞誉溢于言表，隆重赠他三重荣誉宝冠：

头一顶是科学家的金冠。

在那个时代，达·芬奇的科学思想和发明创造那么超前，简直令人瞠目结舌，让人怀疑他是不是从后世穿越到古代的人。他首先提出了杠杆原理和液压概念，还预示了惯性定律、加速定律、落体定律等等；他解剖尸体，绘制心脏膜瓣图，制作眼睛视觉模型；他对托勒密的"地心说"提出不同看法，特别反对那种认为天界和地界截然不同的神学观念，他认为地球跟其他行星一样，仅是一个普通的星球，地球也像月球那样反射阳光。

达·芬奇倡导新兴自然科学。在他看来，人类之所以异于禽兽，根本点就在于人类能够认识自然，研究自然，并从中得到实际的利益，而禽兽则不能。因此，科学家必须发挥人的才能，担负起"在自然和人类之间作翻译"的职责。

达·芬奇的科学思想散见于他的《笔记》，其间可以清楚看到当时新兴科学的思想萌芽。

第二顶是艺术家的银冠。

我一直以为达·芬奇只是位艺术家来的。虽然艺术史我也读过一点点，可对于艺术欣赏完全不在行，咱看不太懂梵高等人的那些西方名画，就像中国的胃吃不惯他们半生带血的牛扒。因而，我与达·芬奇的缘分，起初就停留在中学历史课本的插图上，那里有《蒙娜丽莎》的彩图，其图印刷粗糙，印象竟因此模模糊糊，只记得有一个略显丰腴的外国婆娘，似笑非笑，比什么贵妃出浴、梨花带雨的感觉，差好远了。当然，时常也在什么地方会翻看到达·芬奇的作品《最后的晚餐》，有一群人在桌边吃饭，人都啥模样，印象不深。据小说家丹·布朗"爆料"，那画里有耶稣的妻子玛丽娅，你别吃惊，可以去找《达·芬奇密码》看哦。

第三顶是哲学家琉璃冠。

当然，很多人觉着文艺复兴时候，人们哲学功力不像古希腊罗马那么深。当你看达·芬奇笔记，会发现他道行还挺深，他把自己的实践经验加以总结和提高，阐述了有关科学方法论的重要思想。

达·芬奇批判经院哲学，反对炼金术、占星术等伪科学。同时，他以泛神论形式表达了自然事物具有客观规律的思想。他认为，自然事物有灵魂，体现神性。同时，他承认自然事物都是按照客观规律运动、变化、发展的。他说："自然界不违反他自己的规律；自然界是被它所固有的逻辑必然性所制约的。"

达·芬奇着重强调"经验"的方法，即对自然界进行观察和实验的方法，这是最重要的科学方法，就是"从经验开始并且依据经验去寻找原因"的方法。他说："在我看来，凡属不是从经验中产生并得到经验检验的科学，都是没有用处的，充满谬误的，因为经验乃是一切确定性之母。"

与此同时，达·芬奇也承认理性认识的作用，认为经验一定要"按照确切规定的第一原则，在真实的推论中一步一步地达到结论，如同在数学原理中所看到的那样"。

达·芬奇反对墨守成规、盲目实践的狭隘经验主义。他说："科学是指挥官，实践是士兵""一个埋头实践而缺乏科学的人，就好比一个没有舵和罗盘的航海者一样，不能确知自己将驶向何方。"


## "日心说"

天体宇宙历来被视为神灵的居所，为各种臆想和诗意所缠绕。

天文学家、神学家、哲学家、文学家、诗人，何人不曾想对天体有所言论，连"天"你都不会聊，自然枉称牛人。

今人眼中，天空不是天使守卫的上帝之城，也不是神佛漫天、仙女散花的神仙乐园，也不是有漫漫的树荫、泛泛的流水、丰富的水果的天堂，而是众多天体与散布星际物质的场所。从近往远了说，近处有太阳系的行星、卫星、彗星、流星等，往远处说，有银河系的恒星、星团、星云等，银河系外，更有不可计量的庞大星系。

静心想一想，就觉着宇宙好大。无怪乎，佛经里一讲，就说此世界之外，还有恒河沙数世界；不信你读一读《法华经》，普贤菩萨说："此不可说佛刹微尘数香水海中，有不可说佛刹微尘数世界种安住；一一世界种，复有不可说佛刹微尘数世界"，世上有不可思议微尘数的香水海，每个香水海有无数的世界种，每个世界种里又有无穷数量的世界，那大世界套小世界真比俄罗斯套娃要套得多了去了，你这时回头看，就知道我们的地球世界多渺小。

公元前三世纪，希腊人阿里斯塔库斯最早提出"日心说"。大家对此人所知甚少，仅知道他生活在爱琴海的萨摩斯岛，曾因"日心说"被控罪。此人认为，太阳寂然不动，是宇宙的中心，我们所居之地绕太阳运行，地球自己还在绕自己的轴在旋转。地球每年绕太阳转一圈，同时，每天绕自己的轴转一圈，于是产生了一年与一天。看到此说，我惊呆了。我的那个天，地球自转，绕日公转，他那个时候怎么知道的，他是天外来客吗？

在没被证实前，即便能够自圆其说的学说，也只能算假说。"日心说"没有被证实，又无主流话语权，难能大行其道；因为，一千多年来，众人皆信亚里士多德—托勒密"地球中心说"。

地心说亦来自古希腊，从亚里士多德老爷子开始，到后来的牛皮天文学家托勒密，都讲地是不动的，太阳、月亮诸星辰，乖乖绕着我们转圈圈，还有鼻子有眼地说，这个圈圈还是正圆形的。

亚里士多德你们都很熟，我不多说了，这个托勒密倒要说一说。

托勒密（约90—168年）为埃及血统的希腊人，生平不详。他著有《天文学大成》13卷，此书厉害之处，在于用数学解释天文。托勒密建立数学模型，弄得挺严密，用以描述解释天文现象，说得很清楚。可这个理论有很大问题。托勒密的毛病就在于前提错误，他把地球当作宇宙中心了。方向路线错了，工具再牛，都南辕北辙，越跑越远。

托勒密的理论认为，地球是整个宇宙的中心，地球自身恒定不动，太阳和行星则绕着地球旋转。这种说法与人们感觉经验一致，人眼所见太阳确实东升西落，斗转星移我自岿然不动。这倒也罢了，关键《圣经》也说"世界就坚定，不得动摇"。出于如此等等原因，天主教会一直把"地心说"作为正统的宇宙论的说法。

教会权威和日常假象、托勒密的证明牢牢粘合在一起，成为人们根深蒂固、牢不可破的成见。

有这么些铺垫，你就知道，在此情境下，谁还敢冒天下之大不韪，再提"日心说"？

然而，就有人几乎悄无声息地论证了"太阳中心说"。这个人就是波兰教士哥白尼（1473—1543年）。

哥白尼一生小心翼翼，生前并没有造成过什么轰动。他大学毕业后，曾去意大利留学，在勾留意大利期间，钟情于天文学。1500年，他在罗马获得数学教席，1503年回到故国。后来，他担任了弗劳恩堡大教堂的教职，平静地度过了一生。

正是在这些平静的年月里，哥白尼构想了行星系的细节。他很早就已经相信太阳处在宇宙中央，而地球则作双重运动，即每日的自转和一年一度的绕日回转。他依据观测和实验所得的事实材料，进行了严格的数字计算和逻辑推演，同时，他还试图以所能搜集到的仪器来辅证自己的判断。

哥白尼抱有真纯无瑕的正统信仰，他发现了让自己都害怕的真相：地球在绕着太阳转。

他害怕教会谴责，虽怀璧于身，却迟迟没有公开发表。他要了一个精彩的招数，把纠结留给了后人。他等到合适的时候，才出版了《天体运行论》。他的朋友奥谢德在此书中插入了一个短序，声明此书全部学说仅仅是一种计算工具，并不冒犯《圣经》或者自然的真理，"太阳中心说"是当假说提出来的。哥白尼在书的正文中也这么说。

在景仰毕达哥拉斯思想的哥白尼看来，行星运动最精致、最谐和的数学表达，无疑是唯一真正正确的行星理论；"太阳中心说"就是这样的理论。

这个假说实实在在推翻了亚里士多德—托勒密"地心说"。他说，我们所处的这个星球体系的中心是太阳而不是地球，地球在围绕自己的轴心旋转的同时，和其他行星一起围绕太阳运行；月亮是地球的卫星。行星以太阳为中心由远及近的排列顺序是：水、金、地、火、木、土，最外层是恒星天层。

哥白尼"日心说"，是世界观的一次伟大革命。他的理论驳倒了神学观念，地球并不是按照神之意志安排的宇宙中心，而是一个普通行星。

哥白尼因"日心说"不朽，他真是个聪明人。

读到此处，看官的嘴都笑歪了，不聪明，能成伟大天文学家吗？还用你说。

没错！谈得上"圣""家""大师"，那些伟大的人，都聪明。

不过，我的意思是，哥白尼不光有天文学家的聪明，还有身处险恶世道的智慧。人类社会之中，有些斗争需要提着血衣的烈士，有些斗争却要比拼策略比智慧。

当年，项羽统帅的楚军实力强大，把刘邦带领的汉军打得满地找牙。

楚汉两军对垒，第一回合。项羽阵前喊话，刘邦你个兔崽子，楚汉干仗就为咱两个，咱俩也别连累大家，这么着吧，咱哥俩单挑，谁赢了谁上位。刘邦就一个小混混出身，那项羽力能扛鼎，论打架，一百个刘邦也不是项羽的对手呀。刘邦才不上你项羽的当，刘邦说，项贤弟呀，咱比智慧，咱不比蛮力。项羽你挥动刀把子，人家刘邦就来个龟缩头，项羽也没辙。

好，再来一个回合。项羽又出招，他把刘邦的老爸拖到了阵前，喊道，刘邦你快投降，不然，我把你老子炖了。刘邦怎么说？好啊，不过，你项羽别忘了，咱俩是结拜兄弟来的，我爹即你爹，你炖了你爹，炖好了给我碗肉汤喝，好不好。刘邦这种人，太难搞了！项羽作罢。

最终，您知道的，项羽那么厉害的人，跟刘邦斗，最后，还不是刘邦赢了。

所以，你与敌人斗，一定要讲策略。伟大领袖毛主席就教导我们，斗争要有理、有利、有节。这讲得多好！

哥白尼很清楚，宗教裁判所可不是吃素的，你把上帝的事儿给说破了，弄乱了人心，要逆天了，你有得活吗？所以，发现了太阳中心了，也要三缄其口，不说，不说，坚决不说。

那真理可怎么办？不是不说，时候未到，时候一到，该说就说。

什么时候说呢？你猜猜猜？

告诉你吧，1543 年。

这一年，革命性生理解剖学著作《论人体构造》发表。

这与哥白尼有一毛钱关系吗？

当然有了，这一年哥白尼要死去了。也就是说，临终前，哥白尼宣扬"日心说"的不朽著作《天体运行论》才问世。哥白尼老早就写成了这本书，藏诸抽屉，只等自己快要离世才拿出来，简直是太聪明了。

据说第一本书送到哥白尼手里几小时以后，他就逝世了，那是 1543 年 5 月 24 日。这本印成的书以《托伦的尼古拉·哥白尼论天体运行轨道（共六册）》为题，并奉献给了在位的教皇保罗二世，哥白尼要求他给予关心和保护。

哥白尼还把这本书题献给教皇，更是一记妙招。在伽利略时代以前，哥白尼的学说逃过了天主教会正式断罪。后来的教会，恐怕会觉着：哥白尼这个家伙，着实滑头。哥白尼生存的时代，教会还算是比较宽大，哥白尼躲过一劫，有的人就不太会保护自己。

要照平常人说嘛，运动是相对的，人站在地球上看，太阳绕着地球转，若站在太阳上看，地球绕着太阳转。天文学家们又说太阳并非宇宙中心，太阳系在银河系里只是九牛一根毛，银河系还得绕着个什么玩意儿转呢？就这么个无关痛痒的问题，就能搞得鸡飞狗跳，翻天覆地，弄出了大动静，后来，布鲁诺还因为这个事送了命？也太过分了吧。

经过这一段历史看，"地心说""日心说"这个东西，最要命的不是哪个动，哪个不动，哪个绕哪个转的问题。这个事情的关键在于，如果推崇科学实证，教会奉为圭臬的"地心说"，都会遭到科学观测的质疑和打击。科学家这样的玩儿法，会彻底摧毁天主教的宇宙观，而且将来教会信奉的神话好多都要站不住脚了。

事实上，太阳中心理论确实危及了天主教神学的许多重要教条和观念。

这个假说很刺激，刺激人类的自尊心。此前人类觉着太阳呀、月亮呀、星星呀都是绕地球转，就像我们从小看到的那样。虽然大家也承认太阳很重要，地球神圣的位置让给了太阳，大家心里不是滋味。哥白尼对正统信仰很真诚，他的学说不应该与《圣经》抵触的呀！

当新教教宗路德获悉这件事，他极为震惊，极为愤怒。他说："大家都要听这么一个突然发迹的星相术士讲话，他处心积虑要证明天空或苍穹、太阳和月亮不转，而是地球转。哪个希望显得伶俐，总要杜撰出什么新体系……这蠢才想要把天文这门科学全部弄颠倒；但是圣经里告诉我们，约书亚命令太阳静止下来，没有命令大地。"

《天体运行论》像一根竹竿直捅马蜂窝，立刻引起一片混乱和剧烈的反应。虔诚的天主教徒和新教徒骂哥白尼是邪恶的异教徒，因循守旧、眼光狭窄的科学家将日心说斥为伪科学，而最强烈的反应来自惧怕革新的教会，教皇当即出面宣布《天体运行论》为禁书。甚至传出话来，谁再提哥白尼的名字、再坚持日心说，必将受严审，格杀勿论。简直怒气冲天，杀气腾腾呀！

哥白尼日心说的提出，不止天文学上用一种新理论代替旧理论那么简单，这是天文学乃至人类思想上的一个重大革命。哥白尼的新天文学说明，自古以来便相信的东西也可能是错的；考查科学真理就是耐心搜集事实，再结合大胆猜测支配这些事实的法则。这不仅直接打击了宗教神学和经院哲学，而且树立了理论上大胆革新的精神典范，对整个自然科学的发展起了巨大的推动作用，有理由将之称为"哥白尼的革命"。

哥白尼理论也有困难。假若地球自西向东转动不停，从高处掉落下来的物体该落在稍偏西一点才对，不应当落在起始点的正下方。物体在下落时间内，地球要转过一段距离。这个问题哥白尼时代的人百思不得其解，这个难题要由伽利略的惯性定律来破解。按照惯性定律，高处的东西，虽然离地远，可是地上物体被地球吸着，一起走，"地球走，我也走"，虽没走出爱情，却早已走出了惯性，一样速度，一齐向西，所以，东西还是掉在正下方。你现在觉得好简单，但是在哥白尼的时代，任何答案还是拿不出来。所以，他们可以拿这个来说事儿，说哥白尼的"太阳中心说"不对。

科学家的信念不是武断的信念，乃是尝试性的信念；它不依据权威、不依据直观，而建立在证据的基础上。提出假说，就要像胡适说的那样，"大胆假设；小心求证"：进行观察时，万分耐心；设假说时，有大无畏精神。

关于"日心说"，哥白尼写道："太阳居于群星的中央。在这个辉煌无比的庙堂中，这个发光体现在能够同时普照一切，难道谁还能够把它放在另一个比这更好的位置上吗？"

## 探寻星轨迹

哥白尼的假说，假性成分有不少。他认为，一切天体运动必进行等速圆周运动，天体以太阳为中心转圆圈儿。

哥白尼将太阳确定为宇宙的中心不正确。他把行星公转轨道说成正圆形也不准确，后来被德国天文学家开普勒（1571—1630年）修正为椭圆形。

第谷·布拉赫（1546—1601年）是一位重要的天文学家，青年的开普勒是他年老之时的助手。他制订了一个恒星表，又把许多年间各行星的位置记下来，他的观测结果是无价之宝。

开普勒依据第谷的资料，提出了"行星运动三定律"。1609年发表第一、二条，1619年发表第三条。

行星第一定律讲，行星沿椭圆轨道运动，太阳占居这椭圆的一个焦点。史上所有天文学家都认为，一切天体沿圆形轨道运动，或是圆周运动组合成的运动。老牌天文学家打死也不会信，行星会沿椭圆轨道运动。所以，开普勒提出椭圆轨道的假说，要格外小心谨慎。他求证于第谷的资料，发现他的假说跟火星的位置记录密合得多，比托勒密的假说精准，甚至比哥白尼的假说也密合得多。

行星第二定律讲出了行星在轨道不同点上的速度变化规律，一个行星和太阳之间的连结线，在相等时间内扫出相等面积。这个情形演示出来，你就会看到，行星离太阳最近时运动得最快，离太阳最远时运动得最慢。对于既往的天文学家，这种景象太不像话：行星应该威严堂堂，匀速转动，决不能一时急促，一时拖懒。

前两条定律讲每个行星怎么运动，而第三定律把不同行星的运动作了比较。第三定律说：一个行星公转周期的平方与这行星和太阳之间的平均距离的立方成正比。看到关系这么复杂的定律，不由得要惊叹，这定律他怎么推算出来的呀！

科学家探寻各种奥秘，真是富有诗意的职业，他们能找出那些普通人做梦都想不出来的规律，简直太神奇了。

伽利略（1564—1642年）是意大利天文学家，动力学始祖，近代科学最伟大的奠基者，他热情地相信哥白尼的太阳中心说。

伽利略听说有个尼德兰人最近发明了一种望远镜，他自己也照着制了一架，用来看星星。

很快他通过望远镜就发现许多重要事情，他的发现证明哥白尼的理论是对的。

通过望远镜，他发现银河由千千万万颗单个的星集合而成，还发现木星的四个卫星，为对他的雇主表示敬意，他给这些卫星取名"梅第奇之星"。

用望远镜看星星，守旧人士绝不买账。他们宁可相信古书里的臆想，也不承认伽利略通过望远镜看到的木星卫星，他们痛斥望远镜，断言望远镜只让人看到幻象，死也不肯通过它看东西。

伽利略写信给开普勒说，这些守旧派就是，使用"强词诡辩的道理，仿佛是魔法咒语"，竭力要把木星的卫星咒跑的哲学教授们，伽利略愿开普勒和他能共同对这些守旧派的愚蠢大笑一场。

当然，守旧派不会只诅咒一下了事。

伽利略先在 1616 年受到异端审判所秘密断罪，后来又在 1633年被公开断罪。

在断罪时，伽利略被迫签字，他声明悔过改念，答应决不再主张地球自转或公转，收回和否认自己的主张。可是，当他签完字，背过身去，依然悻悻地自语道："反正地球仍旧在转动。"

表面的屈服，掩饰不了内心的真实信念。

伽利略在牛顿诞生前一年逝世了，这个事若拿到仁波切大师那里也许会产生意义，大师可能摇着金色的转经筒，凝视远空许久，喃喃说一句，他转世了。

## 大宗师牛顿

沿哥白尼、开普勒和伽利略开的道路，牛顿（1643—1727年）到达最后的成功完满。牛顿发现的万有引力定律，可以把行星理论中的全部事情，诸如行星及其卫星的运动、彗星轨道、潮汐现象等都推算出来，并且可以证明地球是沿着椭圆形轨道绕日而行。

时至今日，可能除了爱因斯坦，牛顿是物理学最牛人物了。牛顿！牛顿！这是谁给牛顿翻译的名呀，好棒棒。

### ◎牛顿有多牛？

1643年，在伽利略逝世一年后，牛顿来到人间，他在这个星球上走过85个年头，获得了不朽。读他的传记，你不得不竖起大拇指，由衷赞叹：牛顿就是牛！他的一位传记作者说，牛顿是这个星球上最接近神的人。

20岁的时候，牛顿的天才能量爆发，把全人类发展史上屈指可数的伟大事业，做了个七七八八，他发现了微积分、万有引力和光的本质，从此而后，教授的头衔他手到擒来，后来还获得勋爵，当上了皇家造币厂厂长，妥妥地享受着功成名就带来的蜜与奶。

1727年牛顿辞世，诗人亚历山大·蒲柏浪漫主义思潮奔腾汹涌，恨不得以参天大树为笔，蘸海水为墨，挥笔在天幕上写下他赞颂的语句："自然和自然的规律隐藏在茫茫黑夜之中。上帝说：让牛顿降生吧！于是，一片光明。"

牛顿死时极尽哀荣，不过，他出生之时却非常可怜。他出生前三个月，父亲便谢世；不到两岁，母亲又改嫁，舅舅和外祖母抚养了他。老人带小孩，问题多多，随便抓一个中国家长一问便知。所以，要"黑"牛顿的，就拿抑郁、神经质、孤僻谈牛顿的毛病，当然，还要加上他后来争名好利、迷恋炼金术、沉迷神学的问题说事儿。

他出生时瘦小弱，体重不足 3 斤，跟现在动辄 4、5 公斤的胖大婴儿完全不是一个量级。由此可以看出，智慧与体重不成正比，家有孕妇食补莫过头；骆驼祥子的老婆虎姐，就补过了头，非但没生出聪明娃，还断送了母子一双性命。虽牛顿打小体弱多病，但这并不能阻挡他智商茁壮成长。1661 年 6 月，他依仗强悍的数学才能，以"减费生"身份考入剑桥大学三一学院。

牛顿本是苦出身，家贫无钱，老爹早亡，老娘改嫁。念剑桥的时候，他只有几样可怜的家当：一个饭罐儿，一个笔记本，一把锁，还有几根蜡烛。

牛顿入学不到 3 年，英国发生了席卷全国的大瘟疫，伦敦在 1665 年一个夏天便死了两万多人。其情形恐怕和 2020 年全球新冠肺炎大爆发差不多。大疫降临，学校停课，社会停摆，城里人纷纷跑到乡下躲避瘟灾。牛顿回到老家，在母亲的农庄待了 18 个月。

就在这 18 个月中，牛顿发现了万有引力定律。1727 年，法国启蒙先锋伏尔泰参加牛顿的葬礼后，听牛顿的侄女凯瑟琳讲了个故事。她说牛顿在老家看到苹果落下，发现地心引力，伏尔泰就给记了下来。这样的好故事，流传到我国科普作家手上，演绎得更加生动，有《数理化演义》讲：

离牛顿家不远，住着一位斯托里小姐，她是他的初恋。

秋天，他在树下踱着步子，不知是在思念初恋还是在思考科学，"扑通"一个熟透的苹果落下。牛顿心思一动：苹果熟了就会落到地上，那月亮为什么不会落下来呢？再者，这苹果为什么不会与月亮一样飘上天，却非要往地上落不可呢？为什么月亮绕着地球转，也不会飞走？

他继续思考，他要用数学推导来证明：苹果和月亮一样，都存在一种同样的吸力，吸力大小不同出于它们的质量和相互间的距离不同。这种吸力便是大名鼎鼎的"万有引力"。

这天深夜，牛顿独坐房中，顿时开窍。他真不敢相信，从 1543 年哥白尼发表《天体运行》到 1642 年伽利略死，两代巨人奋斗了整整一百年；从第谷 17 岁起在赫芬岛一直不停地观察星座，到他的学生开普勒 1630 年完成《星表》不久病死他乡，多少人前赴后继呀。而他自己，这个才 23 岁的大学生，不过为躲瘟疫，退居乡下，竟因为看到苹果落地，就这样幸运地窥见了宇宙的奥秘。他不敢相信这是真的，这许多巨人的肩膀，是等我踩上去攀登啊！上帝那天将苹果摔落地上，这是在启示我啊！

和那些科学巨人比，牛顿真心觉得自己还是个毛头小孩，他也不敢一下子相信自己的发现，只是这胜利鼓舞着他终日伏案演算。

就这样，牛顿在家乡一边研究万有引力，一边与斯托里小姐谈恋爱。可他对于科学未免太痴迷，以至于怠慢和惹恼了爱他的姑娘。就此，这姑娘与牛顿的世界错过。据演义说，这是牛顿的第一次恋爱，也是他一生最后一次恋爱。以后，他总认为自己不善于恋爱和组织家庭，所以终身未娶，以致世人没有机会领略牛顿 2.0 版乃至 X.0 版的风采。

以上内容天龙先生未考证，大家权当故事听吧。

1667 年，瘟疫消失，牛顿重返剑桥。1669 年，他获得剑桥大学卢卡斯数学教授席位。

牛顿在剑桥的岁月里，还有许多故事。

胡克和牛顿不和已多年，事情由光学研究引起。

在颜色问题上，千百年来一直有一个难解的谜，比如雨后的天空会突然出现一条七色彩虹，人们一直不知道这七彩颜色到底是怎么回事。

关于颜色，众说纷纭。笛卡儿说，颜色是许多小粒子在转，转速不同，颜色也就不同。化学家波义耳说，光是有许多极小粒子往人眼的视网膜上撞，撞的速度不同，看到的颜色也就不同。

牛顿回到剑桥后，通过三棱透镜折射阳光，散出红橙黄绿青蓝紫七色光，解决了光学中的颜色问题。1672 年 2 月，牛顿向英国皇家学会提交了《光和颜色的新理论》，对光学原理作出阐述：白光不过是发光体发出的各种颜色光的混合，白光可以分解成从红到紫的七色光谱；一切自然物体的颜色是由于它们对光的反射性能不同，对哪一种颜色的光反射更多，就显出哪种颜色。

按这个理论，七彩虹的问题迎刃而解：空中漂浮透明的水滴折射太阳光，把阳光分解成七色光投射在云中，就出现了美丽的彩虹。关于牛顿创立光谱学这一段往事，伟大导师恩格斯讲道："牛顿由于进行光的分解，而创立了科学的光学。"

◎ **胡牛大争斗**

皇家学会立即成立了一个专门评议委员会来评议牛顿的光学。

冤家路窄，这个委员会主席，恰是在学术上与牛顿不和的胡克。于是，两人开始冲撞。

虹的现象，颜色现象，就算你牛顿说清楚了，但光本身，不管红光还是绿光，本质又是什么？

牛顿说，光就是一些高速运动的粒子，它能按直线前进，碰到物体过不去，就投下了影子；镜子能反射光，是因为那些小粒子碰到镜面就弹了回来。

胡克否定牛顿的微粒说，提出振动说。

牛顿说，白光中包括了其它颜色。这一点，胡克也不承认。

对这位胡克主席，牛顿也实在无奈：你不承认我的说法，由你去吧，反正我是对的。

他两人怨恨越结越大。

后来，牛顿的"微粒说"也遇到了空前挑战。1678 年，尼德兰人惠更斯提出一个光的"波动说"，光是波不是粒子。这个惠更斯着实厉害，他的分析冷静尖刻。你不是说光是小粒子吗？那么两束光交叉时，那些小粒子为什么互不干扰，还照样能朝各自的方向走？你解释不了吧，我的"波动说"才能说明白。因为波是不会相互干扰的，你看水面上的两个波就可以交叉通过。牛顿急忙起而申辩：你们说光是波，那为什么它不能像水波那样绕开障碍物前进呢？

此时，胡克也蹦出来驳难：你牛顿说光都是一样的粒子，为什么不同颜色的光在同一物体中却有不同的折射角度呢？

从此，物理学上便开始了一场粒子说和波动说的大争论，这一争就是两百多年，直到 1905 年爱因斯坦等人提出光的"波粒二象性"才算告一段落。

1684 年 8 月，胡克、哈雷等人开了个研讨会，讨论"在距离的平方反比力的作用下，物体运动轨迹将呈何种形状"，大家觉着应该是椭圆形。可是，大家觉着是什么样远远不够，科学的结论不能靠投票定下来，它需要证明。这个证明，大家面面相觑，拿不出来。

会后，哈雷找到了牛顿。牛顿一听，这个咱 20 年前就研究过呀。牛顿和苹果的故事就讲过，他得出了"万有引力定律"。这个万有引力定律总括一句话，便是"一切物体吸引其他一切物体，这引力和两个物体的质量乘积成正比，和其距离平方成反比"；依据这条定律，牛顿推算出行星轨道与椭圆形的细微偏差。这么来看，研讨会里讲的问题，牛顿早已证明过，且已运用自如了。

在哈雷的鼓动下，牛顿把《论运动》一文送到皇家学会。后来，他把关于万有引力的巨著《自然哲学的数学原理》第一编也送到皇家学会。胡克坚决认为牛顿剽窃了自己的成果，暗示牛顿在著作中应该提他的功劳。牛顿拍案而起，坚决不！

在那个年代，科学成果要获取社会广泛认可，著作出版非常重要。出版科学著作要经费支持，胡克控制着皇家学会的钱呢，牛顿要出书，门儿都没有。哈雷是个热心肠，皇家学会不给钱，他自己筹钱给牛顿出版。1687年夏天，这部科学史上划时代的《自然哲学的数学原理》出版了。

要说牛顿天赋英才，但也天生狂傲，他不屑讨好大众，他写的这本书极其难懂。有人问为啥写得这么难懂？牛顿说，省得那些外行来纠缠我。牛顿的新理论，越是不想让凡人弄懂，人们越是狂热地想弄懂。这本书刚出版就被抢购一空，以后又接连再版三次。据说，有位贵族问牛顿："要读懂这本书，是不是一定要懂数学？"牛顿答："除此外，别无它法。"这位贵族就雇了一位数学老师开始恶补数学。

由于在光学和引力方面的成就，牛顿在欧洲名声大噪。然而，牛顿的孤傲性格，给他带来了众多敌人，在光学问题上，他与胡克争吵；在天文方面，他与格林威治天文台长弗拉姆斯蒂德闹翻；在数学领域，他与莱布尼茨争斗，搞得鸡飞狗跳沸沸扬扬。

牛顿和莱布尼茨两位伟大科学家为了微积分发明权，斗得像乌眼鸡，乍一听，觉得不成体统，可科学界的生态本来如此。

那年，天龙先生在清华大学听课。教授问，你们知道为什么清华的理科生要那么拼命？

原因在于科学竞争极其残酷。一个研究者若发现一个专业前沿可能作出的一丢丢新结论，那就要争分夺秒做实验验证，马不停蹄地把论文写出来，一刻都不能停歇。

科学研究的前沿，全世界都知道，你在研究，全世界的学者也在研究。你的实验结果和论文晚做出来一天，也许别人也已经做出来，一旦人家做出来发表了，就成为首发赢家，你则功亏一篑，成为跟随者。科学界的法则也是赢家通吃，那赢家得了整只烧鸡，你只能看着一地鸡毛哭泣。一个博士学了十来年，所有专业积累，都是为了那么一点点突破，谁也不想临门一脚，被人家拔了头筹。

### ◎死对头胡克

胡克是牛顿的死对头，牛顿心里恨哪！不过，胡克也是很牛皮的科学家。

1678 年，胡克发现了一个定律。定律由胡克发现，就叫胡克定律。胡克定律道理不艰深，在邻家张大妈和夏大妈看来，他不过说透了弹簧秤的特点而已。大妈每天早市买菜，怕小贩用"鬼秤"以一当十来骗人，自己总带个弹簧秤找公平，对胡克定律深有心得。用大妈的话说，胡克定律不过就是，弹簧勾挂的东西越重，往下拽的力量越大，弹簧拉得越长。当然，胡克搞科学要高大上一些，要把这层意思表述为，弹簧拉伸的长度与物品质量成正比。胡克还把大妈们熟悉的道理，化成精确的算法，他给个公式，测量数据一代入，结果就算出来了，而且神准。这就是科学家的厉害之处！不然，胡克搞这么个道理出来，就不得了，当上皇家学会会长了，而张大妈却继续买菜。

关于胡克的定律，咱这书重点写思想，不给你们写公式了，让人看了头痛。好吧，你套用胡克的公式，拿增加的分量和弹簧增长的那一块一比，就除出个数来，哈哈，这个就是胡克定律的弹性系数。当然，我们也尊敬大妈的智慧，她们说，弹簧越"硬"，弹力越大，很倔强，干脆我们就依她，也管弹性系数叫做倔强系数。有了这个倔强系数，咱的小作坊就能做弹簧秤了。

胡克当然不止这一手，光学、微积分何处不能上下其手。大家都知道，大师傅一伸手，必定勺子碰锅沿儿，所以，胡克会与牛顿打得不亦乐乎。

胡克先入为主，把持着皇家学会，把牛顿收拾得够呛。反驳、嘲笑都小意思，不给你经费，不让你发表，招数多多。胡克把牛顿拿捏得死死的，牛顿都快被搞抑郁了。

牛顿那么伟大你还整他，无怪乎翻译家把你名字翻译成"胡克"，胡乱"克"人嘛！

1703 年胡克死，牛顿继了皇家学会会长的位。

一朝权在手便把令来行，有仇报仇，有冤报冤。当上了会长，牛顿把胡克的实验室给拆了，把胡克的东西全给扔了，连实验器材都不放过。最后，连胡克仅有的雕塑也给整没了。

## ◎冤家拴一起

当上了皇家学会的会长，牛顿也成了霸道总裁式的人物。

有人评价牛顿：他学问很大，胸襟很小。心胸中容不下别人，一辈子也没啥朋友，对自己的反对者更是深刻仇恨。这个也不是瞎说，他为和莱布尼茨争夺微积分创立者桂冠掐架，为人处事不实在，令人齿冷。

我们知道，世界之大无奇不有，就像酿酒，虽然时空阻隔，远隔万水千山，可不同民族都酿出了自己的美酒，西方的葡萄酒、啤酒，东方的梅子酒、米酒。这样的奇迹，也出现在数学王国，莱布尼茨和牛顿几乎同时独立创立了微积分理论。

孤傲的牛顿觉着，但凡他发现的理论，其他人说也发现了，大约就是剽窃而来的。所以，他明里暗里和莱布尼茨争夺"首发"宝座，甚至自己不惜假冒其他名家，写文章鼓吹是他创立了微积分。实际上，莱布尼茨比他还先发表了论文。当对手莱布尼茨去世时，他甚至没有虚与委蛇地哀悼一下，而是想到敌人的心脏终于停止跳动，感到"莫大的满足"。

不过，当牛顿在面对学问时，还是谦虚的，他说："知识是一个无际的海洋：越是往里面走，我们前面的领域也越是在无限的扩展；知识的每一次胜利，都包含了上百个未解的问题。"最勤奋的科学家，也不可能给出所有答案，因为进步可能引发更多的问题。

科学家在科学技术方面强大，不一定代表其他方面的能力也强大，正如大师也性交，不能因此尊他为"性交大师"。

您大概觉得这话说得有点儿糙了，不过，话糙理不糙，而且，这话确也是有典故的。这里借了鲁迅先生的意思，先生在《"题未定"草》里说："譬如勇士，也战斗，也休息，也饮食，自然也性交，如果只取他末一点，画起像来，挂在妓院里，尊为性交大师，那当然不能说是毫无根据的，然而，岂不冤哉。"

我国人民善良得"捉急"，就愿意臆想伟人等同完人，其实，人皆有短板，鲜有样样红。对于名人大腕而言，这样的神化，往坏处想，可以理解为普通人的道德绑架术。

当然，对于这样两个伟大的人物，后世科学史家为了搞平衡，判定两人同时发现了微积分，还命名了一个"牛顿—莱布尼茨公式"把两个冤家拴在一处，这是"幽"了多大的"默"呀！

◎富贵花儿开

正当牛顿内外交困之时，他收到英国财政部长查尔斯·蒙塔吉的信："国王已应允我任命牛顿先生为造币厂督办。这个职位对你最合适，是造币厂的主管，年俸约有五六百英镑，而且事情不太多，不必费心照料……"

这真是瞌睡给了个枕头，牛顿立即走马上任。1696年3月29日，他连家也搬到了伦敦。三年后，他又正式升任为造币厂厂长。

牛顿在这里结交宫廷权贵，参与政界、财界大事，忙忙碌碌，好不热闹。自从升任厂长后，他的年薪涨到两千英镑。那时英镑非常值钱，一英镑相当于九两白银，他的年薪拿到现在要有五百万人民币，他已跃居大富翁之列了。于是，他把侄女儿凯瑟琳·巴顿接来料理家务。

由于《自然哲学的数学原理》一出版就脱销，牛顿又请了一位年轻的数学家罗杰·科茨来做他的助手，准备二版书的出版。

此时，73岁的牛顿，将自己一生的发现又都还给了上帝。他在《自然哲学的数学原理》二版的序言里写道："我只是通过上帝对万物的最聪明和最巧妙的安排以及最终的原因，才对上帝有所认识。我因为他至善至美而钦佩他，因为他统治万物，我们是他的仆人而敬畏他，崇拜他……"

牛顿还沉迷神学，文稿都是"关于上帝在七天中创造世界的考证""关于圣父、圣子、圣灵三位一体的研究""关于圣经史和自然史年表的一致性"之类。

他说，自己的研究正是出于对上帝的崇拜与敬仰。他选择自然哲学，就是要用自然哲学的思维去证明神的存在，这些任务那些神职人员搞不定。

牛顿的晚年除了写他那150万字的神学巨著外，就是享受非凡的荣誉。

后来，恩格斯不无惋惜地说："哥白尼在这一时期开始给神学写了挑战书，牛顿却以关于神的第一推动的假设，结束了这个时期。"

1705 年，他被封为贵族。在牛顿诞辰 300 周年的时候，经济学家凯恩斯发表著名演说，"牛顿不是理性时代的第一人，他是最后一位魔法师"。

补了皇家造币厂的肥缺，荣任皇家学会的会长，获得贵族头衔，牛顿的富贵如烈火烹油、鲜花着锦。然而，正像心理学研究得出的结论，聪明的人不容易快乐，牛顿似乎从来没有幸福得冒泡的感觉，甚至很少露出笑容。所以，人们与天才牛顿相处并不容易。当然，你不能就此推出结论，人们和你不容易相处，便证明你是天才了。

在一本传记里，描述了牛顿最后的日子：1727 年，牛顿 85 岁，2 月 28 日，他在伦敦主持了皇家学会的一次会议，他的胆结石症发作了，疼得昏迷了整整一天一夜。他的侄女凯瑟琳，还有他忠实的朋友哈雷，医生亨利·彭伯顿，守在床边，他突然喊道："科茨呢？他为什么不在？"

过了会儿，牛顿清醒过来，意识到可怜的科茨在 1716 年已死，便不再问什么，紧闭的眼缝里渗出浑浊的泪。许久之后，牛顿说："我该走了，连科茨他都先走了，我还留在这里干什么？我本来就是上帝的仆人，早该回到他的身边。这一生，我为自然哲学，为我们至高无上的上帝尽了一点义务。我不知道世人将对我如何评价，不过我自己觉得我只不过像一个孩子，在海滨嬉戏，不时拾起一块较光滑些的石子，一个较美丽的贝壳，高兴地赏玩，至于真理的大海，则在我的面前远远未被发现呢。"

1727 年 3 月 20 日，牛顿病逝。英国安排了国葬，这是必须地。

他被安葬在英国历史上最负盛名的艺术家、学者、政治家、元帅才配安息的地方——威斯敏斯特教堂。他死后，人们为他立了雄伟的墓碑，并刻下了这样的文字：

"伊萨克·牛顿爵士安葬在这里。他以近乎神的智力第一个证明了行星的运动与图像，彗星的轨道，海洋的潮汐。他孜孜不倦地研究光线的各种不同的折射角、颜色所生成的种种性质。对于自然、考古和圣经，他是一个勤勉、敏锐和忠实的诠释者。在他的哲学中确认上帝的尊严，并在他的举止中表现了福音的纯朴。让人类欢呼曾经存在过这样伟大的一位人类之光。"

## ◎大人物与小事情

在这个星球上，牛顿思考宇宙的大事，发现了三条伟大的定律。

牛顿第一定律：又称惯性定律，任何物体都要保持匀速直线运动或者静止状态，直到外力迫使它改变运动状态。

牛顿第二定律：物体加速度的大小跟物体受到的作用力成正比，跟物体的质量成反比，加速度的方向跟外力合力的方向相同。

牛顿第三定律：两个物体之间的作用力和反作用力，总是在同一条直线上，大小相等，方向相反。

大科学家想大问题，谁知道，他小问题反倒想得不够了。

哈雷问牛顿道："为什么每扇门下都要开一大一小两个洞呢？"

牛顿很认真地解释道："噢，哈雷先生，我有一只漂亮的大花猫。为了能让它自由出入，我在门上开了一个大一点的洞，可最近它又生下一窝小猫，于是，我又让仆人再在旁边开了一个小洞。"

哈雷说："苹果和月亮都能同享一个你发现的万有引力，难道你开的那个大一点的洞，就只许大猫走，而不许小猫走吗？"

牛顿听完，哈哈大笑起来。

## 自然科学的哲学

十七世纪的科学发现井喷，带来了哲学信念的深刻变化。

从牛顿第一定律可以看到，物质一旦让它运动起来，倘若没有外力止住它，它会永远运动下去。

这一强大的自然律法，给物活论、神学一记重拳，直堪比《倚天屠龙记》金毛狮王谢逊打出可震裂人内脏的"七伤拳"。

古希腊物活论认为，太阳和行星就是神，或至少受诸神遣动；如听其自然，任何无生命物体很快会静止不动；若要运动不停止，灵魂对物质的作用须持续不断。除此而外，从哲学宗师亚里士多德，一路到神学大咖托马斯，都言之凿凿，声称"第一推动"或"上帝"发了力，万物才运转起来。就连牛顿自己也说，行星起初是靠神的手抛出去的；但是，当神做罢这事，又宣布了万有引力定律，一切就自己进行，不需要神明再插手。

牛顿也管不住牛顿第一定律，牛顿第一定律不可避免地改变了神主的世界。无论牛顿内心多么虔诚地信神，牛顿第一定律都证实，太阳系靠本身的动量和万有引力就可以一直运动下去，不必有外力干涉；太阳系的运行过程是物质性的，这个地方看不到神的影子。你只要找出促成物体运动变化的外力就好了，只要能够找出这个外力，大家就能分晓，到底是不是神在发力。

这就给神学扔了一个大炸弹，而且已经拉开了弦，冒出了烟，就看要爆出真相来。也许神依旧是造物主，也许仍是神使这个世界运转起来，但也许不是；神学家们应该坐卧不宁，心感不安。

科技革命带来了新的世界图景，宗教迷信退后，科学理性张扬，哲学观念裂变。

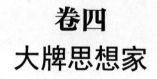

卷四
大牌思想家

# 第一章
# 屠龙专家老马

文艺复兴没产生重要的理论哲学家，反倒造就一名重要的政治哲学家。

1469 年，佛罗伦萨诞生了一位卓越无比的人，尼科罗·马基雅维利（1469—1527 年），天龙先生亲切地称呼他老马。

反正天龙先生的这本书里，讲不到大腕马克思、马斯洛、马克斯·韦伯了，就权把马基雅维利当马家军的代表，重点讲一讲。

一个哲学家伟大不伟大，跟当时当世之人的看法并不等同。学问好，混得不错，红到发紫的哲学家，属于罕见少数。老马虽学问好，却不在这少数之列，你看他生平就知道了。

他作为外交官，走遍天涯，马行千里。

他曾和达·芬奇合伙，想在佛罗伦萨开凿运河，建立个内陆港。坏人很多，不出钱也倒罢了，还使绊子，他们天才的工程设想没能落实落地。

后来，他干起了武装部长的活儿，要组织市民卫队。卫队组建起来了，可 1512 年被西班牙人给灭了。

他一直反对梅第奇家族，结果，人家倒而不亡，还复辟，又掌了权，杀了回马枪，他被捕，遭受酷刑折磨，被判流放。

要说这流放可真锻炼人，他练就了不生气的人生哲学，简直可与宽心汤《不生气歌》媲美。《不生气歌》道："他人气我我不气，我本无心他来气。倘若生气中他计，气出病来无人替"；他则讲，强权者应该"回避一切会使他生恨和生气的东西。"

所以，他在流放中并不灰心，他很忙活，又写政论、又写戏剧，还写佛罗伦萨史，当年王侯将相皆如春梦了无痕，而这老马的故事却代代流传，直至白发千古。

老马对女人不甚友好，他的态度如那些卑鄙政客，"幸福就是有一个女人。想控制她，就必须狠狠打她。"

这出格的言论，放到现在，恐怕要被女权主义唾死。天龙先生对老马的这种态度，也绝不苟同。对于女生，天龙先生总是一腔柔情蜜意地敬爱，却常常被视作有毒的 PM2.5 一样，惨遭白眼，"我本痴心向明月，奈何明月照沟渠"！

## 屠龙术怎样修炼出来的

老马混得不怎么样，可政治哲学很拿手。

老马很有才华，著历史书《罗马史论》，写剧本《曼陀罗华》，释兵法《战争艺术》，还会作诗。他干的一件最牛皮的事，是他写了政治书《君主论》，虽短小，却著名，说出了当君主的"大道"：玩政治，只要讲权谋就够了，能够既当婊子，又立牌坊最好，没那条件，情形不妙，赶紧耍流氓，抓牢权柄最重要，要脸干什么，即便做到露骨的不要脸也没啥。这样一弄，也把一些政治家的装逼道具——道德内裤撕了去，你考察一下二十一世纪初美国总统特朗普、国务卿蓬佩奥的作为，就能一目了然。

在政法方面，老马有家学渊源，他爹是法律专家。他爹虽没法儿比如今的大腕儿律师，赚钱赚到盆满钵满，却也过得不贫寒。

那一年，他20岁出头，还是小马的时候，萨万纳罗拉主宰着佛罗伦萨。可这萨万纳罗拉下场好悲惨，被处以死刑，尸身也被烧毁，这深深刺激了马基雅维利的心，他得出结论："一切武装的先知胜利了，没有武装的先知失败了"，随即列举萨万纳罗拉作为后一类人中的典型。

萨万纳罗拉被处刑后，小马在佛罗伦萨政府中当个小官儿。后来，他官做得不错，时不常担任负有重要使命的外交官。他一贯和梅第奇家族作对，1512年梅第奇家族复辟，他这外交官就当不下去了。他被梅第奇家族逮捕，遭到毒打，后来被朋友营救，得到开释，准他在佛罗伦萨近乡村过退隐生活。因为别无工作，于是从事著述，写成《君主论》《论李维》《战争艺术》。

老马很有担当，混到这份儿了，还惦记着君主的事儿，可用南宋老陆的诗颂扬他"位卑未敢忘忧国"。而且，他并不觉得自己越位，他说："一个身居卑位的人，敢于探讨和指点君主的政务，不应当被看作僭妄，因为正如那些绘风景画的人们，为了考察山峦和高地的性质便置身于平原，而为了考察平原便高踞山顶一样，同理，深深地认识人民的性质的人应该是君主，而深深认识君主的人应属于人民。"

老马说完这番话，须当引用东坡肘子发明人苏大学士的诗句，提醒那些当君主的人，要懂得"不识庐山真面目，只缘身在此山中"，巴扎嘿！

1513年，老马写《君主论》，欲讨得梅第奇家族的欢心。成书后，老马题献罗伦佐二世，他谦卑地写道："殿下，请你体谅我敬献这个小小礼品的心意而接受它吧"。

他还可怜兮兮地说："如果殿下有朝一日，从你所在的巍巍的顶峰俯瞰这块卑下的地方，你就会察觉我是多么无辜地受着命运之神的巨大的不断的恶毒折磨呵！"

然而，事实证明，他的这番讨好实在徒劳，纯属一场虚空，就像《传道书》里传道者说的："虚空的虚空，虚空的虚空，凡事都是虚空。"

这本书在他有生之年，虽不显山不露水，可到了后世，居然一度成了影响世界的十大名著之一，真是白白便宜了罗伦佐二世这小子，几百年了，都跟着人家老马出名。

你要知道，人家老马写出《君主论》多么不容易。1513年10月，他写信告诉他的朋友，说自己一直靠双手诱捕画眉鸟，把这当作消遣。天龙先生脑补了一下老马双手捕鸟的场景，觉得可比之于《神雕侠侣》老顽童周伯通，老顽童打赌服输跳海，骑上一条鲨鱼，在海里游荡，无聊之极，创出"双手互博"游戏，聊以解闷。不过，这对于一个伟大的思想家而言，可怜而又荒唐，然而，就这样，他过了9月份。转眼，到了冬季，他又过上伐木卖柴的樵夫生活。

只有到晚上，他才像穿上水晶鞋的灰姑娘，过上高尚愉快的精神生活。

老马说："黄昏时分，我就回家，回到我的书斋。在房门口，我脱下沾满尘土的白天工作服，换上朝服，整我威仪，进入古人所在的往昔的宫廷。"

哇哦！原来，传世之作这样写出来的呀，我得回家置备套秦皇或汉武的行头，体会一下皇上老儿的心境，心里头满满装上怀柔天下的情怀泼墨挥毫……

这样四个小时悄悄过去，他毫不疲倦，他说："我忘记了一切烦恼，我不怕穷，也不怕死，我完全被古人迷住了。"

老马展现的全是安之若素，专心致志，迷恋至深的"安、专、迷"精神，感人啊！

老马示好，梅第奇家装逼不理他。老马不得已，放弃趋附的幻想，继续他的著述。

他死在查理五世的军队洗劫罗马那一年，也就是1527年，这一年也被看成是意大利文艺复兴运动死亡的一年。

老马贫病而死，妻儿也去世，老马绝嗣。老马葬地考无可考，1787年，后人在佛罗伦萨的一个教堂置石棺一具，刻碑铭："这位伟人的名字足令任何墓志铭白费唇舌"。


## 当皇上指南


老马的问题很直接，上来就开门见山，君主的天下打哪儿来？

看到这一句，天龙先生心下一惊，这一问就如同惊天一问："小泥鳅何以化身为龙？"他这是要谈小鱼儿登龙术呀！

如何登上皇位？纵观历史，在我国漫长浩瀚的历史上事例丰富。

简单概括，中国的君主大抵有这么些套路：一个是靠实力打，马上得天下，比如好多开国皇帝刘邦、朱元璋，他们想法是，"皇帝轮流坐，明年到我家"，天下就是一只肥鹿儿，谁逮到了算谁的，后世蒙古铁骑夺南宋江山，满清入关灭明，大抵也可归入此列；一个是靠运气，生得好，福气大，祖上荫蔽，有鲜花落到绣花儿毯子上的好运，老子的皇位儿子继，昏庸如秦二世，那也能干掉大哥扶苏，顺理成章当皇帝；还一种是乱臣贼子谋逆篡位，"黄袍加身"赵匡胤不甘不愿地顶替了人柴家皇帝位子，"烛影斧声"中赵光义把老皇帝哥赵匡胤给宰了，取而代之；或者玩一种把戏，叫做"禅让"，汉朝末代皇上把位子让给曹魏，曹魏禅让司马炎，玩得文明一点儿的，要像李世民"玄武门之变"把老子李渊"捧"成太上皇，如同神仙画像一样供起来，自己费神劳形干这皇帝的苦差事。不管何种套路上位，都可看出皇位实乃风险岗位，真不知有多少牛人惦记，多少狠人在磨刀霍霍。

老外情形比我们复杂些。你看看老马怎么给你分析怎么给你讲。

《君主国有多少种类？是用什么方法获得的？》问题很露骨了，翻译成大白话，有什么皇位可以坐，怎样才能坐上去。

经老马鉴别，西方国家分两个品种，他说："从古至今，统治人类的一切国家，一切政权，不是共和国就是君主国"，你可别怪老马目光短浅，在那个时代老马见识也就这么多，那时候君主立宪国还没出娘胎呢。

时间宝贵，浪费不对，要把好钢用在刀刃儿上，说重点。

老马重点为君主谋算，共和国的事儿就不扯了，《君主论》只说君主国的事。

请问君权哪里来的？来路有二：其一靠世袭、继承，其二靠本事、运气夺得。

下一个问题，紧紧跟上，在各种情形下怎样混下去。

当君主，在世袭君主国里比较好混，"君主只要不触犯他的皇宗皇祖的制度，如遇有意外事件，则随机应变，这就足够了。"

在混合君主国里，可能一部分地盘儿来自继承，一部分来自于征服，状况会比较多，情况要复杂一些。

这个得先来段形势分析，看被征服之地老百姓怎么想。

那情形就好似《伊索寓言》的故事，一群青蛙请老天爷派一个国王来，老天爷先派了一个老实巴交的青蛙做国王，众青蛙瞧不上它，就吁请老天爷给他们换一个。于是，老天爷就派了一只鹤来统治蛙民。鹤是个狠角色，它的特点是喜欢吃青蛙，青蛙稍有不当，就被当点心吃了。青蛙们受不了，可再向老天吁请，老天爷却不理它们了。

用老马的话说："人们因为希望改善自己的境遇，愿意更换他们的统治者。可是在这件事情上，他们上当受骗了，因为后来的经验告诉他们，他们的境遇比以前更恶劣了……新的君主由于他的军队和新占领之后带来的无数其他损害，常常不可避免地开罪于新的属民。"

老马就这样谆谆教导新君主，心贴心、手把手。

"当你占领这个国家领土的时候，所有受到你损害的人们都变成你的敌人了；你又不能够采取强有力的措施对付他们，因为你感到对他们负有恩义；还因为一个人纵使武力十分强大，可是在进入一个地方的时候，总是需要获得那个地方的人民的好感的。"

形势分析完毕，再来点儿正反面案例教学。

你看，法国那个路易十二国王，他就很二。照常理说，他能够两次把米兰占领，武力足够强大，优势实在明显。要知道，第一次占领一个地方，真不容易守住，当地老百姓不服不忿啊，有人揭竿而起，马上就会有人云集响应。所以，被撵回去，So Easy！可是，要到第二次占领，情形就完全不同。

"凡是一度叛变的地方再度被征服之后就不会那样容易丧失，

因为统治者会利用叛乱提供的机会毫不犹豫地惩办罪犯，把可疑分子搞清楚，并且在薄弱的地方加强自己的地位。因此，头一次使法国失掉所占米兰，只要一位洛多维科公爵在边境揭竿而起就成了，但是要使法国国王再一次失去米兰，那就必须使全世界都反对他，必须把他的军队打败。"

可是，这个"二货"居然第二次把米兰给失了。

为什么吗？这个"二货"武力虽强，不会玩政治嘛！

可这政治该怎么玩儿，真不会呀。不怕，请让老马哥来帮忙。

你作为古老的王国的统治者和新地的征服者，如何驾驭这种复杂局面？

这个答案血淋淋的无情和机关算尽的聪明："一方面就是，要把它们的旧君的血统灭绝"。太狠了！就相当于中国讲斩草除根，诛灭九族；"另一方面就是，既不要改变它们的法律，也不要改变它们的赋税。"太阳照常升起，人们安然地生活下去，好似什么也没发生，死去旧君一家人，好像春梦了无痕。

最后，老马得意地说："这样一来，在一个极短的期间内，它们就会同古老的王国变成浑然一体了。"

老马的各种招数有案例有史实，可以说有理有据，而且有分析，有总结，有概括，有升华，要是咱有些许时间细细研读，定可以读出好些东西来。

就这样，老马手舞足蹈一路讲下去，概括成面，具体到人，详细及点。

他解释，为什么亚历山大大帝所征服的大流士王国在亚历山大死后没有背叛其后继者？

他教导，对于占领前在各自的法律下生活的城市或君主国应当怎样统治？

他讲授，"论依靠自己的武力和能力获得的新君主国""论依靠他人的武力或者由于幸运而获得的新君主国""论以邪恶之道获得君权的人们""应该怎样衡量一切君主国的力量"。

除了混合君主国，还有市民的君主国、教会的君主国各类，在各种不同情形之下如何玩弄智术，老马"损招"叠出，咱善良人一个，不列举了，真心怕你学坏了，可你命中注定要玩政治，那你钻进被窝，偷偷看，像一个老谋深算的成精老头读《三国演义》，从原著汲取勾心斗角的营养吧。

老马谈的招儿好像都是老古董玩意儿，游戏规则变化了，手段工具升级了，观念资讯丰富了，会否不管用呢？

这个不用担心，他分析的依据乃是人心人性，虽然古今不同，中外相异，可人同此心，心同此理，政治权术并无太大变化，这些玩法改头换面还在用，装酒的罐子换了，可老酒还在喝。这也就是，为什么几百年过去了，坏家伙希特勒等人还把此书奉为至宝。


## 君主厚黑学


十五世纪，意大利在道德上和政治上的混乱骇人听闻。

旧道德规律不再受人尊重。据说，那时候意大利高层人士就特别爱在"朋友"的酒里下些小毒药。和"朋友"一起喝酒很危险。可为了不伤面子，朋友们便煞有介事地说，通过碰杯可以吓跑潜伏的魔鬼。那时候，酒杯"哐哐"使劲撞，酒水飞溅，就是要这个效果，下了猛料的酒汁儿溅出来，也会溅到对方的杯子里去。酒若有毒，大家一起死，于是，朋友们很悲壮地喝酒。这样，你也就知道，为什么大家喝酒要碰杯了吧。

政治上的见风使舵也司空见惯。意大利城邦的君主一大半都通过变节背叛获得地位，靠无情的残酷手段维系住统治。君主没几个人合法，连教皇有时也靠贿选上位，"带病提拔"案例比比皆是。那时候，如同北岛《回答》诗说："卑鄙是卑鄙者的通行证，高尚是高尚者的墓志铭。"讲得真是不错！扯个闲篇儿，看北岛的诗，你要接着往后看，后面更酷："看吧，在那镀金的天空中，飘满了死者弯曲的倒影……"这样的社会极不稳定，人人自危。君主们也很惶惑，在思忖如何用权力维系自己的统治。

《君主论》的核心要义：政治是权力角斗的竞技场，没有任何天经地义的胜利者，谁有实力，谁就能掌握权力。因此，为了获得和保住权力，统治者要不惜一切代价、不择任何手段，全力以赴施展你的手腕和计谋，残酷无情地打败敌手，实现自己的目标。

老马告诫君主们，不要侵犯个人的私有财产，否则将激起顽强的反抗而难以维持统治。

君王不受良心谴责。只要目的达到了，手段便被证明是合理的。

要想成为强有力的统治者，可以采用双重的行为标准，对自己实行一套，对群众实行另一套。

君主必须组建和掌握一支属于自己的军队，如果指望外国援军纯属自取灭亡。

"被人敬畏要比受人爱戴更为安全"，暴力要使用，当然，也不能做过头，过犹不及，"暴力只能在瞬间使用，这样它给人的感觉就微少，而且会被很快忘掉。好事必须常做，这样才能让人记住。"说穿了，无非大棒加胡萝卜，一个也不能少，胡萝卜要常晃，大棒要少舞。

面对他的"歪理邪说"，一般人惊讶他荒谬绝伦已成惯例；有时候，他也的确是荒谬惊人。但是，旁的人假使同他一样，免除欺瞒人的假道学，很多人也会得出同样结论：政治斗争只有权谋，不讲道德，这是君主世界的生存法则。

老马在《君主应如何守信义》里面讲，在守信有好处时，君主应当守信，否则不要守信。君主有时候必须不讲信义。

"但是必须会把这种品格掩饰好，必须作惯于混充善者、口是心非的伪君子。人们全那么头脑简单、那么容易顺从眼前需要，因此欺骗人的人总会找到愿意受欺骗的人。我只举一个近代的实例。亚历山大六世除骗人外一事不干，他旁的什么事也不想，却还找得到骗人的机会。再没有谁比他更会下保证，或者比他发更大的誓来断言事情，可是再也没有谁比他更不遵守保证和誓言了。然而因为他深懂得事理的这一面，他的欺骗百发百中。所以说，为君主的没有必要条条具备上述的品质（各种传统美德），但是非常有必要显得好像有这些品质。"

他接下去说，君主还应当显得虔信宗教。

此外，《君主论》以史为鉴，本着前事不忘后事之师的精神，揭明公国怎样来、怎样保、怎样失。

《君主论》盘点了君主运用权力的"马氏权力天条"，不厌其烦地阐述了如何不择手段地夺取和巩固政权，什么黑心肠厚脸皮全不在话下。

"马氏权力天条"内容十分暗黑，居心叵测之人却如获至宝：

君主应该勇猛如狮子，狡猾似狐狸。

政治理性不等于政治道德，君主不必过分在乎美誉，为了达到目的，不排斥不仁之举。

明智的君主应该选择令人畏惧而非受人爱戴。

君主应该避开谄媚之人，同时不要任用比自己还无情的顾问。

君主不应费力得到慷慨之名，也不必在意落下吝啬的恶名。

君主完成伟业靠的是狡诈而非守信，但君主成为君主后表现出有诚信是必要的。

君主要避免遭人蔑视和仇恨。

老马的书里还讲："人只有两种选择，或者献媚，或者摧毁""因为作了小小不公正的事，也会遭到别人的报复，只有坟墓里的人才没有这个报复的能力"这是给那些君主灌输些啥玩意儿呀？！

所以，不难理解为什么《君主论》被视为魔鬼的作品。书里讲的道理实在令人心凉凉，像一柄利剑插在心头上。

《君主论》通篇皆是论说文的笔法，论点明确，论据充分，论证合理，又摆事实，又讲道理，写得清晰简白。我们不当皇帝，不在其位，并不觉得它像烈日下的冰镇酸梅汤那样解渴。可是，坏蛋墨索里尼和希特勒却把《君主论》奉为宝典，那是怎样的缘故，也许需要像蒋勋讲《红楼梦》那样细致入微地阐释才说得明白。

人家在读《爱的教育》善念流溢，你却讲《君主论》这样教唆犯罪的魔鬼之书，为什么？

你赏玫瑰，我玩刺儿，世界本来就是如此丰富和残酷的真实，或者说真实的残酷。

## 狮子心，兔子身

关于君主的行为方面，《君主论》直言不讳地否定一般公认的道德。作君主的如果总是善良，就要灭亡；他必须狡猾如狐狸，凶猛像狮子。

"一个有为的政治家，必须像狐狸一样狡诈，善于识破猎人的陷阱，又要像狮子一样凶猛，一声咆哮就将对手吓得屁滚尿流。"

这些暗黑的道理，哲学家看穿了又能怎样？就像你藐视肉体，肉体照样折磨你，你视世界为尘埃，你还不是伏在尘埃里头吗。

读《君主论》，不由得想起多年前在人民大学读书时的一段轶事来。那时，天龙的好友阿萌已有女友，女友阿娟在外语系读书。后来，阿娟荣登阿萌家户口本，成了他家的户主，孩子的娘亲，这是后话。

某年月日，诸位学子聊起老马的屠龙术来，那阿萌眉飞色舞地讲，女友原著课《君主论》也要读，原版的，一朝读罢，她掩卷道：狐狸狮子，动物凶猛，我们作不来；我们心灵柔善，当是兔子，学会逃跑罢。闻之，众人不觉莞尔。

是呀！人们读着老马的书，雄心万丈，自视为猛兽一族，磨砺爪牙，一心想吃了谁，殊不知，自己依然是软弱的兔子，悲剧呀！所以，道德很重要，我们弱小者更需要道德的保护，当然，道德是有阶级性的，我们要讲人民的道德。他们讲君主的道德，就是对人民的不道德。

老马虽有屠龙术，不幸他却属于没有爪牙的食草类，狮子的心、狐狸的脑、兔子的身。

老马呀，老马，你虽智珠在握，也不免要长叹一声：长铗归来兮，食无鱼，长铗归来兮，出无车，长铗归来兮，食呀食无鱼，出呀出无车，饮无美酒醉，睡无美人妻。

叹惋再三，四顾一望，我那个去，没有孟尝君！

习得屠龙术，著成屠龙书。老马无所用，货与帝王家。帝王弃不顾，掩涕长太息。

# 第二章
# 痛扁"愚人"

人文主义者的先驱爱拉斯谟（1466—1536 年），出生在尼德兰鹿特丹，可算作文艺复兴北方运动的典型代表，他还是位畅销书作家。

爱拉斯谟学识渊博，轻视经院哲学。他盛赞人的理性、智慧，主张以理性识自然、造福人类。他认为，愚昧无知为罪恶根源，普及教育、传播知识，可消除社会积弊。他讲，尘世快乐很重要，人必须要顺从自然的推动，遵循他们的本能生活；如果没有欢乐，生活多悲哀，没有情欲，人类怎繁衍。他说，不光神，人也有自由意志，人的自由、快乐、知识、理性构成了道德和良心的要件。

他秉持教会要自我改革的态度，可当路德掀起宗教改革时，又对它悲叹不满。在路德叛教以前，他是思想上的首领，之后，新教、旧教两派的世界都变得过于激烈，他的想法无论在哪派都显得不合时宜了。所以，有人感叹，爱拉斯谟活得太长，进入了一个"英雄意气的新善"和"不容异己的新恶"交织的时代，而这两样东西哪一样他也学不来，他过气落伍了。

## 飘飘荡荡的人生

爱拉斯谟出身不好，他是一位教士的私生子。这样身份的孩子容易幻想，幻想自己有着白马王子般的身世，爱拉斯谟也曾虚构了一套浪漫故事。然而，现实很残酷，他18岁时，父亲去世，监护人吞了他的财产，哄诱他到斯泰因修道院当了修士，令他终身引为恨事。

1493年，爱拉斯谟当上亲王亨利的秘书，亨利是"金羊毛骑士团"的领导。后来，他在亨利的资助下，离开修道院去游历。他一度进入巴黎大学读书，却发觉此校早已盛名难副，像枯枝朽木般无味；他对经院哲学家深恶痛绝，认为他们老朽过时，想取得博士学位，就须竭力不谈一点优雅或隽妙的事。

1499年，爱拉斯谟初访英国，在那里他结交了"四季之人"莫尔爵士。1500年初，他离开英国游历欧洲，并开始学希腊语，到1502年秋天，他已学得精娴熟练。1506年他漫游到意大利，在都灵大学获神学博士学位。1509到1514年，爱拉斯谟二度访英，逗留伦敦和剑桥5年。

别看爱拉斯谟在江湖上四处漂泊游荡，可他也没耽搁做事情。他在1509年从意大利返回英国的途中，就构思了名著《愚神颂》。后来，他决意编订圣杰罗姆的著作，另外再出版一部附有新拉丁译文的希腊文《新约圣经》，这两件大事在1516年完成了。

他还写了一本书叫《基督徒士兵须知》，奉劝未受过教育的军人，应该读《圣经》，还要读柏拉图、安布洛斯、杰罗姆和奥古斯丁的著作。

　　他编了一部拉丁语格言集，包罗万象，在后几版中又增补许多希腊语格言。

　　那时候拉丁语是独一无二的国际交流语种，尤其出国留学生必学不可。他创作了一本《对话》书，教人如何用拉丁语叙谈木球戏一类的日常事情，居然异常成功，如同后世的《跟我学》《走遍美国》之类一样火爆。

　　在1518年路德叛离罗马天主教时，他也叫板罗马老教，发表一个叫《吃闭门羹的尤理乌斯》的讽刺作品，写罗马教皇尤理乌斯二世想进天国，却没进成。

　　新教路德的强横作风令他生厌，而且他憎恶争斗，最后，他终于投身到老教一边。

　　1524年，他写了一个维护自由意志的著作。路德则否定自由意志，言语蛮横凶狠，逼得爱拉斯谟步步倒退，直到他老死，他的声望地位也江河日下。

## 愚神颂

　　爱拉斯谟写了《愚神颂》，其书一出版，便轰动一时，光作者在世时便再版40次，到现在还有人读。这就是经典的力量啊！

　　1509年，他从意大利回英国途中，正跨越阿尔卑斯山的时候，萌发这本书的构思。到了伦敦，他在托马斯·莫尔爵士宅中迅速把它写成，将书题献给莫尔。

　　书中，愚女神兴致勃勃地自夸自赞，她的词句配上大师霍尔班的插图，更添生色。

愚女神自白，她涉及人生一切方面，涉及所有的阶级和职业。她吹嘘，要不是有她，人类就要绝灭，因为哪个不愚能结婚？她把结婚当作智慧的解毒剂，她劝人道："娶妻子——这种动物极愚蠢无害，然而极便利有用，可以柔化、缓和男人的僵板与阴郁的心情"。

她还说，离了阿谀或免除自私心，谁会幸福？然而，这样的幸福是愚蠢。最幸福的人就是那些顶近乎畜类、委弃理性的人。至高的幸福是建立在幻想上的幸福，因为它的代价最低：想象自己为王比实际成王要容易。

爱拉斯谟借愚女神之口，又来取笑民族骄傲和职业上的自负：学艺各科的教授先生们几乎个个自负得不成话，从自负里讨幸福。教会好吗？神学家很愚蠢，教士太疯狂，教皇极贪婪。

爱拉斯谟话锋如刀，刀刀见血。

《愚神颂》像喷吐烈火的大炮，猛烈的炮火狂喷，直喷有头有脸的神学家、僧侣、富人，要烧尽一切牛鬼蛇神，乃至当世牛人神学家使徒之流无一幸免。

要喷，先喷神学家。

君不见，倘若有个什么不受神学家待见的人，神学家就可以用一支六百个三段论式的大军发起进攻，要是不放弃主张，就宣布是异端。异端怎么料理，你懂的。神学家把自己估计得至高无上，一举一动仿佛已经登上了天堂一样，他们用怜悯的眼光把别人看成一群蛆虫一般。

神学家用堂皇的定义、结论、系论以及明确与含蓄的命题筑成围墙，来保护自己。他们有这么多藏身之所，连火神也无法用他的网罗来捕捉他们。

再喷，喷使徒。

"他们总是讲博爱的道理，然而他们从来没有把先天的仁爱和后天的博爱区别开，也没讲清楚博爱是偶然发生的还是实际存在的，是创造的还是非创造的。他们憎恶罪恶，但我可以拿生命打赌：他们不能科学地阐明我们所谓的罪恶是什么"。

下一个目标，喷僧侣。

修道会僧是"精神错乱的蠢物"，他们简直不带一点儿宗教气，然而"深深地爱恋自己，是个人幸福的痴赏家。"

他们目不识丁，却因此把不读书看成是最大的虔诚。他们在教堂里像驴似地高声朗诵圣诗时，只记住它的诗句，并不了解是什么意思，却以为自己正在把最滑润的香油涂抹在上帝的耳朵上。他们把自己的脏和穷看成本钱，挨家挨户乞讨食物。他们用污秽、无知、傲慢无礼来为我们扮演使徒生活。

某些教阶的僧侣们见了钱就躲避不迭，好像见了毒药一样，可是在酒色面前却毫不畏缩。

"听他们在末日审判席前的声辩想必是妙不可言：一个要夸说他如何只以鱼为食，净灭了他的肉欲；另一个要强调他在世的时光大部分是在咏唱圣歌的礼拜式中度过的……又一个极力说他六十年当中连碰也没碰过一文钱，除隔着厚厚的手套去摸索不算。"

书籍终不过是时代的反映，现实生活要更精彩，僧侣放荡邪淫历代皆有，哪怕时代发展到现今又怎样？！

西方的教士，照他们的行动举止看，好像全部信仰都在于琐屑的礼式小节："缚凉鞋准确要打多少个结；各式衣装分别取什么特异颜色，用什么衣料做成；腰带多么宽，多么长"，等等。

他们受各种各样的苦，并不是为了要学基督的样子，而是为了各成一派，互不相同，于是，有了什么"破衣系绳"派、"方济各会修士"和"以十字架为标志的托钵僧"等等，好像他们被称为基督徒还不够滋味。

有钱人，也要喷一喷。

往往命运女神瞎了眼，蠢人有权有势，各方面得心应手。一头驴或公牛要比一个智慧的人更快赢得教会的财富和荣誉。

假如一个商人在作伪证时犹豫踌躇，在因为说谎而被捕时涨红了脸，在进行盗窃和重利盘剥时受不合适的顾虑影响，那他怎能赚大钱？

猛喷不停，教会也别想闪开！

"基督教会是在血的基础上建立的，依靠血而壮大的，依靠血而扩大的。现在他们用刀剑来继续行善，好像用他自己的方式来守护他们所有的东西的基督已经灭亡了一样。"

教皇应当以谦逊和清贫来效法他们的主，可是"他们的唯一武器应该是圣神武器；的确，在这种武器的使用上，他们慷慨之至，例如他们的禁止圣事、停权、谴责、重诫、大绝罚和小绝罚，以及他们的怒声咆哮的敕令，这些敕令打击了他们所申斥的对象；但是这些至圣的神父，除了对待那种受魔鬼唆使、目中对神不抱敬畏、凶毒恶意地图谋减损圣彼得世袭财产的人以外，决不频频发布敕令。"

教皇们忽视一切，唯独致力于战争。这些疲沓的老头子为了颠覆法律、宗教、和平、人道，不惜一切大干特干。

教皇下面的马屁精们，好似《天龙八部》里"星宿老怪"的徒弟，无论上面怎么做，都跟上前来大肆吹捧，要把这种显而易见的疯狂行为说成是热忱、虔诚、刚毅，还要告诉你，怎样拔剑刺穿他兄弟的脏腑，同时却非常仁爱。

主教们公开抛弃了他们的法衣，丢掉了祝福式和他们的法事，当起军事领袖来，好似他的灵魂若不是从战场上、而是从任何别的地方归天，那就是怯懦，就不适当。

神父们则用投枪、石头和武器为了抽取教徒的"什一税"而战。

"整个来说，基督教似乎是和某种愚蠢同类的，和智慧没有任何渊源。"

"宗教最初创立者头脑都单纯得可爱，他们正是书本知识最大的反对者。最后，没有一个傻瓜的行为会比这些被基督教狂热迷住了的人更为愚蠢了；因为他们大量施舍钱财，他们宽恕罪过，任人欺骗，不分敌我，弃绝快乐，饱尝饥饿、失眠、痛哭、辛劳、斥责之苦；他们恶生恋死；总之，他们对于普通的感觉似乎已经变得完全麻木不仁，简直像灵魂已经离开他们的肉体到别处去了似的。"

好了，一切看着都像一场笑话："确实，这不是疯狂又是什么呢？"

书的结尾郑重提出，真信仰乃是一种愚痴。这《愚神颂》写得好大胆！

倘若活在那个时代，这样的书，有人敢写，你敢看么？

# 第三章
# "乌托邦"总设计师

感性力量实在伟大，天龙先生写哲学书就想把些许感性留下，给灰色的理论注入绚丽色彩。

我们人民群众需要激发生命活力的理论，或像马克思老爷爷曾说的，需要理论来掌握我们。可是，我这样的人很呆顿，理论掌握起我来比较费劲儿；感性的东西，尤其美好的感性，倒更容易打动我，才有可能使我仿效"六祖"惠能，了然顿悟。

所以，你们那些牛皮的理论家们注意啦，别把那些婆婆妈妈的逻辑推导过程，琐琐碎碎地写来给我，你那逻辑演算给专家看吧，我们凡人只要你把确证的结果漂漂亮亮地搬出来。你不拘何种场合，都把那些人民群众不喜闻、不乐见的复杂玩意儿塞进我碗里，我牙口不好、脾胃虚弱，消化不了啊。

再美的语言描述，也赶不上令人窒息的美图，尽管图片不能替代背后的思维逻辑。理论往往晦涩难懂，艺术的表达才直击灵魂。

# 空想社会主义

美丽新世界的空想家们，好像用了"马良牌"七彩神笔，将美妙社会栩栩如生地画出来，活色生香。

可惜，空想家对何以实现新世界不多考虑，常常寄希望于柏拉图嘴里贤明的哲学王。

1516 年，托马斯·莫尔开天辟地率先出版了《乌托邦》，开创了空想社会主义著作的先河。1601 年，在狱中被折磨得伤痕累累的康帕内拉撰写了《太阳城》。1619 年，又一位空想社会主义者安德里亚发表了《基督城》。后来，还出现空想社会主义作品：维拉斯的《塞瓦兰人的历史》、卡贝的《伊加利亚旅行记》。

《乌托邦》影响甚为深远，往后的空想社会主义作品，或多或少都能找到它的痕迹。

法国空想社会主义者卡贝谈及《乌托邦》时讲："这本书的基本思想深深地触动了我，以致每当我合起书来，总是不得不认真地思索一下共产制度的问题"，这本书"是人类第一部描述共产制度如何运用于一整个国家、而且是一个庞大国家的著述"，"乌托邦的一些基本原则是人类智慧最伟大的进步，对人类未来的命运也做出了最伟大的贡献"。

爱拉斯谟 1517 年 2 月写信给好友说："当你阅读莫尔的《乌托邦》时，你就会觉得自己进入了另一个世界；那里一切都很新鲜。"在另一封信里说："如果你还没有阅读过《乌托邦》……如果你想……弄清楚一个国家中几乎一切罪恶产生的根源，那就请你设法弄到此书来读一读。"

## 四季之人

英国电影《四季之人》（*The Man for All Seasons*）1966 年 12 月上映，荣获次年第 39 届奥斯卡"最佳影片"等六个重要奖项，属于电影史上不可多得的传记佳作。

电影传主托马斯·莫尔（1478—1535 年）在各方面表现出色。语言学家罗伯特由衷地感叹：莫尔拥有天使的智慧与非凡的才学，我不知道还有谁堪与他媲美。哪儿还能找到这样高贵、谦逊又亲切的人呢？他既能为我们带来惊喜和愉悦，又能让我们产生一种悲伤的庄重感，他就是一位"四季之人"。

好友爱拉斯谟说，莫尔中等身材，白皙的皮肤，浅蓝色的眼睛，生性愉快，衣食朴素，天生爱好友谊，爱好趣味横生的幽默，异国的物品和珍奇的动物也是他特别喜爱的，他有着即席应对的辩才，有过目不忘的记忆力，他虔诚而不迷信。

莫尔降生于伦敦，幼年丧母，由父亲带大。父亲曾为英国皇家高等法院法官，家境虽不太显赫，倒也殷实。父亲望子成龙，在莫尔幼小之时，就送他到圣安冬尼学校学拉丁文；拉丁文乃是当时上流社会的"普通话"。他 13 岁时，父亲送他到坎特伯雷大主教、红衣大主教、政治家莫顿手下，去作少年侍卫。卓有影响的莫顿，曾任英国大法官，学识渊博，机智过人。莫顿对莫尔极为赏识，常对朋友说："我的这个孩子，将来一定会成为一个名人"。

1492 年，莫尔进牛津大学攻读古典文学。在这里，他学习了希腊文，使得他可以畅快自如地阅读柏拉图、伊壁鸠鲁、亚里士多德等人的作品。从后来的《乌托邦》中，可以看到柏拉图《理想国》的影子，想是莫尔所读柏拉图作品生根发芽开花了。

大概天下的父亲都会有一样的想法，希望子承父业，莫尔的父亲要他搞法律。1494 年，他被迫离开牛津大学，进入新法学院学习法学，后又到林肯法学院攻读。1496 年 2 月，莫尔获准进入林肯法律协会，1501 年成为外席律师。

1504 年，莫尔当选下院议员。那时，他年轻气盛，带头反对都铎王朝首位国王亨利七世增课新税。这事他做成了，但后果很严重。国王气得发狂，钱没弄到，眼见到嘴的烤鸭飞了，国王怎会不生气？为这事儿国王拐弯儿撒气，将莫尔的父亲投进伦敦塔监狱，莫尔家交了一百镑罚款才给放出来。莫尔无法继续从政，回去继续当律师，并从事人文科学和自然科学研究。

莫尔非常恋家。他曾尝试过虔敬的修道生活，可当他意识到修士不能结婚时，便"宁肯做一个纯洁的丈夫，不愿做一个不纯洁的神父"，毅然回到尘世。不过，他婚后仍过着虔诚的生活，不曾改变早起、长时间的祈祷、禁食、穿粗毛衫等习惯。

1505 年，莫尔 27 岁，他娶了 17 岁的珍·考尔。莫尔原本打算娶珍的小妹，可妹妹比姐姐先嫁了，让姐姐脸往哪儿搁，换一换吧，娶姐姐。这婚结得看似好随意，说换人就换人了，可并不失败。结婚这种事很难说，只有历史结论，没有什么准确预言。

莫尔的这段婚姻很快乐，他和珍生了三女和一儿，还领养了一个孤儿。为促动孩子们思考写作，莫尔不在家时，常要孩子们写些东西给他，即使没有什么特别的事要说。他希望女孩和男孩一样聪明能干，他教育女儿和儿子用的精力一样多，这在当时很少见。

1511 年，珍去世，数星期后，莫尔快速续了弦，娶了大他 7 岁的寡妇爱丽丝。爱丽丝既不漂亮也不年轻，莫尔说后妻"既不是珍珠，也不是女孩"。爱拉斯谟刻薄地说爱丽丝长着一个"鸟身女妖的鹰勾鼻"。

莫尔闪婚，想法比较单纯：这样，他的小孩们才会有妈妈。用某些中国太太批判先生的话说，男人结婚只为请一个免费的老妈子。然而，婚后莫尔与后妻充满深情。爱丽丝和莫尔没生小孩，莫尔便认养了一个，取名爱丽丝。莫尔赞扬珍给他生了四个小孩，也赞扬爱丽丝当了个温柔的继母。他还公开讲，他无法说出他最爱哪一任妻子，只希望死后和她们能够在天国团圆。

## 王室离婚大作战

1509 年，亨利七世去世，亨利八世即位。这一年，莫尔重返政界。

亨利八世是个狠人，不光对外人如此，对自己的老婆也寡恩薄义，他娶了六任媳妇，杀了俩。结发夫妻都下毒手，人品可见一斑。

亨利八世一度与莫尔颇为亲近，时不常约莫尔吃饭，聊数学，聊天文。莫尔则创作诗篇赞美"玫瑰家族"苗裔亨利八世，"白玫瑰红玫瑰挨着生长，他们开始竞相争夺王冠。啊，红白玫瑰融成一片，休战，花儿朵朵吐芳香。"

良好的感情关系是事业的润滑剂、助推器，莫尔顺利进入亨利的宫廷工作，青云直上，飞黄腾达，短短十年光景，莫尔从一个普通干部，成了副国级领导。1518 年，莫尔当上了王室申诉法庭庭长，枢密顾问官。1521 年，任副财务大臣，封为爵士。1523 年，当选下议院议长。1525 年，受命为兰开斯特公爵领地大臣。1529 年，做英国大法官，成为仅次于英王的第一号要人。莫尔的地位一路飙升，声望日隆。

亨利八世也曾亲近人文主义，受人文主义影响还写过两本书，他会写诗作曲，创作过民谣《绿袖子》。莫尔则一直对人文主义感兴趣，还将意大利人文主义者皮科的作品《十二把利剑》译成英文，好友爱拉斯谟更使他成为一位坚定的人文主义者。

莫尔反对新教，这与亨利八世最初的态度一致。他们曾经手牵手，肩并肩共同战斗，反对宗教改革家马丁·路德。

起初，路德讲天主教会的坏话，亨利八世不干了，写了名为《保护七项圣礼》的小册子和路德打笔墨仗。要知道，路德的战斗性很强的，你找他茬儿，他必发声回击。于是，莫尔化名劳山，帮助国王写反路德的文章，撰文《回答路德》，跟路德死磕。1526 年，在《书信集》里，莫尔更发了大力，对路德的教义全面出击，火力全开。

莫尔不是光说不练的天桥把式，他当大法官的时候，还把路德派信徒关进监狱，还命令将宗教改革派的六个人绑火刑柱上烧死。

然而，亨利八世变心了，讨厌罗马教会了。为什么呢？当然是利益在作怪。亨利八世当下最大的利益就是要跟老婆闹离婚，跟大美女安妮结婚，罗马教皇顶着不同意。

我们现在会纳闷儿，为啥罗马教皇能对国王的婚事指手画脚？这跟教会的传统权力有关。上帝上管天，下管地，中间管空气，还管人家的小弟弟。小弟弟不能乱来，国王想和谁结婚，成不成上帝说了算。当然，上帝自己不会降尊纡贵，亲自跑来给你证婚，这活儿是上帝在人间的代理人教会干的。

罗马教会在亨利八世娶老婆的问题上，碍手碍脚，王心不悦。

亨利八世一看，反倒基督新教很对思路，陷入爱河的亨利开始相信新教徒所说，教皇只是罗马的主教而已，教皇无权管理全部的教会。罗马教皇管我，我就不认你这个教皇了，我干脆也搞宗教改革，而且玩儿个大花活儿，亨利八世自己来当英国教会的"一把手"。

简单这么说，恐怕各位看官会一头雾水，让我从头捋一捋这段儿。

故事是这样的，1502 年，亨利的哥哥亚瑟病死了，亨利变成英国王位的法定继承人。他爹张罗着让 12 岁亨利娶哥哥的老婆 18 岁的凯瑟琳。

为啥一定要娶嫂子呢？这凯瑟琳来头大呀，她来自阿拉贡，阿拉贡就是彼时强国、富国西班牙，她爹地和妈咪号称"天主教双王"，"父王"斐迪南二世，"母王"伊莎贝拉一世。亨利八世的爹亨利七世觉着，维护这个关系很重要。西班牙亲家这边的关系维护住了，与欧洲各国的关系就好处了。

在野蛮时代，这没什么大不了的，匈奴也有娶寡嫂习俗，什么大单于死了，兄终弟及，顺便连嫂子也继承了，寡妇可以算作前任遗产的一部分，也减少了可怜见的孤枕难眠的寡妇。可是，在十六世纪的欧洲，亨利八世娶寡嫂有点儿不合天主教的规矩。天主教那时候发挥着民政局的功能，要它同意解除凯瑟琳第一桩婚姻才成。于是，凯瑟琳的老妈伊莎贝拉一世找罗马教皇说情，才特批了这一桩婚姻。

1509 年，那时候，凯瑟琳还没和名义老公亚瑟上过床、圆过房，还是天然原装的。当然，这是照着凯瑟琳的声明说的，这个，你懂的。于是，亨利和凯瑟琳结了婚。

亨利八世和凯瑟琳结婚起初还不错，可凯瑟琳一直生不出儿子来，只生了后来大名鼎鼎女魔头"血腥玛丽"。没生出儿子，亨利八世就琢磨另辟蹊径了。按今世心理学作品《传染》的说法，在爱情方面，"兔子爱吃窝边草"乃是通行全球的心理规律，这是心理科学实证了的。这样，你会知道，为什么莫名你会喜爱邻家小妹，为啥老婆会防火防盗防闺蜜了吧。这亨利八世迷恋上了"窝边草"安妮·博林，她是王后凯瑟琳的宫女。

亨利八世也蛮讲究，既然陷入爱河，就要光明正大地和大美女安妮在一起，绝不偷偷摸摸。在1527年，亨利命令自己的枢机主教、大法官沃尔西向教皇申请与凯瑟琳离婚。可根据《圣经》的禁令，教皇克雷芒七世拒绝了。

对此，亨利八世铁定腹诽，真是瞎了我的眼睛，我曾如此推崇你，你罗马教皇却不支持我离婚，如此掣肘，太不给面子了！况且，我是堂堂英国国王，娶媳妇的事儿，还要你罗马教皇做张做势地拿着捏着？我要告诉你，NO！

这事儿，国王让英国大法官沃尔西去谈判，沃尔西的小胳膊拗不过罗马教皇的大粗腿，他搞不定教皇，国王就让他下课。1529年，亨利把沃尔西撤职，腾出来的位子给了莫尔。同步，国王离婚这个烫手的山芋也丢给了莫尔。

国王不买罗马教皇的账，莫尔左右为难，要坚持天主教信念，就意味着和国王不一条心；要支持国王，可怎对得起自己的虔诚？

出于婚姻问题，亨利八世在宗教改革问题上突然改变态度，注定了莫尔与国王之间的矛盾。

国王这个坎儿，莫尔跳不过去。

莫尔一根筋地反对新教，不随王上拐弯儿，将带来杀身之祸。

莫尔这么聪明的人，心里自然清楚亨利八世的为人：反复无常，冷酷无情。莫尔说过："假使我莫尔的人头真会让他（亨利八世）得到任何一座无足轻重的法国城池，这颗头准得落地。"

莫尔内心很挣扎，1532年，他辞去大法官职务。

亨利对于莫尔不为己用，辜负信任，十分恼怒。莫尔不肯放弃信仰来换取亨利的开恩，1533年还写了两本替自己辩护和反驳异端的著作。

不管莫尔怎么样了，1533年，亨利八世与凯瑟琳离婚，然后，与安妮·博林结了婚。

尽管不和，亨利八世仍旧邀请莫尔参加婚礼。莫尔倔强，拒不参加安妮·博林的王后加冕典礼。

国王恼恨，复恼恨。

1534年，亨利八世设法让国会通过"至尊法案"，宣布他（而非教皇）是英国教会的首领。在这项法案之下规定，全国臣民都必须作一次"承认至权宣誓"，莫尔拒绝。

国王的恼恨，终于化作行动，他把莫尔关进伦敦塔。

在被囚禁的日子里，莫尔写《耶稣受难史》，当写到设立圣餐制时，由于狱中没有资料，只得辍笔。他又另起炉灶，写了一部《快乐与苦难对话录》，书中点缀着不少圣经的训诫和幽默的趣闻轶事，有些故事带有自传性质。

在狱中，莫尔与朋友诺福克有一段经典的对话：

诺福克：在英国，谁不服从国王，就没有好结果。

莫尔：我已经再三考虑了，但是，我不能违背自己的良心。

诺福克：我怕你将要付出很高的代价。

莫尔：自由的代价的确很高。然而，即使是最低级的奴隶，如果他肯付出代价，也能享有自由。

莫尔在监狱中蹲了一年多，上面三次给他"机会"，让他宣誓，他三次拒绝。

国王和莫尔的关系彻底恶化，这下糟透了。

起初，莫尔不说为啥不宣誓，所以，无法给他定罪。

你不说为啥拒绝宣誓，你以为检察官就没招儿了么？

千万不要怀疑亨利八世手下检察官的本领。

莫尔既然已经下了大狱，话语权就掌握在检察官手里。你不交待问题，检察官怎么交差，检察官理所当然要作假证，这个伪证罪没人会追究。

检察官指证莫尔说过"议会无权宣布亨利八世为教会的最高首领"。

然后，"球"传给法官团队。法官队伍阵容"强大"，其中有新王后安妮·博林的父亲、哥哥和叔叔。按文明社会的法理，这些厉害关系人都应该回避的呀。

莫尔据理抗辩，法官团队不听，不听，无人听。

陪审团一致裁决，莫尔"有罪"，应该判死刑。

好，检察官、法官、陪审团抱团儿都想要莫尔死，莫尔真是死路一条了。

给莫尔定的罪很恶心，贪污受贿罪、叛国罪。贪污受贿罪完全是为了给他弄点污名，老百姓最恨贪官污吏了。实际上，莫尔在任时刚直清廉，他没多少家产，去职后，每年仅有一百英镑的进项。定性叛国罪，就是要莫尔死，而且要死得很难看。一看判词就知道了，谁看了都会内心发冷、头皮发麻。

"送他回到伦敦塔，从那儿把他拖过全伦敦城街到泰伯恩行刑场，在场上把他吊起来，让他累得半死，再从绳索上解开他，趁他没有断气，割去他的生殖器，挖出他的肚肠，撕下他的心肺放在火上烧，然后肢解他，把他的四肢分钉在四座城门上，把他的头挂在伦敦桥上。"

亨利八世还要假惺惺一下，感念莫尔过去的名望与功绩，"大发慈悲"地将对莫尔的刑罚减一减，减为砍头，再将其头颅悬挂在伦敦桥上示众。

当莫尔得知这一消息后，嘲讽亨利八世说："求天主保佑我的亲朋，免邀此种恩宠。"

在临刑前五天的时间里，莫尔写好了一篇漂亮的祈祷词和告别信。

1535年7月6日，他走上断头台，临刑前对司狱长说："请帮我上去，至于下来，我自己安排好了。"

第二天，莫尔的头被悬挂在伦敦桥上示众。

莫尔的噩耗传来，爱拉斯谟万分悲痛地说："他的灵魂之纯洁胜过白雪，在英国从来没有过像他这样的天才，而且将来也不可能再有。"

莫尔一生热爱写作，有二百五十多篇诗文。

莫尔对爱德华四世和理查三世时期的政治生活和官场风流韵事了如指掌。在1513年至1518年间，莫尔用英文和拉丁文写了《国王理查三世本纪》，理查三世被刻画成一个老奸巨猾的伪君子、独裁者、权力狂，他杀害自己年幼的侄子篡夺王位，可谓名副其实的"卑鄙凶手"。这部书虽没有完稿，但仍被誉为英国历史学的第一篇名著，可视为"一个精心设计、细心完成的整体，比例恰当，无懈可击"的作品。莎士比亚的戏剧《理查三世》就是以莫尔的这本书为蓝本，把一个暴君写得活灵活现。

莫尔撰写《英王理查三世本纪》时，还创作了一部石破天惊的奇书《乌托邦》。

## "羊吃人"的故事

亨利八世停妻杀妻再娶妻，胡搞乱搞搞事体，在民生方面也做得不咋地。

中学历史教科书里，所谓"羊吃人"的时代，便是亨利八世统治的年代，也是莫尔不朽之作《乌托邦》的时代背景。

说起"吃人"，会即刻引发人的深深恐惧，让人心惊胆颤。恐怖电影编剧，为吓唬无聊的小伙伴，总喜欢讲些吃人故事，编出变种生物《大白鲨》，太空怪物《异型》，还有阴魂恶鬼《画皮》，让人反胃恶心。哪怕青天白日的，也让人感到阴森森的压迫。看到这些血淋淋的东西，早餐都要吐出来了。

这是多么大的罪恶呀！一个社会都沦落到要吃人了，这个社会也就该灭亡了。

人类社会，人有道德良心，人吃人突破底线了。在大自然中，大鱼吃小鱼，小鱼吃虾米。那些凶猛动物，狮子老虎狼，天然具有吃人权，反正不是人打死它们吃掉，就是它们吃人。这个没有道德不道德的事，谁厉害，谁就把谁吃了，那是"丛林法则"。

偏偏人文主义繁盛的时代了，在英国，动物界里温顺的绵羊居然也要吃人了，正是小泥鳅成了精，掀出大风浪，怪事咄咄呀！

羊吃人是时代病。十六世纪英国毛纺业大发展，带动一轮圈地运动。这运动不是"全马""半马"样式的快乐跑马运动，而是把耕地圈起来不让人种，长了草喂羊，然后就像澳大利亚人拿着剪子快乐地唱："河那边草原呈现白色一片，好像是白云从天空飘临，你看那周边雪堆像冬天，这是我们在剪羊毛，锋利的剪子咔嚓响，洁白的羊毛像丝绵……"

那时候，英国人剪羊毛的故事里全是悲惨的泪水，可爱小羊儿要吃人了，"一向是那么驯服，那么容易喂饱，据说现在变得很贪婪、很凶蛮，以至于吃人，并把你们的田地、家园和城市蹂躏成废墟。"

捣鼓羊毛的这帮家伙唯利是图，只算经济账，不算政治账，只想小家，不想大家。

原来种庄稼的地多，粮食多，养活好多农夫、农妇，还有农家小伙子、小姑娘。可现在，机械化织机发明了，毛纺的呢子好贵，原料羊毛行情一路看涨，地主一算账，卖羊毛好赚钱，俺要养草牧羊了。一个牧羊人，一只牧羊犬就 OK 了，地主就对农民说，走你！

农夫流着泪，去流浪，去异乡讨生活。流浪的人啊，你没活儿干，就没了活路，没钱赚，没有饭，唉，饿啊，偷点东西，可你不是侠盗罗宾汉。很 EASY，就被抓到了，大英帝国法律不吃素，也是要见血的，偷东西得吊死。那时好多人都被绞死呀！你看到了十九世纪，西方的法律都非常残酷，《悲惨世界》里头，冉阿让偷了块面包，想给快饿死的外甥，被抓到了就判了 5 年徒刑。

我等凡俗岂有马克思《资本论》的高明。咱发现不了深邃的生产资料、生产关系与雇佣劳动的政治经济学原理，道不透阶级压迫理论。咱就素朴地说个理儿，你说这是不是羊儿逼死了人，这跟吃人有啥两样？

"全国各处，凡出产最精致贵重的羊毛的，无不有贵族豪绅，以及天知道什么圣人之流的一些主教，觉得祖传地产上惯例的岁租年金不能满足他们了。他们过着闲适奢侈的生活，对国家丝毫无补，觉得不够，还横下一条心要对它造成严重的危害。他们使所有的地耕种不成，把每寸土都围起来做牧场，房屋和城镇给毁掉了，只留下教堂当作羊栏。并且，好像他们浪费于鸟兽园围上的英国土地还不够多，这些家伙还把用于居住和耕种的每块地都弄成一片荒芜。

"'佃农从地上被撵走，为的是一种确是为害本国的贪食无餍者，可以用一条栏栅把成千上万亩地圈上。有些佃农则是在欺诈和暴力手段之下被剥夺了自己的所有，或是受尽冤屈损害而不得不卖掉本人的一切。这些不幸的人在各种逼迫之下非离开家园不可——男人、女人、丈夫、妻子、孤儿、寡妇、携带儿童的父母，以及生活资料少而人口众多的全家，因为种田是需要许多人手的。嗨，他们离开啦，离开他们所熟悉的唯一家乡，却找不到安身的去处。他们的全部家当，如等到买主，本来值钱无多，既然他们被迫出走，于是就半文一钱地将其脱手。'他们在浪流中花完这半文一钱之后，除去从事盗窃以致受绞刑外（这是罪有应得，你会说），或是除去沿途讨饭为生外，还有什么别的办法？何况即使讨饭为生，他们也是被当做到处浪荡不务正业的游民抓进监狱，而其实他们非常想就业，却找不到雇主。他们是对种田素有专长的，可是找不到种田的活，由于已无供耕种的田。一度需要多人耕作才产粮食的地，用于放牧，只要一个牧人就够。"

一面是穷困不堪，一面是奢侈无度。不但贵族的仆从，还有手工人，甚至几乎农民本身，实际上各种人一无例外，都是讲究穿着，纵情吃喝。诸如赌厅妓院，以及声名狼藉不下于妓院的场所，还有不正当的游戏，什么骰子、纸牌、双陆、玩球、掷铁圈等，这一切使嗜好者很快把钱花光、走上抢劫之途。

毫无疑问，除非医治这些弊病，光是夸口如何执法惩办盗窃犯，那是无用的。这样的执法，表面好看，实则不公正，不收效。青年人受不良熏染，甚至从小就一天天堕落下去，待到他们成长后，犯下罪恶，然后，予以处分。始而纵民为盗，继而充当捕盗之人，你们干的事不正是这样吗？

莫尔这样一路推演，把羊吃人的过程，明白呈现出来。

温顺的小羊乖乖当然不吃人肉，可由它逼死的人成千上万，都是一死，或饿死，或被逼死，效果一样都是死。所以，羊逼死人和羊吃人被画上等号。

老虎狮子会说话，它们该感叹，你们人类真牛，不光自己猛如茹毛饮血的动物，还能创造出现令人发指的"羊吃人"。


## 乌托邦

莫尔名作《乌托邦》，1516 年首版。

"乌托邦"这名字翻译得简洁明快，也富有古典主义精神，达到"信达雅"的境界了。乌托邦由两个希腊字拼成，"乌"是"没有"的意思，"托邦"是"处所"的意思，用庄子的话说，便是"无何有之乡"。"乌托邦"后来成了空想社会主义的代称。

《乌托邦》讲述航海家拉斐尔航行海上，在岛国"乌托邦"的旅行见闻。

该书分两卷，第一卷谈拉斐尔周游异国所见，借以针砭英国时况；第二卷描述理想国度"乌托邦"的奇异社情。

海外奇闻，古今中外，人人喜欢。凌濛初的《拍案惊奇》与蒲松龄的《聊斋志异》皆有海国奇遇之类故事，李汝珍的《镜花缘》通篇讲在女儿、君子、无肠等国的海外游历。大航海时代，出海的人多了，故事满满一大船，动不动一个航海家，一出国尽皆奇闻异事。

游历猎奇不过一个幌子，无非想指桑骂槐，借古讽今，欧洲人民也喜欢这种调调。

莫尔之世，航海游记小说盛行。拉斐尔海外奇闻故事，属于人民群众喜闻乐见的文学形式。《乌托邦》作为欧洲第一空想社会主义著作，叫好又叫座。艺术性和人民性一旦结合起来，就可能带来过亿票房。那些斯皮尔伯格、詹姆斯·卡梅隆们，你们考虑下，杜撰个乌托邦宝藏，设置些儿惊险侦探情节，加一点儿爱情故事，拍部大片试一试看，保准赚得盆满钵溢。

航海家传说的海上飘渺之地"乌托邦"岛，到底什么样子呢？

乌托邦有众多你想不到的样子，容我细细道来。

◎乌托邦政治

"乌托邦"召开全岛大会和议事会，议事会设在首都亚马乌罗提城。

乌托邦有五十四城，每城分四区，居住六千户居民。各城皆均匀分布在广阔乡村。所有城市风格相同，具有共同语言、习俗和法律。

各城设总督、首席飞哈拉、飞哈拉三级官员。

每三十户选举一名飞哈拉，六千户人共可选出二百飞哈拉；每十名飞哈拉选一名首席飞哈拉，选出二十首席飞哈拉。好了，再从四城区候选人中，由二百飞哈拉选一位最高行政长官总督。

总督职务终身，可他若要阴谋施行暴政，就会被废掉。

总督、二十名首席飞哈拉，以及轮流选派来的两名飞哈拉，三天开一次议事会，商讨公务。重要的事情先提交全体飞哈拉会议讨论，讨论结果报告议事会，再做决定。总督和首席飞哈拉胆敢在议事会或民众大会外商议公事，以死罪论处。

"乌托邦"几乎没有法律，如有冤屈，人们自去告状，法官能够熟练地权衡各种供词，给出恰当的判决。

对待战争，乌托邦人明理胜过豪勇，轻视战功荣耀。乌托邦人都学习如何作战，男人学，女人也学。他们为三种目的而战：本国受到侵犯时保卫国土，把盟邦疆域从侵略者手中拯救出来，或者使某个被压迫的民族从暴政下得到解放。他们不强制任何人战斗，一般请雇佣兵为自己打仗。必要时，他们也表现出极大的勇敢。

莫尔对国家官员实行选举、轮换以及政府决策程序的构想，突破了封建君主政治传统禁锢，饱含着近代民主、平等意识，对社会主义民主建设有颇多启发。

◎**理想经济**

后世苏联计划经济体制都没达到的境界，莫尔大笔一挥就做到了。

"乌托邦"所有产品按需分配，每家户主按需要可随时到仓库领取日用；公民生病可进公共医院治疗；住房公有，不过，每隔十年要抽签调换一次，这是为了克服滋生私有意识；公民在固定时间在食堂集中用餐，享受可口的饭菜。

在村儿里，每户人家不少于四十人，外加两名农奴。读到这儿，你就知道，果然是空想社会主义，脱不开历史局限，社会制度那么发达了，还理直气壮地蓄养奴隶。

乌托邦没有游手好闲的人，所以能够生产出用之不竭的产品。每家农户自给自足，没有的物品到城市领。

本来乌托邦里用不着钱，城市之间可以互通有无，不需要用货币来交换，人们视金银如粪土。不过，乌托邦有对外贸易，大量的剩余产品运到国外，换回自己缺少的铁和大量的金银。金银主要用来雇用外国人为乌托邦作战。

乌托邦财产公有，但有阶级之分。

在农村，没私田。每个公民都必须从事两年以上农村劳动，生产的粮食和其他作物归整个城市所有；在城市，公民除了自己缝制衣服，还要至少从事一门手工艺劳动，包括毛织、纺麻、瓦工、冶炼、木工等行当，劳动产品也归公有。读到此处，忽然想起我的小学课文"新村里，人人爱劳动，个个爱学习。"

除了选举官员管理公共事务，官员还要选出五百人为学者。官员和学者在公共医院里可受到特殊的照顾。乌托邦还有一个处于社会最底层的奴隶阶级，他们由罪犯和自愿前来的外国人构成，从事屠宰之类下等职业。

"乌托邦"人的生产、分配和消费都是计划调节的，不存在商品交换，不需要货币流通。

莫尔真牛！他讲：私有制乃万恶之渊薮，使"一切最好的东西都落到最坏的人手中，而其余的人都穷困不堪。"因此，"只有完全废除私有制度，财富才可以得到平均公正的分配，人类才能有福利。"

就这样，在社会主义思想史上，莫尔第一次提出消灭私有制，建立公有制。厉害吧！

有似于天龙先生的领导风格，主要是表扬与自我表扬，不表扬就等于批评了。莫尔赞扬乌托邦制度贤明，实际上是宣扬赞美乌托邦，贬抑批判欧罗巴，特别是英国都铎王朝的君主专制。更何况，莫尔语出锋利，常常假小说人物之口，快意恩仇。

## ◎健康的生活

前面讲过，"乌托邦"首都一个，城市五十三。所有城市，皆具同样格局：街道二十英尺宽，连私宅都一模一样。私宅大门朝大街开，门不装锁，随便进。

农村设农场，由年老贤达的场主夫妻管着。每个农场四十人。这四十人当中，每年有二十人返回城市，以免有人在不愿意情况下被迫长期一直从事颇为艰苦的工作。回城的已在农村住满两年。走了二十人，城里另派二十个。许多人对农事有天然的爱好，可多住几年。

农人耕田，伐木，喂牛，饲马，养鸡。农人孵小鸡不劳累母鸡，他们给蛋保持一定温度，时候到了，小鸡自然孵出。小鸡一脱壳，就依恋人，视同自己的母亲。这算是那个时代的农业高科技了吧。

农人种谷物，喝葡萄、苹果或梨子酿的酒，他们有时喝水，水里加上煮过的蜂蜜抑或甘草。农村吃喝剩余的粮食牲畜等，都分给邻境居民。农村缺的东西，直接派人到城市里拿就成了，用不着买卖那么麻烦。

收获季节，农业飞哈拉，通知城市官员派人下乡。收割大军如期而至，几乎在一个晴天，飞快地收割完毕，颗粒归仓。

此情此景，不由得让我哼起歌曲《我是公社小社员》："我是公社小社员来，手拿小镰刀呀，身背小竹篮来。放学以后去劳动，割草积肥拾麦穗，越干越喜欢。唉嗨嗨，唉嗨嗨……"心情愉悦无比。

每月逢假日那天，农村中许多人进城度假。

乌托邦各户自家裁制衣裳，人的穿着一成不变，式样几乎一样，大概如同二十世纪六、七十年代国人皆爱穿蓝衣，老外给我们起个外号"蓝蚂蚁"。哼，虽然是蓝，我们也该是"蓝精灵"，分明这些老外因为那时我们穷，有点瞧不上我们。

不过，乌托邦的衣服要区别男女和已婚未婚。天龙先生暗自思忖，这个已婚与未婚的款式设计，不知道是不是为了方便找对象？

工作当中，乌托邦人穿皮革或毛皮制的衣服，一套用七年；比之我们过去倡导衣服"新三年，旧三年，缝缝补补又三年"略显阔绰。他们停工的时候，就在工作服外面披上一件毛织斗篷，羊毛天然本色，算作时尚穿法。

乌托邦人率先实现了好多人的理想，每日工作六小时，午饭前三小时，午饭后三小时。晚饭后娱乐一小时。所有人都在八点钟上床，睡眠八小时。既无闲汉，也没有无用的工作，六小时工作已足够。有的时候，发觉物资有余，官长便宣布暂时缩减每日工时。

这个想法挺有意思，我们努力工作为什么，为什么创造出很多消费不掉的财富？乌托邦人每天工作六小时。反观我们"朝九晚五"八小时工作制，还有"九九六"（每天早九点到晚九点，一周工作六天），更有"五加二，白加黑"连轴转，观念是不是有些落后了。如今 AI 机器人都造出来干活儿了，可俺们还要花大把时间上班加班。这么一看，莫尔的想法真超前呀！

人们的业余时间主要用于学习和科研。所有儿童都要接受教育，由教士负责；男女两性享有平等的教育。依据男女儿童的年龄和能力，传授相应的手工业和农业劳动技术。所学知识要用在生产中，比如用新的技艺改良土壤，改良耕种方法；用最巧妙的技术和方法生产各种手工业品等。

乌托邦经常举办演讲会，学者必须参加，其他人自由听讲。大部分公民，无论男女一辈子都要把体力劳动后的剩余时间花在学习上。这大概是最早的终身学习思想了吧，莫尔真了不起，给他点赞。

选拔个性良好、智力超常、学习兴趣浓厚、有科学天才的人作学者，免除他们的体力劳动。若他们被免去学者身份，就要重新回到生产岗位。

老百姓过家族生活，族长最大。结了婚的儿子住在父亲家中，只要父亲尚不老迈昏愦，便受他管束。哪个家族增殖得过于庞大，多余的子女便迁进别族去。若某个城市发展得太大，便把一部分人移到另一城市。假如所有城市都过大了，就在荒地上建造一座新城。

当奴隶的是那种犯重罪被判刑的人，或是在自己国里被宣告死刑、但是乌托邦人同意收容作奴隶的外国人。宰杀牲畜之类的活儿，全归奴隶做，以防自由民变残忍。

在家吃饭也可以，不过大多数人在公会堂吃饭。在这里，"贱活"奴隶干，烹菜做饭妇女承当，年龄较大的孩子伺候进膳。男的坐一张条案，女的坐另一张；奶娘们带领5岁以下儿童在另一个房间进餐。所有妇女都给自己的孩子哺乳。5岁以上儿童，年纪幼小还不能服伺用饭的，在长辈们进餐时"鸦雀无声地站立一旁"；他们没有单另饭食，必须满足于餐桌上给他们的残羹剩饭。

读到这儿，让人想起当年的人民公社大食堂来。

天龙先生的姥姥在世时，常讲起大食堂的故事，絮絮叨叨说过许多遍，这算是口述历史吧。

她说，哎呦，那时候呀，公社让大家都到食堂吃饭，各家的锅呀、蒸笼呀，全交到大食堂去了，米面油也交了。刚开始，食堂吃得好呀！炸油糕，烙油饼，白馒头随便吃，金黄的稠米粥管饱喝，公社时不时杀一头猪，改善生活，油汪汪的杀猪烩菜加上山药蛋豆腐粉条子，好吃呀，敞开肚皮吃，可惜，好景不长……唉！好日子没多久呀，就只能吃玉米糊糊、糠麸子窝窝，后来就挨饿了，吃不上了。说到这儿，她已泪眼婆娑，要举起袖子擦一擦浑浊的眼睛。

那时候，人们太着急了，想跑步进入共产主义，忘记了共产主义要建立在物质生产极大丰富之上，没那个生产能力，坐吃山必空。

乌托邦人结婚时，无论男或女，若非童身，要受严惩；发生奸情的人家，家长难免为疏忽大意招来臭名。马不先除下鞍鞯辔头没有人要买，在婚姻事上应当是一样道理；结婚前，新娘和新郎要彼此裸体互看。夫妇有一方犯通奸或"无可容忍的乖张任性"，可以离婚，但犯罪方就不能再度婚嫁。有时候，完全因为双方希望离婚，也允许离婚。破坏婚姻关系的人，要罚作奴隶。

乌托邦人中间流行着多种宗教，一切宗教受到宽容对待。有人崇拜日神，有人崇拜月神，又有人崇拜别的星辰，乌托邦还把道德或荣誉著称的先贤当作神。几乎人人信仰神和永生；少数没这信仰的人不算公民，不能参加政治生活，此外倒也无扰无患。有些信仰虔诚的人戒肉食，弃绝婚姻。大家把这类人视为圣德高洁，却不认为他们聪明。女子若年老寡居，也能当祭司。祭司数目寥寥，他们有尊荣，但无实权。

有人患了痛苦的不治之症，便劝告他莫如自杀。假若病者不肯自杀，便给他细心周到的照料。

总之，乌托邦人的生活健康向上，酒馆、妓院、赌场、贼窝一概没有。人们穿节俭、朴实、实用的衣裳，蔑视华服盛装、披金戴银、刻意打扮的人。在家中，妻子服侍丈夫，子女服侍父母，年轻人服侍老年人，长者处处受到尊重。整个乌托邦就像一个大家庭，总督就像这个大家庭中的家长，彼此相敬如宾，其乐也融融。

### ◎你所不知道的金钱观

在乌托邦，尽人皆知，金银不如铁有用。无铁，犹如无火无水，人难以生存。自然所赋予金银的全部用途，对我们都非必要。相反，自然如同仁慈而宽容的母亲一般，使一切最有用的东西都显露出来，像空气、水以及土本身。

所有空虚无益的东西，要尽量远之又远地与人隔开。乌托邦人用尽心力使金银成为可耻的标记，他们想出一种符合的办法。

乌托邦人饮食是用陶器及玻璃器皿，制作考究而值钱无几；至于公共厅馆和私人住宅等地的粪桶溺盆之类，反倒由金银铸成。再则套在奴隶身上的链铐也取材于金银。最后，因犯罪而成为可耻的人都戴着金耳环、金戒指、金项圈以及一顶金冠。所以，别的民族对于金银丧失，万分悲痛，好像扒出心肝一般；相反，在乌托邦，全部金银如有需拿走，没有人会感到损失一分钱。

乌托邦人在海滨捡珍珠，在某些崖壁上采钻石宝玉。他们偶然碰到后，打磨加工一番，给小儿做装饰品，幼小的儿童为此得意，等稍微长大以后，发现只有孩子佩戴这类玩物，便将其扔掉。你可以发现，那些已经扔掉珍珠宝石的儿童见到外国使节戴着金链，帽子上有珍珠宝石，都轻推他们的母亲说："看，妈妈，多么大的傻蛋，还戴珍珠宝石，真是小孩子一般！"可是母亲们也当起真来，会说："莫作声，孩子，我想那是外国使节身边的小丑吧。"

乌托邦人认为奇怪的是，一个人可以仰视星辰乃至太阳，何至于喜欢小块珠宝的闪闪微光。他们认为奇怪的是，竟有人由于身上穿的是细线羊毛衣，就大发狂想，以为自己更加高贵：其实不管羊毛质地多么细，原来是披在羊身上的，而一只羊终归还是羊。

乌托邦人又觉得奇怪的是，黄金从其本身性质说毫无价值，竟在世界各地如此受到重视，以致人比黄金贱得多。一个木偶般的傻子，不正直，不懂事，只因为他手头有非常多的金币，就可以奴役大批聪明人和好人。如果由于某种运道或是某种法律骗局，黄金从其主人手中转到他全家最卑微的杂役手中，这个主人无疑不久会去伺候他的旧仆人。

乌托邦人更感到惊奇憎恨的是某些人的疯狂，这些人给富人几乎以神圣的荣誉，只是由于富人有钱，他们自己既不欠富人的债，也并非在富人权力掌握之中。这些人又很清楚富人吝啬小气，深信富人只要还活在世上一天，决不会从成堆现钱里取出一分钱给他们。

乌托邦人自己不用金钱。为了战争，乌托邦人感到金银贮备有用处，因为它能用来支付外国雇佣兵的报酬。

## 莫尔的哲学

莫尔的哲学在乌托邦里实行着，乌托邦人过着幸福的生活。

### ◎幸福哲学

天龙先生觉着，莫尔的哲学可冠以"幸福哲学"的名号。

乌托邦人联系着哲学理性和宗教原则，讨论幸福哲学的基本问题。

理性引导人们依照自然本性，过快乐的生活。乌托邦人毫不犹豫地认为，一个人如不千方百计追求快乐，便是愚笨的，只不过他须力求不要贪图小的快乐而妨碍大的快乐，也不要贪图会招致痛苦后果的快乐，他们说："与其享乐于前，后果难堪，何如不要这种享乐。"

理性使人们承认宗教原则，要用宗教原则把控人们的行为。这些宗教原则包括：灵魂不灭，灵魂由于上帝的仁慈而生来注定享有幸福；我们行善修德，死后有赏；我们为非作恶，死后受罚。他们认为，没有宗教原则，理性本身就削弱，不足以展开对"真正幸福所在"问题的研究。

人们的生存以及能享受幸福都来自上帝，理性在人们身上燃起对上帝的爱和敬；理性劝告和敦促我们过尽量免除忧虑和尽量充满快乐的生活；理性从爱吾同胞这个理由出发，帮助其他所有的人也达到快乐。

至善乃是幸福最高的境界。至善是符合自然的生活，上帝创造人正是为了使其过这样生活，这也是理性的选择。

## ◎核心幸福

乌托邦人联系着幸福和快乐，讨论幸福哲学的核心问题。

构成幸福的不是每一种快乐，而只是正当高尚的快乐。德行引导我们的自然本性趋向正当高尚的快乐。

自然吩咐你善待别人，它不是反而教你苛待自己。自然指示我们要把过快乐的生活，作为我们全部行为的目标。德行恰恰就在于遵循自然的指示而生活。因此，自然号召人人相互帮助，以达到更愉快的生活。任何一个人都不应该比其他人更幸运，成为得到自然照顾的唯一对象。

当然，自然也教你留意不要损人利己。不但私人间合同应该遵守这一点，生活物资分配上的公共法令也应该遵守。为了自己得到快乐而使他人失去快乐有失公平。相反，取去自己的部分所有，将其转让给他人，这具有人道主义和仁慈的意义。当我们回忆起，从我们这里得过好处的人对我们怀有友爱及善意，我们心头所产生的愉快，远非我们放弃了的肉体愉快所能比得上。最后，为了代替短暂的小快乐，上帝给予永恒的大快乐。

经过对幸福的基本问题和核心问题的考虑和权衡，乌托邦人主张我们的全部行为，甚至包括道德行为，最后都是把快乐当做目标和幸福。

好吧，达到幸福，需要快乐。怎样才快乐呢？

所谓快乐，指人们自然而然喜爱的身或心的活动及状态。

官能和正当理性所要达到的，是天生愉快的事物。

## ◎虚假快乐

我们追求任何事物，如果违反自然，这种事物不但不能导致幸福，甚至还严重地阻碍幸福。其理由是，这种事物一经在某些人身上生根，在他们心头便会留下牢固的关于快乐的谬见，无接受真正快乐的余地。实际上，许多事物从本身性质说并不甜美，而且大部分还带有不少苦味，可是由于坏欲望的诱骗，这样的事物岂止被看成至上的快乐，简直是生命所以具有价值的一些主要原因。这些事物带来的所谓快乐是虚假的快乐。

追求虚假快乐的这伙人，以为穿衣服越高级，自己也就越高级。穿一身好衣服他们就不可一世，相信自己身价倍增。他们穿着欠讲究时所不敢觊觎的荣誉，他们竟然要求了，好像一披上华服，就理应有荣誉。

把空虚无益的荣誉看得那么重，岂非同样愚蠢？别人对你脱帽屈膝，能给你什么自然而真正的快乐呢？这个举动能治好你的膝盖痛和纠正你的神经失常吗？人们从这种关于虚假快乐的观念中，显示出一种奇异而惬意的疯狂。

这类分子还有一种人，他们贪爱珠宝成痴。获得上等珠宝，特别是当时他们国中公认的最值钱的货，就俨然以天神自居。他们如果买宝石，一定要先将其从金镶底座取下，使其本色毕露，出售人还必须发誓保证那是地道正路货，唯恐以假充真弄花了他们的眼睛。可是如果你不能辨别真假，冒牌宝石不是可以一样让你满意吗？是真是假，应该对你同样地可宝贵呀。

又有一种人以聚积多余的财富为乐事，只供过目欣赏，不肯把钱花掉。他们是享有真的快乐抑或为虚假的快乐所欺骗呢？他们把金子藏起来，永不使用，唯恐失掉金子。但他们有金子不用，只把它埋在地里，这不是失掉它又是什么？然而，他们可以对着窖藏的财宝感到十分得意，好像心上没有值得挂虑的事情了。假设一个小偷挖去金子，主人毫无所知，过了十年后离开人世；当金子失窃而主人还健在的这十年中，金子是被偷了或是很安全，对主人有什么关系呢？在任何情况下，这批金子对主人都毫无用处。

还有骰子赌客以及打猎放鹰之徒。在桌上掷骰子有什么可娱乐的。你经常掷骰子，即使其中有一些乐趣，积久总要生厌。至于听到一群猎狗狂吠大叫，除掉令人反感，难道反而满意？狗追兔比之狗追狗，何以使你更高兴？两者有一点相同，那就是追逐，而你只要看到飞奔就会开心。在你面前，一只逃命的懦弱天真小兔被一只凶猛残忍的狗撕碎，这倒应该激起你的同情呀，你怎么还能乐出来。打猎是屠宰业最下贱的一个部分。猎人所追求的只是从杀死杀伤可怜的动物取乐，即使对象是野兽，它们流血被人当成好看的场面，这是由于人生性残忍。

上面这些类似的消遣，普通人看成是乐事，乌托邦人却明确主张，这一切丝毫不构成真正的快乐，从本质上说，其中没有任何令人惬意之处。

普通人从这些消遣得到享受，而享受是快乐的功能。因为享受不是来自事情本身的性质，而是来自那些人反常的习惯，这种习惯使他们以苦为甜，犹如一个孕妇口味坏了，会觉得树脂和兽脂比蜂蜜更可口。

然而，任何人从不健康状态以及从习惯所形成的判断，都不可能改变快乐的性质，如同不可能改变其他任何东西的性质一样。

## ◎真正快乐

乌托邦人所承认的真正快乐，有属于肉体的，有属于精神的。

肉体的快乐包括身体鲜明的愉快、身体的安静和谐。

身体能充分感觉到一些鲜明的愉快。有时，亏损了的某些器官得到恢复，就产生愉快。有时，愉快来自排泄掉体内过剩的东西，或是拉屎，或是夫妇行房，或是搔痒抓痛，都会有这样的快感。此外，我们有时还感到一种快乐，既不起于恢复身体某部的亏损，又不是来自任何苦痛的消除，而是由于有某种东西，它触动我们的官能，使它感到一种秘密的非常动人的力量，吸引住它，这就是从音乐产生的快乐。

身体的快乐还在于身体的安静和谐。这其实是指每人享有免于疾病侵扰的健康。"一个明智的人力求避免生病，而不是病后求医；总是使痛苦不生，而不是寻求减轻痛苦的药。"苦痛不侵的健康，本身即是快乐之源，虽然并无从外部所引起的快乐。比起饥渴者强烈口腹之欲，这种快乐诚然不那么明显地被感觉到，可是许多人承认健康才是最大的快乐。只要有健康，生活就安静舒适。相反，失去健康，绝对谈不上有快乐的余地。健康是最大的快乐，是所有快乐的基础和根本。

由理智以及从默察真理所获得的喜悦，对过去美满生活的惬意回忆，以及对未来幸福的期望，这些是精神的快乐。乌托邦人更重视精神的快乐，以其为一切快乐中的第一位的、最重要的。他们认为主要的精神之乐来自德行的实践以及高尚生活的自我意识。

总而言之，"不因小快乐而妨碍大快乐，不因快乐而引起痛苦后果。"


## 金书


莫尔著作《乌托邦》的全名是《关于最完美的国家制度和乌托邦新岛的既有益又有趣的金书》，正是这部"金书"，令他永驻人们的记忆。这部书相当于为苦难的世界彩绘了未来的愿景，这边世界"羊吃人"，那边国度快乐平等，马桶要用黄金铸，小儿玩具珠宝做，如何不令人向往！

一个未来国度涉及到的诸般问题，莫尔全都想到了，还指出了方向，作出细致的描述，简直照这个样子，牛人用乐高积木就能搭出这样的国家。

贫穷限制了人的想象，可有人替你想象。于是，在饥寒中，你知道了外焦里嫩的烤鹅，其色金黄油亮历历在目，诱人香气宛然扑鼻，不用你写十二篇高头讲章论证，饥饿的人一下子就知道了，饭可以这样吃，生活原来可以这样过。有人想好了路，剩下的，你只有去奋斗了。

可有些人该坐不住了，虽然《乌托邦》貌似人畜无害。

金书裹着当时流行的旅行文学外衣，除了带给读者阅读的新奇和愉悦之感，还绵里藏刀，带着危险的政治倾向，刀刀都戳向英国政治权威与体制。书里讲，乌托邦所有的东西尽归公有，乌托邦人认为，凡存在私有财产的地方，公益就不能振兴，离了共产制度决不会有平等。反对者说，共产制会使人懒散，会破坏对官长的尊敬；

对这点，拉斐尔回答，若是在乌托邦中居住过的人，谁也不会讲这话。

莫尔说："乌托邦人的看法对不对，我们没有研究的时间，也无研究的必要。我们的任务是描述他们的有关原则，不是给以辩护。"

# 卷五
## 来自英伦的智慧

# 第一章
# 火腿叔叔培根

有人说，培根的经验论很精彩，我要说，培根论人生更精彩。

培根（1561—1626年）崇尚新兴的实验科学，他的格言"知识就是力量"（有人考证，培根并非说过或第一个说过此格言，可那又如何，这句话已作为他的名言深入骨髓地影响了社会）。培根有《培根论说文集》，中译本在二十世纪90年代初我念大学那会儿风靡一时，如今阅读，仍然篇篇精彩，妙语连珠。

有种感觉叫做"于我心有戚戚焉"，天龙先生读到培根的名言"书有可浅尝者，有可吞食者，少数则须咀嚼消化"，颇为喜欢。天龙先生家里藏书颇丰，却非常吝惜书册，常说"书与太太概不外借"。可太太并不买账，她说，你不外借，可也不见你深研细看呀！此时，天龙先生就要引用培根这句至理名言来表明态度。

在总觉饥饿的大学时代，我"结识"了英国近代大唯物主义哲学家培根，只因看到他英文名字Bacon（火腿），就禁不住流出口水，忍不住给他起个外号"火腿叔叔"。培根创始了近代归纳法，他开启近代经验论，率先倡导实验科学，马克思称赞他为"英国唯物主义和整个现代实验科学的始祖"。

他出生在伦敦一新贵族家庭，且是天赋聪明的神童一枚。不用掐指一算，你就知道火腿叔叔命运不赖。12 岁进剑桥大学三一学院学习，15 岁毕业，23 岁作了下院议员。1613 年受命为首席检察官，1617 年为掌玺大臣。1618 年任英格兰大法官、封维鲁拉姆男爵，1620 年加封圣奥本子爵。

瞧他这经历，哪一点儿和香喷喷的火腿也联系不紧密，至多不过人家早餐午餐晚餐火腿随便吃，想一想"火腿叔叔"这绰号起得粗浅了，算不上唯物的，也算不上经验的，对于唯物主义大哲学家有些冒犯了。

培根发下宏愿，要实现科学的伟大复兴，推进知识发展，使人们能够按照自然的本来面目去认识自然，支配和利用自然，为人类谋福利。他原本打算写一部百科全书式巨著《科学的大复兴》，至少要写六块儿，可人生短促，在 65 年的生命历程中，他只完成了前面两部分，各出版了一本书《崇学论》和《新工具》。除此而外，他的著作尚有《论说文集》《道德政治概论》《论古人的智慧》等。

近代唯物主义哲学在培根那里得以生发，用经典作家的话讲，在创始人培根那里，近代唯物主义朴素的形式下包含着全面发展的萌芽，物质带着诗意的、感性的光辉对人的全身心发出微笑。


## 失败的大法官

培根出生在伦敦约克府，这是他父亲尼古拉斯·培根勋爵的住宅。

老话说："龙生龙，凤生凤"，有点儿道理。

培根的父亲不是一般人，在伊丽莎白执政最初 20 年，一直负责掌管国玺，他是一等一的聪明人。不过，儿子名声太大，他就像太阳下的灯盏显不出亮来。母亲安妮·库克夫人是一名语言学家和神学家，她呕心沥血培养儿子。

培根12岁进剑桥大学三一学院，三年后离开。在那里他学会了什么，不好说，他倒是对亚里士多德教条深恶痛绝起来，一定要革亚里士多德的老命，说是再不想搞那些无聊的争论，要干就干点儿实事，把人类生活搞好。

在《自然的辩解》序言中，他独白道："因为我确信自己生来是为人类服务的，并且认为照料公众福利的举动属于公共权力范围，对所有人公开，就像水和空气一样。于是我扪心自问：什么最有益于人类，怎样的工作性质最符合我的天性。当我四下搜寻时才发现，任何工作都比不上技术进步和发明创造对人类文明的贡献更显著……我心怀一线希望，如果我能在政府中担任一定的官职，那么我就可能获得稳固的帮助和支持，以助我一臂之力，完成我命中注定的使命，出于以上动机，我投身政治了。"

好大的志向呀！感觉就真是"天将降大任于斯人也"，又好像地藏菩萨说，不渡尽地狱的人，绝不成佛。

那时，论到岁数，他才16岁，顶多算个半大小伙子。不过，他家有背景，他直接被任命为英国驻法大使的随员，当上了外交官。

培根投身政治，没吃到好果子，这是后话。

1579年，勋爵老爸死了，他辞官奔丧回家，发现家里居然已穷得叮当响，爸爸没有留下半毛钱。培根一直过着上流社会生活，一下就傻了眼。所谓"由俭入奢易，由奢入俭难"，清贫的日子可真难熬。培根只好发挥擅写美文的特长，四处投书，向他那些大富大贵的亲戚们求援，希望谋个一官半职，改善他拮据的生活。真是"贫在闹市无人问"，培根求助无效，白瞎了他那些优美文辞的书信。

不过，后来的故事很励志。

"好风凭借力，送我上青云"，才智便是他的"好风"。

1583 年，培根被选为议会议员，因为他会说嘛，文采又好。进议会要辩论的，辩论他最拿手，简明扼要，言语生动，"他说的每一句话都具备独特魅力。他的听众不敢咳嗽或斜视，唯恐遗漏任何内容。"他的选民像如今的粉丝爱偶像，不计成本，不惜代价，拼了命地支持他连任。

他的官场生活并不平静，险风恶浪无处不在，有道是"人在江湖漂，岂能不挨刀"，在官场上混也是要还的。他深有体会地说，居高位的人是三重的仆役：君主或国家的仆役，名声的仆役，事业的仆役，因此他们是没有自由的，既没有个人的自由，也没有行动的自由或时间的自由……要升上高位，须经过千辛万苦，而吃苦耐劳得来的，却是更大的痛苦。攫取高位有时要靠卑鄙的手段，但人们却不惜以低三下四的举止爬上出人头地的高位。在高位上停留是朝不保夕的，其退路要么是身败名裂，要么至少是声名失色。

曾经有一位有权有势的朋友埃塞克斯伯爵，曾经给予培根极大的恩惠。据说，这位伯爵英俊潇洒，连伊丽莎白女王都忍不住爱上他，可女王却没得到他，便因爱生恨，很多时候爱情就是这样，得不到就想毁掉。

插句话，也不知道这些英国的伯爵怎么那么牛，牛气冲天，女主爱上了还不赶紧拜倒在石榴裙下，居然胆敢拒绝。你要知道，当年，在我东土大唐，则天皇上的闺女太平公主，看上了别人家老公武攸暨，这郎君好帅！她妈咪武则天怎么干？人家老公武郎上朝，武则天就派人到武家跟他老婆说，你，挺碍事儿的，去死吧。于是，可怜的原配夫人就给弄死，人家老公变成了自家驸马。他们英国女王怎么还会失恋，真搞不明白。

在埃塞克斯伯爵这件事上，培根的立场没有站好。在一本《伊丽莎白与埃塞克斯》的书里，培根被描绘成一个忘恩背义的大恶怪。埃塞克斯一朝失宠，培根就落井下石，对埃塞克斯发起诉讼。尽管培根背弃了埃塞克斯，然而伊丽莎白女王在世期间，他并没有得到十分宠信。

时来运转，詹姆士一世 1603 年即位，培根的远大前程便展开了，此后，他官运亨通，接连加官进爵，一路晋升为副检察长、检察长、掌玺大臣，1618 年，作了大法官。那时，英国大法官地位显赫，差不多算得上英国政坛的二号人物。

官场险恶，培根坐大法官位子没两年，就有人控告他受贿。在那年头，几乎每一个法官都接受"馈赠"，"吃了原告，吃被告"是通行惯例。培根承认，告发属实。不过，他声辩说，赠礼丝毫不影响他的判决。他被判有罪，罚金四万镑；监禁伦敦塔中，期限随国王的旨意而定；终生逐出朝廷，不能任官职。经国王干预，判决只执行了极小一部分：没有强令他缴付罚款，他在伦敦塔里也只关禁了四天，只是他被迫放弃了官场生活。退隐后，培根潜心哲学和科学研究五年。

在一个雪天，他坐马车路过一个村庄时，忽发奇想，想在一只鸡肚里塞满雪，做一个冷冻实验，于是跳下马车，弄来一只鸡这么干了，却不幸因此受了寒死去。

培根往事就讲这么多，我们谈点儿培根的哲学吧。

## 四幻象说

经院哲学实在太"坑爹"了!

中世纪时,绝大多数聪明人争先恐后去搞经院哲学无谓的争论,散布种种迷信谬说,偏见和怪癖、空论和诡辩,阻碍了科学的发展。

为清除经院哲学的流毒,培根在力作《新工具》中,剑锋直戳人类认识误区,他用"幻象"来指称让人陷于谬误的种种坏心理习惯。

培根说,有四种"幻象",族类幻象、洞穴幻象、市场幻象和剧场幻象。

四种"幻象"盘踞人脑,形成偏见,使人不得认识真理。

"族类幻象"是人类天性中普遍存在的缺陷。人类在认识自然事物时,常会掺杂许多主观的成分。因为,人要依靠感觉、情感、意志作判断,可这都是人的主观感觉,人类很难将客观事物本身作为尺度。

励志大师们比如安东尼·罗宾之类,教化青年人说,要创造自己的"梦想板",每天幻想自己成了亿万富豪,每天幻想自己未来美女老婆的模样,每天幻想自己大获成功,鲜花美酒掌声笑脸,幻想得越具体越清晰,你越接近成功。还现身说法,说自己就这样心想事成,赚到梦想中一样多的钱,住进了梦想中的别墅,娶到和梦想一模一样的漂亮老婆……

励志大师固然可以把人激励得像超人一样豪气冲天,结果常常是他赚了你买他课的钱,你的梦想最终仍不过是梦想而已。别问我是怎么知道的。

一个人心中想要某事成真，他就容易相信它。就像人类希望万物存在都有目的，就会想象一个设计得完美无缺的世界，用培根的话说，这都是一厢情愿的不可能。所以，"族类幻象"会阻碍人对真实世界的认识。

"洞穴幻象"是基于个人特性而产生的幻象。每个人的心理和体质各异，所受的教育和成长的环境亦有不同，从而形成个人的成见和偏见。

培根所说的这"洞穴幻象"，你可能见得不少。谈恋爱时，你只感受到心仪的女孩"洞穴幻象"严重，很物质，只喜欢豪车、钻石、名表之类。一分析原因就晓得，原来她爹妈言传身教，她上行下效，否则何以搞出这么多的偏见：只爱散发铜臭的钱财，不爱有趣的灵魂。

"市场幻象"是人们在相互交往中，语词使用不当而产生的幻象。人们相互往来，如在市场上进行交际，必然使用语言。如果对名词和概念的界定和理解不当，就会名实不符，造成错误观念。

这个观点很厉害，在后世足以生发出一门语言哲学来。不过，在这儿我只想说，你若语言使用不当，那你的命运会很悲惨，就好像你书面回复领导的指示，把"好的"写成"妈的"。不信你试试看。

"剧场幻象"是从各式各样的哲学体系，以及错误的论证方法中，移植到人们心中的幻象。哲学是影响人类的森林、草原、天空，从哲学家炮制的形形色色理论体系出发去思考世界，就如同事先在心中预设了一幕剧场舞台的背景。结果怎样？就像戴上有色眼镜看世界。

这"幻象"、那"幻象"，都是骗人的玩意儿，培根讲，只要我们弄清错误产生的原因，找到正确的方法，就可以避免幻象，获得可靠的知识。

说一千，道一万，他所做的，只想把经院哲学干掉。

## 蚂蚁、蜘蛛和蜜蜂

清除了幻象，就能清清爽爽地认识世界，我所钟爱的火腿叔叔培根要思考世界了。

培根关于世界的认识，形成了他的自然哲学。

◎培根唯物主义

培根的世界图景是什么样的呢？

世界在本质上是物质的。

物质永恒，无物生于无、无物化为无。

物质本身是运动的。他列举了丰富多彩的运动形态，除了我们熟知的机械位移运动外，尚有同化运动、逃避运动和反感性运动等诸种我们所不知道的神秘运动方式。

培根的物质世界里有上帝，这个上帝是物质世界的第一推动者。

◎"二重真理论"

培根既承认科学真理，也赞同"神学真理"。他说，人的知识像水一样，有的是从天上落下来的，有的是从地上涌出来的，天上来的知识由神的启示所感悟，地里生的知识由自然之光所照耀。

他的"二重真理论"有似政治家的权谋，很明显，是为了把科学和神学分开，以便限制神学，给科学争取地盘。

罗素在谈到培根的理论时说："他虽然不否认自然万物的历程显示出神的意旨，却反对在实地研究各种现象当中掺杂丝毫目的论解释。他主张一切事情都必须解释成由致效因必然产生的结果。"

## ◎经验主义认识论

科学认识的对象是自然，认识的目的在于发现"自然事物的形式"，即规律。

人对于自然事物及其规律的认识，在实质上是对客观存在的世界模型的模仿。所以，知识就是存在的表象，"存在的真理"与"知识的真理"是同一个东西，两者的差异如同实在的光线和反射的光线的差异罢了。

培根认为，一切知识都起源于经验。

感觉表象是认识的起点，但感觉会骗人。

这可怎么办？

培根说，要投靠科学实验啊！一切比较真实的对于自然的解释，乃是由适当的论证和实验得到的。

掌握实验资料后，还必须运用理智进行加工、分析，形成概念和公理，以求揭示自然事物的形式、规律性。

历来处理科学的人，不是实验家，就是推论家。实验家像蚂蚁，只会采集和积累；推论家像蜘蛛，只凭自己的材料来织成丝网。

而蜜蜂却是采取中道的，它在庭园和田野里从花朵中采集材料，用自己的能力加以变化和消化。

哲学的真正任务正如同蜜蜂，它既非完全或主要依靠心的能力，也非只把从自然历史和机械实验收来的材料原封不动、囫囵吞枣地累置于记忆当中，而是把它们变化过和消化过后，放置在理解力之中。

这样看来，要把这两种机能，即实验的和理性的这两种机能，更密切地和更精纯地结合起来，我们就可以有更多的希望。

## ◎新工具

时间演进到培根的时代了，科学进步仍然像年迈的老公公行动缓慢。培根着急啊，他觉得两千五百年来科学很少进步的原因之一，就是缺少正确的方法。

方法太重要了，方法决定成败。理性如果没有正确的方法指导，就如同黑夜行路缺少灯笼，大洋航船没有罗盘一样。

旧方法实在不给力，经院哲学极力推崇亚里士多德的三段论，三段论看上去很美，却不中用，不能帮我们发现自然的原因，不能增加我们的知识。

先补个逻辑课吧，说说啥是"三段论"。

简单说，"三段论"即使用三段话的套路，来做推理，得出结论。

第一段话叫"大前提"，"天下所有乌鸦都是黑的"；第二段话叫"小命题"，"这只鸟鸟是乌鸦"；第三段话叫"结论"，"这只鸟鸟是黑的"。

这三段论貌似很严谨，可问题是，你凭啥说天下所有的乌鸦都是黑的？你把所有的乌鸦都检查过一遍了吗？这个大前提太草率。后面的小命题也很可疑啊！你咋知道这只鸟是乌鸦？

基础不牢，地动山摇，这么多不确定，你怎能让我坦然相信你的话。

好吧，就算你确实都检查过了所有的乌鸦，它们都黑得像碳，你拿出的这只鸟就是乌鸦，但那又有什么用？你没说出啥新鲜东西嘛。

您口沫飞溅，说了半天三段论，感情是拿我们逗闷子玩儿呢。您昨儿把全世界的乌鸦检查一遍，发现全是黑的，得意地告诉我们天下乌鸦都是黑的；今儿您又从它们当中抓一只出来，很深沉地告诉我们，这只鸟黑乌鸦地干活儿，它大大地黑。这不是脱了裤子放屁吗？

聪明的培根光火了，他觉着亚里士多德的逻辑、中世纪逻辑和经院哲学都一丘之貉，太过陈旧，必取而代之。所以，他将自己打造的新逻辑和新方法写在自己的书里，并敞敞亮亮地取命为《新工具》，借以把亚里士多德《工具篇》的旧工具打压下去。

我们看看火腿叔叔认识真理的新工具吧。

培根说了，咱这工具名曰"经验归纳法"，从个别的事物归纳出金光闪闪的一般规律来。

这大法怎么个玩儿呢？挺多门道的。

好吧，说理论好费劲，举个例子多明白，我们就用归纳法来看范米湖先生配置的"减肥汤"效用，是不是像他吹嘘的那样有规律：大喝大减重，中喝中减重，小喝小减重。

首先，你要收集海量材料。

经验归纳法要以大量的实验材料为依据，你必须做大量实验，收集资料数据。

经过不懈努力，弄来高矮胖瘦、男女老少……各色"小白鼠"一大群，然后大家一起来喝减肥汤，喝汤和减肥情况一一记录在案。

其次，你要用"三表法"整理材料。

一曰"具有表"，把具有那些要考察性质的例证，统统列在一张表上。但凡喝了汤减了重的，都列在一张表上。

二曰"接近中的缺乏表"，在这里列举出与上表情形近似的例证，但这些例证却没有出现所要考察的那些性质。喝了汤没减重的，也列一张表。

三曰"程度表"，按那些性质出现的不同程度，把例证列举出来。

按照减重多少，把情况列出来。

最后，你就可以开始进行真正的归纳了，看看范米湖先生到底有没有吹牛。

插一句话，经验归纳法跟"简单枚举归纳法"不同，培根说了，"简单枚举归纳法"很幼稚，它的结论是不稳固的，只要碰到一个与之相矛盾的例证便会发生危险。

过于无条件地信赖简单枚举归纳，可能走上岔路，我讲个故事给您说明白。

有一天，一个记者跑到村里去采访。进村后，他见到第一个村民问："业余时间喜欢干啥？"村民说："打 KISS。"接着，他遇到第二个、第三个、第四个……也这么问，村民们众口一词都说喜欢打 KISS。记者自言自语："这可腻了！显然他们都喜欢打 KISS。"当他问下一个遇到的村民时干脆说："嘿，你是不是也喜欢打 KISS 呀？"却见这人眼泪汪汪抬起头说："不！绝不！因为我就是那个 KISS 呀！"

所以，真正的归纳要复杂一些，为使归纳的结论更加牢靠，还要分三步走。

第一步，使用排除法，排除那些不可靠的例证。

第二步，排除完后，做一次正面地解释的尝试。

第三步，利用"九种帮助"纠正解释的偏差，校正以上程序中的失误。

"九种帮助"包括，具有优先权的例证、归纳法的改正、按题目的性质改变研究方法，等等。

有道是：一番操作猛如虎，撇去迷雾见真如。

看了这让人眼花缭乱的许多步骤，您可能禁不住感叹：归纳出一个可靠的结论可太不容易了！

是啊，科学发现的世界里，哪有"容易"二字。

培根的归纳大法也有不足之处，它不重视"假说"。

培根讲究系统整理观察资料，觉着如果你把这事儿做好了，就希望正确的结论原形毕露，恰如同花痴美女私汤出浴，惊见白马王子，浴袍掉落……事实料难如此。

实际上，科学假说极其有用。假说是收集例证的必要先决条件，因为在对事实的选择上，要有某种方法确定例证是否与主题有关。离了假说这种东西，单只一大堆例证就让人束手无策。

科学工作中，创设假说好难的呀，简直难于上青天。假说不是乱说，你要有奔腾的想象力，还要能暗合规律。迄今为止，还没有谁找出立竿见影的方法，能够按定规创造假说。

有了新工具的培根，瞧不上演绎推理。其实，在科学中演绎起的作用，比培根想的要大。当一个假说必须验证时，从这假说到一个能由观察来验证的结论，往往有一段漫长的演绎程序。

很有意思的是，培根对科学感兴趣，却否定哥白尼学说，也无视开普勒。他似乎对解剖学也了解不多，不知道发现血液循环的哈维有多牛。你要知道，这个哈维正是他的私人医生。当然，哈维也不很高看培根，说"他像个大法官似的写哲学"。

## 培根论人生

培根写了一系列隽永的、华美的哲理散文，论真理、论死亡、论迷信……

他的哲理散文直接把观点晒出来，把枯燥的论证隐藏在自己的头脑里，这很好。我们凡人，并不需要刨根问底，很多时候，火热的生活就像打架，板儿砖已迎头拍了过来，你还在计算它的轨道、速度，你没安装计算弹道导弹轨迹的数学模型芯片，就别费那个劲了，估摸差不多就闪吧。不然，没等算出结果来，就已经完蛋，变成黑框相片挂墙上了。

我不要穿靴戴帽，给你炮制系统化培根人生哲学了。我就像拣珍珠一样择几粒，撒出来，让你感受下大珠小珠落玉盘的美妙。

### ◎论真理

"真理"之所以不招人喜欢，可能是因为"真理"就像白日里户外的那种毫无修饰、无遮无掩的自然光，而不是把假面舞会、哑剧和庆功会衬托得比白日里华丽、庄严十倍的摇曳烛光；是朴素的珍珠，而不是需要各种光线照耀才能显示其魅力的钻石或红玉。

向真理求爱或求婚，然后认真面对她，享受和她在一起的时光，即寻求真理、认识真理和相信真理，才是人性中至高无上的美德。

世俗中的"真理"，也就是真实、坦白的做事方式。在"真实"中混入谎言，就像在金币和银币中混入合金，虽然合金变得更有价值了，但金币和银币的价值却降低了。这种不直接、不老实的做法很像是蛇在爬行，蛇不会用双脚直立行走，而是依靠腹部蜿蜒向前爬行。背信弃义和欺骗别人是最让人觉得不耻的恶习。

### ◎论死亡

成人害怕死亡，就像孩子害怕黑夜一样。在听过很多相关的故事后，他们对于死亡和黑暗的天然恐惧还会加剧。

不管死亡如何恐怖，一个人身上竟然站立着这么多帮他打败死亡的随从：复仇之心战胜死亡；恋爱之心蔑视死亡；荣誉之心渴望死亡；悲痛之心扑向死亡；恐惧之心等待死亡。于是，死亡本身也就不是什么可怕的敌人了。

很多面临死亡的人依然故我。奥古斯都大帝屋大维在临死前，居然还赞美自己的婚姻，他大喊："永别了利维亚！在我死后，你一定要怀念我们的婚姻生活！"罗马第六任皇帝加尔巴就任皇位七个月，公元 69 年，他在广场演讲时被民众杀害。那时，他一边伸长脖颈等死，一边大喊："如果我的死对罗马人民有好处，那就杀死我吧。"首位来自非洲的罗马皇帝塞维鲁（193—211 年在位），临死前留下了这句话就匆匆离去："如果还有要我做的事，赶紧告诉我。"

死亡其实是一件很正常的事，就像人的出生一样。也许对于婴儿而言，出生和死亡都是颇为痛苦的事情，但对于一个热切盼望死亡到来的人而言，面对死亡就像是在满腔热血干事业时受了一点儿伤，根本不会有什么痛苦。如果一个人坚定不移地一心向善，他就感受不到死亡的痛苦。

死亡可以打开荣誉之门，也可以消除嫉妒之心。

## ◎论复仇

复仇是一种野蛮的正义。

如果一个人做了罪大恶极的事，那不过是触犯了法律；但如果另外一个人再去找他复仇，那就是无视法律，就是剥夺法律的责任。因此，一个人越是要复仇，法律就越应该制裁他。复仇之后，你确实和仇人平等了。

如果你选择原谅仇人，无疑就比他高出一等，因为宽容和原谅乃是君王的风范。所罗门曾说过："宽恕人的过失，便是自己的荣耀。"

如果一个人念念不忘要去复仇，那他的伤口永远都是新的，永远都不会愈合；相反，如果他忘记仇恨，伤口最终一定会痊愈。

◎论爱情

古往今来，所有留给我们深刻记忆的伟人都不会被爱情冲昏头脑。也就是说，"爱情"这种柔弱的感情在伟大的心灵和事业中很难生存下来。

真是奇怪，"爱情"这种感情一旦泛滥，人就会公然蔑视事物的本质和价值。而且喋喋不休的夸张话语好像只有在恋爱中才显得合适，在其他场合总是不那么适宜。

爱情的结果永远只有两种，一是被对方接受，二是被所爱的人瞧不起。因此，人们还是要提防这种感情。它不仅自身难保，还会给你带来巨大的损失。

也有人在不得不投身爱河的时候，会把所有事情处理得很好。对于他们而言，爱情只占自己心房的四分之一，爱情与生命中其他严肃的事业或活动是完全分开的。这样做就特别好，因为一旦事业中掺杂了爱情，就会麻烦缠身，无法把自己的道路坚持到底。

人的天性中有一种隐秘的爱他人的倾向。但如果这种爱针对的不是某个人或几个人，就会很自然地转向多数人。这样的话，人人都会变得更有人性、更仁慈、更宽厚。

夫妻之间的爱，使人类繁衍；朋友之间的爱，使人类完美；荒淫无度的爱，使人堕落。

◎论善良和性善

"善良"是一种习惯，"性善"是一种天性的倾向。

在所有高贵品德中，"善良"是最可贵的品德，是属于神的品质。如果没有它，人类就会成为一种整日忙着害人的生物，比害虫好不到哪儿去。

人在骨子里就有一种向善的倾向。如果这种倾向针对的不是人类，它就会转移到动物身上。就像土耳其这个民族，他们虽然凶残，却对动物非常友好，他们会施舍食物给狗和小鸟吃。

◎论王权

如果一个人活在这个世上，却对任何事情都不感兴趣，而且又对任何事都充满恐惧之心，那这可是活得痛苦，而君王恰恰就是这样的人。他们高高在上，拥有凡夫俗子不能拥有的一切，却往往精神萎靡、忧郁不振。同时，他们还要时时面临各种危机和祸患，因此心情很难开朗起来。

如果王权时而过紧，时而过松，就会导致王权的不均衡和不稳定，这样势必会削弱君王的权威，而且这样做是最能削弱君王权威的。

作为君王，应该提前扎扎实实地把事情做好，早早把危机和不幸拒之门外。君王还要时刻注意动乱的苗头，绝不能允许导致动乱的因素积累起来，因为火星一旦迸发，谁都阻止不住，更何况谁都很难弄清楚火星到底是从哪里迸发出来的。

君王治国必然面临很多困难，但最大的困难往往是他的内心。塔西佗说过，君王本身就是一个矛盾体。因为一旦拥有至高无上的权力，人们就只愿意享受结果，不愿意忍受过程，这可是极错误的做法。

君王就像天上的星宿，能给人带来幸福，也能给人招致灾祸。人们虔诚地敬奉他们，而他们却似乎片刻不得安静。

◎论拖延

就像谚语中所说的，当"机遇"这位美女向你展示她的满头秀发时，你一根都没有捉住，那么她之后就只会给你看她的秃头；当她把一个瓶子的把手递给你时，你却没抓住，她就会把瓶子光溜溜、圆滚滚的肚子递给你，那可是很难抓住的。所以，最明智的选择就是，如果要做某件事，就要在事情开始的时候把它做好。

要知道"危机"是非常善于迷惑人的，它们可不会逼着你去处理它。所以，要在危机还没有来临时就及时消除它，这要比长久的防备更有效，因为如果防备的时间太久，人可能就会变得昏昏欲睡，最后反而放松警惕。

◎论友谊

没有友谊，世界就是一片荒漠，这是毋庸置疑的。从这个意义上来说，如果谁天生不善于交朋友，不喜欢交朋友，那他就不像人，反而像野兽了。

治疗心灵的药物就只有一种，那就是真心朋友。向朋友敞开心扉，和他们交流会有两种相反的结果：使快乐倍增，或使痛苦倍减。

在情感方面，友谊可以帮助人们拨开乌云见日出，帮助人们驱散暴风雨的阴霾，重新走在朗朗晴空下。在理解力方面，它可以健全并控制人的理解力，能够帮助人们理清纷乱的思绪，从而冲破黑暗，走进白昼。

总而言之，当一个人无法亲自去做某件事情的时候，就只能遵循一条规则：依靠朋友。

◎论财富

"财富"之于美德，就像是"行李"之于军队。军人作战离不开行李，更不能把它们丢掉，但它们确实是行军作战的障碍。

如果财富太多，个人是无法真正触摸到它的好处的。你可能会说，巨额财富可以帮助人们逃离危险或者脱离困境。所罗门也说过，在富人们的想象中，财富就是坚城。这句话说得很清楚，"财富是坚城"只是一种"想象"，很多时候其实并不是如此，反而在很多时候，因为巨额财富而遭受灾祸的人要远比因之而受益的人多。

不要追求令人艳羡的巨额财富，只需通过合法的手段获得财富，认真地享受它们，开心地施舍别人，最后在满足中把它们留给后人就可以了。

不要在小钱上过于节省和计较。另外，财富是生有翅膀的，它们自己可能会飞走。所以，你要学会放它去飞翔，这样才能给你带来更多财富。

不要以数量去衡量你的捐赠，而是要看这些捐赠是否投入到了合适的地方。

不要拖到临死之前才去做慈善。如果好好考虑一下，你就会明白，这样做完全是在用别人的钱财，而不是你自己的钱财去表示你的慷慨。

◎论人的天性

人的天性常常是隐而不露的，你可以压制它，但很难彻底改变它。强制力会使它愈演愈烈，循循善诱反而会使它变得安分些。

要彻底征服天性，就不要给自己定下过于繁重或过于轻松的任务。任务过于繁重，就很容易失败，人就容易灰心丧气；任务过于轻松，就会很容易成功，于是也就不会有很大的进步。

在独处时，人们最容易暴露自己的天性，因为此时他们完全不用伪装自己；在激动时，人们的天性也极易暴露，因为此时人们往往会忘记平日遵守的那些戒律和条文；面对新的环境，或有了新的体验时，人们也容易暴露自己的天性，因为此时他会忘记自己固守多年的习惯。

人的天性可以长成草药，也可以长成杂草。正因为如此，你一定要适时地浇灌前者，拔掉后者。

### ◎论养生

知道什么对自己身体有害，什么对自己的身体有益，才是最好的养生之道。这种智慧已经超越了医学。

有些人年轻时仗着自己身强体壮，做很多事情的时候都毫无顾忌。到了年老的时候，他们就要付出相应的代价。

吃饭、睡觉和运动时尽量要保持心情愉快，这是长寿的秘诀之一；在情感上，要尽量避免嫉妒之心、极度的恐惧感、淤积于心的怒气、过度的快乐和兴奋感；要对事情保持惊讶和赞赏之心，这样生活中就会时常有新鲜感；要多读一些能够充实心灵的美好书籍，比如史书，比如寓言故事；还要对大自然保持探究之心。

如果身体出了状况，不要不在意，要多向别人或医生咨询。生病的时候，要注意保养。而保养，则主要靠运动。身体保养好的人只需调节一下饮食，稍微注意一下，就能战胜很多小病，恢复健康。

### ◎论猜忌

"猜忌"之于"思维"就像蝙蝠之于鸟类，都是在隐秘和黑暗的地方出没。猜忌使人疏远朋友，使人心灵变得黑暗，还会影响人的事业，使其不能长久地发展下去。

帝王猜忌，会变得残暴；丈夫猜忌，会生妒忌之心；智者猜忌，会变得优柔寡断。

猜忌的主要原因是知道的内情太少。所以，要想消除猜忌，就应该努力了解事情的前因后果，而不是直接消除它。

如果把一个人自己心中无缘无故所生的猜忌比喻为蜜蜂的嗡嗡声，那么这个人在听到别人的风言风语之后在心中所产生的猜忌就是蜜蜂尾巴上的毒刺。

要在"猜忌"的丛林中开辟出一条道路，最好就是与被你所猜忌的人开诚布公地进行交流。这样做，你会了解更多实事，而被你所猜忌之人也会变得更加谨慎，不再给别人留下更多被猜忌的理由。

## ◎论怒气

关于怒气，有一条很好的神谕：生气却不要犯罪，不可含怒到日落。所以，如果发怒必须有限度，首先怒气不能过于太盛，其次发怒时间不能太长。

"怒气"是一种低级的东西，它常常出现在弱者身上，因为它也只能控制这些弱者。

要想在发怒时不做错事，就要注意两件事情。第一，不能使用极短的语言，尤其是会刺中别人要害的尖厉之言，因为普通的脏话或骂人话其实并没什么。另外，在怒气中绝不能泄露别人的秘密，否则就是不通事理，不适合在这个社会中生存。第二，在怒气中不可突然停止手头的任何工作。不论你以什么方式发泄怒气，都不要做出无法挽回的事情。

要想平息别人的怒火，首先，把一件可令人恼怒的事情告诉某个人时要挑一个好时候，人的第一感觉往往很重要。其次，尽量让一个人感觉他受到的伤害并不带任何羞辱或侮辱的成分，可以把这种伤害解释成误会、慌张、激动等你能想到的任何类似原因。

就要结束培根人生哲学的叙述了，最后，赠送诸君一句培根的名言："读史使人明智，读诗使人灵秀，数学使人周密，科学使人深刻，伦理之学使人庄重，逻辑修辞之学使人善辩。"

去劝劝埋头刷短视频的孩子们多读点书吧，尤其要读一读《很哲学，狠幽默》系列。

## 知识就是力量

世人都说，培根创造了"知识就是力量"这句格言。以前，也许还有人讲过同样的话，他却从一个经验唯物主义者的视界阐释了这句格言。

培根经验论哲学释放出巨大的能量，他的科学方法论给世人无与伦比的启迪，借助科学发现与发明，人类制驭自然的力量愈发强大。

在《哲学的故事》里，威尔·杜兰特说道："这是一个充满成功、希望和活力的时代，每个领域都将有新的开始和进展；这个时代正期待着某个声音，某个综合一切灵魂来总结它的精神和决心。这个人就是弗朗西斯·培根，'现代最强有力的思想家'，他'摇着铃铛将各路睿智之士召集在一起'，并宣布，欧洲已经成年。"

# 第二章
# 怪兽利维坦

我有一个梦想，我所思考的问题，不用动笔写，自动变成华美篇章。我有一个梦想，语音识别技术进步，我对着电脑说话，就生成了电子文本文档……

你以为古代的大人物就没这样的梦想吗？有，当然有啦。大人物们忙碌得很，他们自然也会有这样的梦想。

你不要觉得自己活在现代，人工智能发达了，比古代人更有优势实现梦想。古代位高权重多金的大人物的梦想早实现了，对他们的语音识别技术，你只有羡慕的份儿，他们撒出金币，梦想立马实现，你猜怎么着？哈哈，他们雇来了耳聪目明、手脚利索的秘书，纯生物动能，超级省电。

曾经的大法官培根有一个习惯就是一边在花园里散步，一边口授自己著作的内容。一位心灵手巧的秘书跟在旁边，"刷刷刷"就把它转成了文本文档，你不佩服不行。

培根的这个秘书是个响当当的人物，他叫霍布斯（1588—1679年）。

## 霍家布斯他是谁?

霍布斯当然不姓霍, 就像马克思不姓马。可对于中国人的脑瓜, 我宁可让他姓霍了, 这样我们就凑齐了"三大布斯": 霍布斯、乔布斯、雷布斯。

培根对小霍的才华那是相当地赞赏: "没有谁能比他更好地理解我的思想了, 因为他懂得我说的是什么。" 没错儿, 小霍不仅通晓培根的理论, 日后还发展了培根的经验主义, 成为英国经验主义哲学界举足轻重的人物。

霍布斯降生在一个牧师家中, 父亲粗野愚钝酗酒。幼年时, 父亲失了踪, 他被迫寄养在伯父家。

他知道"一个人不论对自己估计有多高, 他的真正价值却只能由别人来判断"。于是, 他想尽量讨人喜欢, 可不幸的家门令他恐惧多疑。他觉得, 原则上人都是很坏的。自己仿佛生活在狼群中, 指不定什么时候, 一匹恶狼窜出来, "嗷呜"一口就吃掉了自己。后来, 霍布斯回顾自己的出生, 把自己独自出生描述成双胞胎的诞生: 一个是他自己, 另一个是恐惧。邪恶无时不在, 恐惧相伴一生。这是怎样的不安全感啊!

14 岁时, 他进入牛津大学主修古典学, 学习什么古希腊罗马哲学、经院哲学之类。牛津大学那时仍主打中世纪的套路, 弥漫着凝重迂腐的学究气, 他渴求新知的欲望实难满足。

终于熬到毕业, 那年他 19 岁, 被推荐做了哈德威克男爵家族的家庭教师。他曾随同男爵家族漫游了欧洲大陆各国, 开了眼界。

在培根遭贬隐居之时，他还做过培根的秘书，并将培根的著作翻译为拉丁文。

游历欧洲时，他接触到欧几里得的作品，不由得惊呼："上帝啊，这不是梦吧！"他还结识了伽利略和笛卡尔，他们的数学思想吸引了他。

数学这东西差不多都是"干货"，没有什么多余废话，对于混乱的头脑可谓一剂良药；可是，良药苦口，数学思维抽象，缺乏人情味儿，很多人不喜欢。然而，数学那些简洁明快的路数，令霍布斯思维澄澈。他利用数学逻辑体系，把让人费解的原理命题阐述得清楚明了，让众人折服。他还活学活用，想把这套体系用到社会政治上。

1640 年，英王查理二世发动第二次主教战争打苏格兰，结果吃了败仗，英格兰北部被占，还要每天赔款 850 英镑，无奈之下，查理二世只好召开"长期议会"，结果国王被议会控制摆布。霍布斯一看不妙，自己的思想与政治形势完全不合拍，他恐遭迫害，于是，脚底抹油溜之乎也，一路逃到巴黎。1651 年，霍布斯发表《利维坦》。所谓"利维坦"，乃怪兽一尊。《圣经》里讲过这头海中怪兽，它披坚甲硬鳞，有锋利牙齿，口鼻喷出烈火，肚腹尖刺吓人，霍布斯以它来做自己国家学说的"形象代言物"。

《利维坦》这本书后世成了经典，当时却给他带来麻烦。在法国他因此书受到攻击，只好从法国回到英国。他在英国也不得消停，伦敦发生了瘟疫和大火，一些痛恨霍布斯的保皇党人趁机造谣说，这是霍布斯无神论招惹来的灾难，怂恿国会烧毁了《利维坦》等他的著作。此后，他被禁止在英国国内发表任何社会政治文章。

尽管霍布斯处境不佳，但在西方哲学家中，他几乎是最长寿的一个，他活到 91 岁，在英国哈德威克去世。

霍布斯建立了自己的哲学家园，在这个家园里有两种物，一物名曰"自然物体"，即自然；一物名曰"人造物体"，即国家。

"自然物体"遵从自然哲学，"人造物体"奉行公民哲学。

## 机械唯物论宇宙

霍布斯日夜沉思物质和运动的问题，反复酝酿和构建自己的自然哲学体系。

他营建的机械唯物论宇宙，建立在"物体学说"之上，记载在《论物体》（1655 年）之中。

### ◎必然的偶性

在这个世界上，物体茕茕独立，它占有空间，具有"偶性"。

"偶性"在霍布斯的话语体系里头，系物体的一切特性。这些特性乃是物体的一种能力，"某个物体借以在我们心中造成他自身的概念的那种能力。"

所以，"偶性"不同你想象，它如同"他乡偶遇前女友"的偶然，可它竟然是必然的。

你读到这儿，可能就纳闷儿了，"偶性"到底是偶然还是必然？

"一般来说，一切偶然的东西都有其必然的原因；但是，它们相对于它们所不依赖的那些事件而被称为偶然的东西。比如说，明天将要下雨，将是必然下的，就是说，将是由必然的原因下的；但是，我们认为它是偶然下的，并且也说它是偶然下的，这是因为我们还不了解它的原因……"

说啥好哩，真是仙鹤打架——绕脖子呀，可没办法，这个理论的历史已经发生，改不掉了，我们只能将就霍布斯，就用"偶性"说物的一切貌似偶然、实则必然的性质吧。

"偶性"分两类，一类偶性属于一切物体"你有，我有，全都有"的，广延和形状；"广延"这个中文词说得很文气，扯大白话就是"长宽高"。另一类偶性，就像七位数以上的存款，是有些家伙才有的，如运动、颜色仅为某些物体所拥有。

◎广延之物

先哲们也算得睿智聪明，能铁口论断"广延"，也就是，把"长宽高"给抽离出来讲论，实在很不容易了。顺理成章，他们会得出结论，如果老天爷不给你"长宽高"，没了"广延"，物体就没法儿展示自己的存在。所以，"广延"在霍布斯眼里，那是物最根本的性质。

不能怪霍布斯没有体会到"客观实在性"才是物质的根本属性，那时候，最高明的人的见识也有限，辩证唯物主义还没有上场。

哲学家的世界里，知道了物体的根本性质，就可以用它来给物体下定义了。

"物体是不依赖于我们思想的东西，与空间的某个部分相合或具有相同的广延。"

得给霍布斯点个赞，他讲论"物体"观点多新锐呀！乍看一眼，吓一跳，简直要跟三百多年后，天龙先生上大学时候学的"物质"概念差不多了。

◎机械唯物论

物体构成了霍布斯的世界，其情形若何？

整个世界都有广延、有形状，构成世界的部分也都有广延、有形状。可以断言，世界是物体，世界任何部分都是物体。藉此，霍布斯说："宇宙是物体的总和"。

这个世界上，只存在物体，即"有形体的物质实体"；神鬼精灵之类"无形体的实体"，并不存在。霍布斯说："凡不是物体的，就不是宇宙的一部分，而因为宇宙是一切，凡不是宇宙的部分者，就是虚无，因此就不存在。"

哲学的使命，在于考察物体及其特性。

一切非物体的玩意儿，咱都不讨论，那些玄玄乎乎、不可思议的神学奇谈，当予拒斥。由此，霍布斯得出结论："哲学排除神学。"

哲学要考察物体偶性的因果制约关系。在霍布斯的物体世界里，有的物体比较安静，称为"被动物体"；有的物体比较活泛，称为"主动物体"。主动物体像个坏孩子，动手动脚"非礼"被动物体。于是，酿成了后果，产生了某些偶性。霍布斯就此认为，主动物体发出动作是因，被动物体的偶性变化是果。

原因只是动作者的运动，结果只是被动者的改变，关键在于运动。

在霍布斯看来，物体的运动好简单，一切不过是物体的移动而已，就连生命、感觉、思维、社会也归结为机械运动。

人不过是一架像钟表那样的自动机，心脏是发条，神经是游丝，关节是齿轮。

人的感觉声、色、味也源于机械运动而已，无非机械运动在大脑的显现，比方说声音吧，他就说："钟锤没有声音，只有运动，它在铃的内部产生运动。铃有运动，而无声音，它使空气振动。空气有运动而无声音，它的运动通过耳和神经传至大脑。大脑有运动而无声音，这运动从大脑折回，沿着神经向外走，成为外部的显现。

我们称这显现为声音"。

思维最重要在于推理，推理看作演算，像我们家太太陈会计一样，加加减减而已。当然，把加减只圈在数码范围就狭隘了，加减法适用范围广大：几何学对线、面、角、图形进行加减，逻辑学对名称、命题进行加减，政治学对条约、法律加减，理论思维对观念、名称进行加减。

社会生活就是被利益推动的个体的运动，以及个体间的相互冲突的运动。

霍布斯的哲学思想简洁明了，一切因果源于运动，运动等于机械位移，运动在生命、感觉、思维、社会里都是根本，全是外部机械力。牛皮哲学家亚里士多德们的辩证精神，霍布斯一点儿也没有继承，后世哲学史家觉得他的机械得彻彻底底，所以，把他的世界定性为机械唯物论宇宙。

历史上，他把自然、人、心理、认识和社会等一切现象，描述成机械运动过程，是头一份儿，可以算作鲜嫩水灵的创新。

# 一切人对一切人的战争

在霍布斯政治哲学里，国家是人造的物体，公民哲学是人造物体的智慧结晶。

◎自然权利

作为一种自然物体，人具有各种自然能力，也具有自我保存、趋利避害等自然情欲，这些是人的"自然本性"，也是人的"自然权利"。

人的一切福利中，最大的福利就是自我保存，自然就是这样安排的。

每个人的天性中都包含互斗的根源：人为求利而竞争，为安全而猜疑，为求名而侵犯别人。人类天然本性丑恶，人为了追逐私利，不惜否认真理。

在"自然状态"中，每个人都要实现自己占有一切的自然权利，人对人就像狼对狼一样，发动着"一切人对一切人的战争"。在这种战争状态下，人人自危，因而占有一切的自然权利和欲望，不得不让位于更为根本的"自我保存"本性。于是，理性就指导人们，遵守共同生活规则即"自然法"，来避免战争。

◎自然法

"自然法"是由理性构建起来的道德法则，它是衡量善恶的一般标准。

霍布斯从自我保存的本性出发，推演了若干自然法则，例如正义、公道、谦让、慈悲等，总之就是"像我们愿意别人对待我们那样对待别人"。

如果人们要想确保和平和安全，就必须用"自然法"来约束"自然权利"。可是，"自然法"毕竟只有道德上的约束力，在没有一个强有力的公共权力的情况下，它难以发挥作用：仅仅依靠"自然法"，还是无法摆脱人人自危的困境。

◎社会契约

理论讲起来，难免干巴巴，就让天龙先生把洛克的社会契约理论演绎成大白话，让您瞧着舒服点儿。

"自然法"管控能力不够，人们依旧你打我、我打你，保不齐打得鱼死网破同归于尽，这就不好玩了。

大家伙儿坐在一起商量商量，咱们定一个社会契约吧，大家把自己的权力交一点儿，就像"想揍谁就揍谁的打人权"之类，统一交给"第三者"。只有这个"第三者"，才有权插足人与人之间的事，可以暴力收拾不听话的家伙。

俗话说，"林子大了什么鸟儿都有"，总会有些个好勇斗狠不要命的人、身体强壮力气大的人，光靠"第三者"一个人，一定搞不定。"如果没有树立起权力来，或者权力之大不足以保护我们的安全，那么任何人就会并且可以合法地依仗自己的能力和技术防御别的一切人。"那就给"第三者"配备一彪人马吧，从此，"第三者"可以组织团队作战，猛如海中怪兽"利维坦"，霍布斯干脆就把这个团队称为"利维坦"。

"第三者"即统治者，"利维坦"即国家。

起先，霍布斯认为，统治者是执掌权力的仲裁者，并非定契约的任何一方，根本不存在违不违约问题，人民无权以其违约为由来推翻他，他有无限权力为所欲为；国家的使命意在维护所有人安全生活，战争仅残余在国家与国家之间，国内唯求和平，不能容忍任何反叛。

后来，霍布斯修订了自己的说法。人民订约是为了保护自身利益，这构成了统治者最根本的职责。如统治者不能尽职，那么臣民就可以解除对原统治者的服从义务，以便寻求新的保护。不过，霍布斯一再说，人民只要臣服于一个新的统治者，那就必须做一个真正的臣民，不能破坏正当订立的契约。

霍布斯确立了人性论、契约说为基础的国家学说，以冷酷无情的理性干掉了"君权神授"。

# 第三章
# 经验主义大师洛克

约翰·洛克（1632—1704年）出生于英国一个乡村律师的家庭，20岁时进牛津大学基督教会学院学习。

念大学时，洛克对新时代的诸般学问兴趣浓厚，他阅读培根、霍布斯、笛卡尔等人的作品，醉心于研究物理学、医学、化学、气象等自然科学，他还结识了牛顿和波义耳等人。

1658年他在牛津大学获得硕士学位，可觉得还不过瘾，1674年还拿了个医学学士的学位。

很多事出乎如今想象，洛克居然医术高明。阿什利勋爵（1672年封伯爵）患了肝脓肿，生命垂危，洛克为他做了手术，这要命的病竟奇迹般治好了。阿什利因之非常器重洛克，将他留在身边，他一个顶三个，担任秘书、家庭医生和家庭教师。

1683年，被怀疑参与刺杀国王查理二世的阴谋，洛克逃往尼德兰。

1688年，英国资产阶级和新贵族策动了"光荣革命"，建立了君主立宪制的新型资产阶级政权。新政权把洛克看作这次革命的思想代言人，热烈迎他回祖国，并委以上诉法院院长和贸易、殖民大臣要职。

不像一些专家把学术当成敲门砖，一朝拿到权威的帽子，从此尸位素餐，光吃不干。洛克当着大官，自然政务极忙，可公务之余，他仍不忘学术，陆续出版了《政府论》《宽容书简》《人类理解论》三部重要著作。

洛克晚年身子骨不好，饱受哮喘病折磨，他又终身未婚，没有子息，这种病痛加孤单的生活滋味想必很难过。

1691 年，他搬到密友玛莎姆女士家居住。1704 年 10 月，在玛莎姆家去世。


## "白板说"


洛克那时代人的认识水平空前提高，科学技术创新风起云涌，知识展现出前所未有的力量。这些科学知识到底靠不靠谱？哲学家们不得不掂量掂量人的认识能力，它有几斤几两，会不会把人引上岔路啊。

哲学家们认为，要回到根本上来。人的感觉和观念从哪里来？它们和知识有什么关系？人的认识能力有多大？如此等等诸般问题，横亘在哲学家心头，逼着他们作答。

洛克花了 20 年时间，潜心研究心灵的认识能力，一一解答了时代提出的这些问题，构建出了经验主义哲学体系，完成认识论巨著《人类理解论》，成就了他经验主义大师的地位。

洛克的时代，"天赋观念论"流行。流行自有流行的道理，天赋观念的说法貌似很有道理。他们说，数学公理、逻辑原则、道德法则大家普遍同意，不证自明，必定与生俱来，必定老天赋予。

洛克心想，你说普遍同意，我给你们举个反例，恐怕你们就得认栽了。满山栗子树，栗子很好找。洛克很容易就找到了例子，他们是儿童、白痴和野蛮人，他们完全不知道什么数学公理、什么逻辑规律，还有，不同年代、不同民族、不同地域的道德规范各有不同，甚至截然相反。

天赋论者可不傻，他们有"潜存说"的说辞，儿童虽不知道什么天赋原则，可这些原则在他心灵里头潜藏着呢，只要他学会使用理性，就能把这些潜在的观念发现出来。

"潜存说"也没道理。洛克讲，人的心灵具有天赋观念，心灵却不理解它，这种说法自相矛盾，荒谬之极。你们搞搞清楚，理解了的才叫观念，不理解的就不能叫观念。实际上，那些观念的理解，来自于后天的学习。

你们浅薄了吧，来，让我告诉你们正章。

于是，洛克提出了著名的"白板说"：人的心灵天生就好像一块白板，上面没有录下任何先天的原则、观念和标志，只是由于后天的经验，才在上面不断印下各种痕迹。

白板上演绎了什么样的故事？

洛克将把认识关涉的物性、经验、观念、知识那些事一一道来。

## ◎两种性质观

物体的性质有"第一性质""第二性质"之分。

物体本身固有的体积、形状、大小、运动、静止和数目等原始属性为"第一性质"。无论物体发生什么变化，此性质始终为物体所保有，感官也仍然可以感觉到。一粒麦子磨成粉，它依旧具有麦子的性质。

"第二性质"非物体所固有的性质，它是物体具备的一种内在能力，它可以借助第一性质，使感官产生颜色、声音、气味和滋味等观念。比方说，颜色并非物体本身的属性，但物体具有使人产生颜色的能力，当不同波长的光波投射在不同的物体上时，人眼就能看到不同物体的颜色。

显然，第一性质是事物本身固有性质，它与感觉器官无关，无论你感觉到它与否，它都存在着，因此，它是我们的感觉的原型，我们的感觉是对第一性质的直接反映。

相反，第二性质则是一种潜在性质，只有当它与感觉器官相联系时，才会呈现出来，因此，我们的感觉不是第二性质本身的"肖像"，而是由它引起、与它有关的主观感觉。

洛克的第二性质学说要比"直观反映论"高明多了。直观反映论者把感觉器官当成一面镜子，把认识看作照相式的，"咔嚓"一下就看到了物体的原貌。而洛克却深刻地指出，感觉经验具有主观性的一面，不是客体的直观反映，主体与客体在形式上有所不同。

◎ "二重经验论"

所有观念皆源于经验。

经验有两重：一是外物作用感官而生的"感觉经验"，人由此获得外物的形状、颜色、声音、滋味、运动，以及一切可感性质的观念；二是心灵对内心活动反省形成的"反省经验"，藉此，人取得知觉、思想、推理、怀疑、信仰、意欲，以及人心的一切作用的观念。

洛克说，感觉和反省"乃是知识的源泉，从其中涌出我们所具有的或者能够自然地具有的全部观念"。

◎ 两类观念说

观念分成简单观念和复杂观念。

简单观念由事物某一种性质在人心中所引起，此观念不能再分解。譬如，一朵玫瑰花带给人艳丽红色和芳香气味，玫瑰的红、玫瑰的香便是简单观念。洛克认为，心灵在被动状态下获得所有简单观念，人不能随心所欲制造或消灭简单观念。

复杂观念由心灵对简单观念进行比较、组合或分离而成，犹如我们将字母拼成一个单词和句子一样。当你形成"美"这个复杂观念时，你的心灵就把引起快感的对象的形象、颜色等简单观念综合了起来。

任何复杂观念都可以分解还原为简单的观念。复杂观念只是简单观念的组合，不能反映事物的本质。

洛克将观念分为简单和复杂两类想要干啥？

他试图解决培根以来经验主义一直未解决的问题，即感性经验材料到底怎样上升为理性认识。洛克的这一思考，标志着英国经验主义的深化发展。不过，他的看法仍未摆脱英国经验论传统局限，仍将理性思维降低到感性认识的水平。

◎三级知识论

什么是知识？洛克说："知识不外是对于我们的任何两个观念之间的联系与符合、或不符合与冲突的知觉。"

简而言之，知识即观念之间的相互联系。

当人在思考（如推理、归纳等）时，如果感觉到两种观念相互符合或不符合，便会得到知识。你看，"白不是黑"这个判断就构成一个知识，就因为我们知道白色观念与黑色观念不相符合；当人意识到，"三角形三内角"与"两个直角"这两个观念契合一致时，就获得了"三角形三内角等于两直角"的知识判断。

知识分成三个等级：直觉知识、证明知识和感觉知识。

直觉知识最为明白、确定，无需推论证明，心灵可直接觉察两个观念契合或相违，就得到这种知识。比如，白非黑、圆形不是三角形，一看便知。直觉知识在所有知识中具有最高的确定性，构成了其他类型知识的基础。

证明知识的确定性比直觉知识稍逊。心灵要借助其他观念为中介，考察观念间的符合与否，才产生了此类知识。譬如，要获得"三角形三内角等于两直角"这一推论，我们必须通过"三角形三内角之和与两直角之和均等于180度"这个中介判断。由于证明知识须经如此曲折的过程，因而减弱了其清晰度，它虽有可靠性，但不如直觉知识那样一目了然，确定性要打折扣。

感觉的知识确定性水平最低，它是对外界特殊事物的感性认识。就拿火来打比方说，人们无法知道"感觉到的火"与"真实的火"是否一样，不过，至少人们知道"梦见的火"与"感觉到的火"相去甚远。感觉知识虽然缺乏普遍必然性，但仍具有一定的可靠性。

洛克著《人类理解论》，旨在判明人的认识能力大小和人类知识的范围与限度，他的考察结论比较悲观。

人类的全部知识建立在观念基础之上，所有观念皆来源于经验。可是，许多观念并非对象性质的反映，而是一些主观感觉，比如对事物第二性质的感觉经验；即便对事物第一性质的感觉经验，也只能接触事物的大小、形状等表面性质，不能深达内在结构或本质。这种观念和经验天生的局限，给知识套上了枷锁，使人无法了解宇宙和事物的全部本质。因而，人类永远都不能形成绝对完善的自然科学体系。

看到这儿，爱科学的人儿都快要哭倒了吧。

## 《政府论》论政府

洛克在《政府论》里也大谈"自然状态说""社会契约论",不过,他这是1001个人眼中第1001个不同的哈姆雷特,洛克跟霍布斯等人的"哈姆雷特"不一样。

国家出现之前,人类生活在平和的自然状况下。那时候,人人生而自由平等,谁也不是谁的手下,每个人和其他人权利一样多,谁也不能侵犯他人的生命、健康、财产、自由,可是,为了协调人与人的关系,裁决可能的纠纷,大家订立了契约,建立一个代表民意的公共机构,这就是国家和政府。

洛克认为,国家也是缔约的一方,国家保护人们的自然权利,它也必须遵守协约。国家如果不能公正地履行其职责,人们有权不服从它,甚至收回所交给它的权力。

这话说得好大胆呀!国家不好好干活,老百姓有权把它干掉。这是很大的进步呀!你想想看,在过去皇朝万代的封建社会里,普通人纵使想破脑袋,也不能这么想啊,即便有点儿想法的人,他的想法恐怕也不过是"彼可取而代之",把当今皇帝弄死了,换自己做,平头百姓,还要给他什么权利。

好啦,说了半天"人的自然权利",在洛克那里,人到底有些什么权?

人的自然权利主要有财产权、自由权和安全权。

"财产权"最重要,是其他权利的基础。没有了私有财产,生命没有了起码的物资保障,活都活不下去,其他权利怎么行使呢?

这个权忽然间让天龙先生想起一位内蒙民间诗人来，她采用赋比兴手法作诗说："撩起衣裳就是肚，没钱把个人难住"。

"自由权"很重要，个人有权处理自己的私有财产，可以自己作出自己的道路选择。自己可以依据自己的想法去选择，不受强制。多美好的感觉！所以，几十年后"美国革命之舌"帕特里克会说："不自由，毋宁死"。

"安全权"很关键，私有财产和人身安全不得侵犯。你有钱，可强盗会来抢，官家可来夺，没安全不成；你有自由选择的权利，可连自己的小命都保不住了，这自由，还算啥自由？

从"自由""平等"原则出发，洛克的政治理论有了创新，他提出"分权"的法治思想，就是国家的立法权、执行权和对外权要划归不同部门。

这招很厉害，权力分给各部门，政府和个人便难以独断专横，即便这国还有君主，君主也不像过去那样可以为所欲为，君主的权力被分了出去，被限制住了。这个对于资产阶级太有用了，财产安全了，君主动辄发动战争、征税或找个理由治谁的罪，就不那么容易了。

洛克这一套自由主义思想，使他成为近代资产阶级政治学说的大腕儿。

英国革命建立的君主立宪制国家，正是洛克政治理想的实现。

洛克的人权理论，在美国《独立宣言》和法国《人权宣言》这两国宪法中充分体现。

洛克的分权学说，经十八世纪法国启蒙思想家孟德斯鸠发展，终为美国、法国等现代国家所采纳。

# 第四章
# 天纵英才贝克莱

我觉得，要说一个人天资聪颖，至少应该夸一下他早慧，哪怕是令王安石老先生感伤的方仲永，虽然仲永最终失去神童本色，泯然众人，可毕竟聪明过，这是老天爷馈赠的礼物。

中国人老话讲"先胖不算胖，后胖压塌炕"，有些开始看上去傻乎乎的，比如王阳明5岁了还不会说话，但这不耽误他成为圣人。

当然，有些绝顶聪明的家伙，则一惯聪明、一世聪明，比如爱尔兰人贝克莱（1685—1753年）以及后来英伦的休谟、穆勒。

大聪明人休谟、穆勒以后会说，现在说这个爱尔兰人。

## 聪明达人

遥想当年天龙先生费尽九牛二虎之力，17岁才考上大学，贝克莱这个家伙15岁就入了都柏林三一学院学神学，兼修拉丁、希腊、法兰西诸文，19岁就大学毕了业，甚是牛皮。

天龙先生30岁之前还在埋头考博，贝克莱30岁前已在哲学上成了精，24岁到28岁，他的主要哲学著作《视觉新论》（1709年）、《人类知识原理》（1710 年）、《哲学对话三篇》（1713 年）就已完成，如同我们小时候玩浏阳河烟花"彩珠筒"一般，"砰砰砰"，一珠更胜一珠的光彩，投射到哲学思想的星空中，构现出一套主观唯心主义哲学体系。

我们中国人内敛，脑子聪明也不显摆，往往不太说话，称为"大智若愚""大辩若讷"。老外比较OPEN，贝克莱巧舌如簧，善于忽悠，年纪轻轻就声名大噪。聪明人往往有个毛病，把自己的路修得太通顺，以至于随随便便就过得很舒服。贝克莱才不会想着"板凳要坐十年冷"，他不肯多花时间在哲学上，给他的哲学体系浇水施肥，所以，学术上再没有大建树，中国有句话管这个叫"文章憎命达"。在宗教生涯中他顺风顺水，在教会升迁的金字塔上攀爬顺遂。博得名声后，他曾两次赴欧洲访问讲学，声誉日隆。

1728 年，他远涉重洋到北美传经布道，想盖个学校，开化民智。他在美国四处讲学三年，并没搞来钱盖学校，只好悻悻然返回爱尔兰。可你要知道，种西瓜得冬瓜这种事也会发生，还有什么样的奇迹不会发生。就像奔走他乡的情种，不断给女友寄信巩固爱情，结果女友嫁给了送信的邮差。贝克莱这么搞了三年，学校没弄成就回国了。谁料到，美国人却好感激他，你不是想弄个学校吗？美国人后来秉承他的意愿，在加利福尼亚设了学校。这个学校后来老火了，这就是大名鼎鼎的加州大学贝克莱分校。

再说贝克莱，他返回家乡混得也不差，他当上了一方之主教大人。主教讲哲学当然要走经院哲学路线。贝克莱也像经院哲学家一样，借助当世流行的哲学学说，论证上帝的存在。吃谁家饭，讲谁家话，这是聪明人混世界的法则。

其实，贝克莱上大学的时候，挺推崇经验论哲学的，谁知他最后却把经验主义哲学给玩儿坏了。从培根到洛克，"经验"都是人对外物的感觉。用哲学的话说，"经验"是认识主体对外在客体的一种主观感觉。可到了贝克莱手上，"经验"中的外物，被他给整没了。

对于自己的天赋聪明，贝克莱是相当自负的。

有弟子问贝克莱："先生认为谁是当代最杰出的哲学家？"

贝克莱迟疑片刻，面带难色地回答道："我是一位很谦虚的人，所以我很难说出这位哲学家的名字，但作为真理的追求者，我又不能不说真话。这回你应当知道他是谁了吧？"


## 存在即被感知

有一次，贝克莱与友人在花园散步，这位朋友一不小心踢在一块石头上。朋友马上对贝克莱的"存在就是被感知"的观点提出疑问："我刚才并没有注意到路上有这块石头，那么这块被我踢了一脚的石头是否存在呢？"

贝克莱说："当你的脚感觉到痛了，石头就是存在的；而如果你的脚没有感到痛，石头当然就不存在。"

贝克莱说，事物存在完全出于错觉。

这话有点语不惊人死不休的味道，可你细品，他的道理硬是有道理。

你依凭各种感官知觉声、色、味、热、冷、硬、软、动、静、大、小，等等。这些"观念"或"感觉"，有一些总是一起出现。为简化鸡零狗碎的杂多感觉描述，你会化零为整，用一个名称来标记它们，如此，你就错把它们当成了一个有名有姓的东西。反过来，把你命了名的这个东西说穿了，还不就是一组观念的集合。所以，除了这些观念外，你无法知道感觉之外是否有独立存在的东西。你看哈，贝克莱是不是把"外物"给解释没了，在他那里只剩下一个个单独的观念。

于是，贝克莱讲："存在就是被感知"。

贝克莱反复申明，将事物看作独立于心灵之外的存在，就等于把观念、感觉和"被感知"说成是心外的存在，那岂不是自相矛盾、不可理解吗？在贝克莱那里，"存在"的意思完全等于"被感知"，也就是说，只有感知得到的东西（这个东西仅是脑子里的意象）才能说是存在的。

贝克莱的此种观念，在中国哲学史上也有同工异曲，这便是明朝一哥王阳明的"心外无物"。

一次，阳明先生携弟子到山中游玩，一弟子指着一棵花树说："先生说天下无心外之物，但此花树却在深山中自开自落，于我心有何相关？"

阳明先生道："你未见此花时，它与你心同归于寂，当你来看它时，花的颜色一时就明白起来，可见此花不在你心外。"

好吧，我们回过头继续说贝克莱。

贝克莱的道理这么讲，自然有道理，可生活的事实雄辩地证明：此道理没道理。

贝克莱惊人言论一出，立刻引起嘘声一片；他的新著《人类知识原理》一朝问世，差评一时多多。

法国唯物启蒙思想家评曰："贝克莱的思想是哲学的耻辱、人类智慧的耻辱。"还一位医生干脆说："作者一定是得了神经病，应该立刻送医治疗才对。"

贝克莱不想人们误解他宣扬"唯我论",好像世界上只有我一个的精神存在。他反复说,感知事物存在的心灵并非个人的特殊的心灵,而是泛指一切人的精神。

当我不在感知某物时,别人也许在感知它;在所有人的感知下,世界便存在着。纵使地球上没有人,或者人未曾产生以前,世界也同样存在着,因为它自始至终都存在于一个全知全能的上帝的心中。人的心灵是有限的精神实体,上帝则是无限的精神实体;上帝的存在,是世界万物和人的心灵得以存在的最后根据。

这样,贝克莱提出"存在就是被感知",从否定感觉的客观性出发,溶解外界事物的客观性,形成由主观感觉建立起来的世界,最终还捧出位全能的上帝,合成一幅彻头彻尾的唯心主义世界图景。


## 上帝为自然立法


上帝规定自然的规律和秩序,上帝为自然立法。

上帝既赋予人的感官以获得观念的能力,也决定着人按一定的规则(即"自然规律")和立法获得感觉观念,这种和谐一致的作用,恰好表示了上帝的智慧和善意。上帝的意志就是自然规律。

他所谓的"自然规律"与唯物主义讲的不同,乃是感觉观念在心中产生时不依个人意志为转移的、经常的、稳定的秩序。

在上帝为自然立法的前提下,他提倡发展科学,认识和利用自然规律,为人类服务。

经过一番煞费苦心的论证,贝克莱吁了一口气,他觉得自己终于完成了调和科学与宗教的大任。

## 经验世界的尽头

贝克莱觉着，树立了唯心主义经验论大旗还不够，要站稳脚跟，还必须与唯物主义经验论对手殊死搏斗。

同出经验门，相煎何太急！

都讲论经验百般重要，贝克莱却挥舞"存在就是被感知"唯心主义大棒，对洛克的唯物主义经验论痛下杀手。

洛克认为，客观外在的物体有两种不同的性质，其形状、大小、运动等为第一性质，其颜色、气味、声音等为第二性质。第一性质会引起与之相似的感觉，好比水晶球本身是圆的，所以，你会感觉到水晶球是圆的；第二性质产生的感觉则与第二性质不相像，仅仅是心中一些主观的感觉而已，你不好说红玫瑰本真的样子就是红色，光学已无可辩驳地说明，红玫瑰呈现红色乃是它反射太阳的红色光，令人产生红色感觉而已。

对洛克的说法，贝克莱当头给一棒。

贝克莱说，根本不能对感觉性质作出这种区分，不止颜色、声音等是主观感觉，即使大小、形状和运动等也同样是主观感觉。

贝克莱接着说，任何物体的诸种性质，都不可分离地粘合在一起。譬如一朵花，花的大小、形状、颜色、气味等可感性质，始终连为一体，共同构成了花。你洛克怎能想象出，世上竟存在只有形状大小而无颜色气味的花，或者只有颜色气味而无形状大小的花呢？

况且，你洛克所谓"第一性质"也非固定不变，而是因人因时因地而有所不同，像大小、形状和运动等感觉观念，就跟着感觉器官的位置变化而变。你看，一个运动着的物体，你在近处看很大、很快，它跑到远处，看上去则很小、很慢；这个读者老爷平日也会有体会，就像从你身边奔驰过的大巴车。一个角度望去，一物显出方形，但在另一侧面观之，它却可能是圆的；这种感觉，可以用苏东坡居士的诗句体现出来，"横看成岭侧成峰"。由此可见，根本不存在什么客观的性质，所有被感觉到性质都是主观的。

否定了感觉的客观性质，贝克莱又马不停蹄，挥出夺命追魂第二棒。

洛克等唯物论者设想，物体作为支撑物或者基质，承载了每一事物的各种性质，然而，由于我们的经验只能触及物体的表面性质，而无法深达事物的实质，因此人不可能认识物质实体究竟是什么样子的。

贝克莱说，你们嘴里"不可认识的物质实体"，只不过是一种抽象观念，按照经院哲学唯名论的原则，抽象观念不存在。若您读过天龙先生的《很哲学，狠幽默 II》，当知道极端唯名论者洛色林就讲论过实体，他说没有啥抽象实体，它只不过是"空气振动"，言下之意，抽象观念无非就是个空名而已。

贝克莱接着说，任何一个事物皆为大小、形状、声音和颜色之类观念的合成体，没有任何具体性质（也即具体观念）的抽象物质实体不存在。既然我们的经验只能告诉我们事物的各种具体的性质，但却从来没有揭示过它们背后的任何实质性的东西，那么我们有什么理由认为这后面有个物质实体呢？你们错了，你们的问题在于违背了唯名论原则，运用抽象方法，硬生生把事物与观念分离开来，且就此武断认定，在感觉把握的性质后面，存在着一个支撑着事物的物质实体，误以为事物可以独立于观念而存在。

勿庸讳言，在贝克莱唯心主义大棒之下，洛克的唯物经验论受了重创。贝克莱巧妙地利用了洛克物体学说的机械论和不可知论弱点，彻底否定其唯物论的根本原则——肯定外物的客观实在性。

感觉之外是否存在物体呢？希腊的哲学家不考虑这个问题，他们将外部世界当成理所当然的事。中世纪的神学家和经院哲学家有信仰支撑着呢，《圣经》说了，上帝七天创造了世界，这个问题根本不是问题。这个问题到了经验论者面前，就成了天大的难题。

经验论者要研究人怎样认识世界，他们自然要想，我认识到的东西，到底是我的感觉呢，还是物质世界本身？

这里确实有谜团，我简单讲讲这个问题。我们大脑靠处理眼睛获取的影像来思考判断，可你眼睛获得的影像是否就等于真相呢？这可不一定。假如你事先并不知道钟乳石是啥样子，你走进"石花洞"欣赏溶岩景观，幻灯给一丛钟乳石打上不同颜色的光，一忽儿用蓝光，它成了"蓝精灵"；一忽儿用绿光，它成了"绿巨人"；一忽儿用红光，它成了"红孩儿"。钟乳石还是钟乳石，在人的眼里却会呈现出不同影像，你很容易犯迷糊，很难断定"蓝精灵""绿巨人""红孩儿"哪一个是这钟乳石的本真样态。进一步说，你脑子里的影像与钟乳石真实样态并不是一回事。这么一类比，你就知道，我们认识到的外在世界，与真实的外在世界并不完全是一回事。

这下就麻烦了，经验论者那里出现两个世界，一个是头脑中的世界，一个是外部的世界，处理这两个世界的关系，比处理新娘和亲娘的关系还难。

洛克虚构出迟钝的、不可认知的物质实体，在他那里，经验不是成为沟通人与世界联系的中介和桥梁，反而变成了一堵屏障，阻塞了人认识外界的通道。贝克莱挥动大棒敲打洛克，使哲学家们意识到，经验论的思路隐含着一种必然的困境：就经验论经验，以经验论证世界，难以偷窥到世界的本真面目。

贝克莱几乎把经验主义哲学逼入绝境，经验主义世界走到了的尽头。

# 第五章
# 斩杀经验论

当贝克莱还在喧嚣的哲学论坛展演存在秀时，一个年轻人在英国思想界渐露头角，他出手狠辣，将传统经验论赶进死胡同，彻底斩断了它的后路。培根开创的传统经验论，在此遭到致命一击，终局，K.O！

## 这个"杀手"好苦闷

这位经验论的"杀手"名叫大卫·休谟。

休谟（1711—1776 年）出身没落贵族之家。在他很小的时候，父亲就过世了，用《诗经》的"无父何怙"的说法，这个叫幼时失怙。还好有家人照拂，他一天天长大。家里人自然希望他能出人头地，于是送他到爱丁堡大学去学法律，培养他成为一名律师。可是，他厌恶学习法律，天性喜欢哲学。

他对哲学有多爱呢？就像贵族们酷爱打猎。休谟曾说："没有两种情趣会比打猎和研究哲学更为相似了。二者都不能忽视行动目标，但在行动最激烈的时候，我们对目标如此专注，任何失望都会使我们不安，一旦射偏了或推理错误，都使我们惋惜。"

19岁的休谟抛弃了法学，一头扎进哲学思考之中。家长不干了，家里还指着你功成名就，飞黄腾达，你却学些没用的玩意儿，而且一意孤行。没啥好说的了，掐断经济支持，看你怎么办。休谟立马陷入了生存困境，不得已，他只好一边自学，一边谋生。他在肮脏的街巷中不断穿行叫卖，做起了小生意。琐屑的叫卖生活是沉重负累，他觉得好痛苦好烦闷。思忖再三，他决心去法国，到乡下去潜居下来，节衣缩食，研究心爱的哲学。

很难理解那些古典的时代，我们的世界里20多岁还是个孩子，然而，休谟26岁时，已完成不朽的哲学名著《人性论》，除了感叹休谟的天才，还要感叹环境塑造英雄。如今，我们不光成熟慢，还要老黄瓜刷绿漆装天真，如同《围城》里的陆子潇，虽已年过40，对自己年龄的态度，却落在时代的后面，对人家不说年龄，不讲生肖，只说："小得很呢！还是小弟弟呢！"同时表现出小弟弟该有的活泼和顽皮。

休谟的书出来了，可没人买，他名利双收的梦想破灭。为了生计，他到一位将军手下做秘书。于是，他一面忙于俗务琐事，一面潜心哲学研究，一面反思出版何以失败。

聪明的休谟像聪明的一休，他一反省，就明白了：他的《人性论》没有大卖，问题不在于他的哲学创新，而在于他对世俗人心中神圣宗教原则的怀疑，而且他直言不讳的笔调令世人不爽。于是，休谟开始改写《人性论》，这是现世书商们经常揎掇作者干的事，当然，这是有良心的书商。不良书商会怎样呢？他们给书换个封面，改个名字就算新著出版，令买书一看封皮儿就下单的天龙先生经常上当受骗。

休谟以优雅的文字把他独到的思想表述出来,《人性论》第一卷改写成《人类理解研究》,1748 年出版;又用三年时间,改写《人性论》第三卷为《道德原理研究》,1751 年出版。

很可惜,休谟的改写版没有带来休谟期待的轰动。可是,这些著作却如同种子一样埋伏起来,只等休谟成名的阳光把它们唤醒。

## 富贵花儿次第开

41 岁时,休谟担任了苏格兰律师协会的图书馆馆员。在此,他开干一件大事。他用十年的工夫,打造了一部历史巨著《英国史》,引起举国轰动。他终于迎来了高光时刻。凭借这部英国历史,他成为举足轻重的历史学家。"春风得意马蹄疾,一日看尽长安花",休谟的天才也在政治经济学的花园绽放开来,他提出"货币数量论",一举成为英国资产阶级古典政治经济学的先驱。此时,埋伏在他命运尘埃里的哲学著作也散发出荣光,人们惊讶地发现,休谟竟然还是一个被埋没多年的伟大哲学家!

大器晚成的休谟,得到大英帝国赏识,先任法国大使馆秘书、代理公使,后来官至副国务大臣。在法国乡间思考哲学的那个拮据青年,如今受到法国学术界盛大而热烈的欢迎。许多巴黎人以同他结识为荣,法国启蒙思想家卢梭、狄德罗、爱尔维修、霍尔巴赫纷纷与他交际往来,留下一段段佳话。

榔头和尚说,悟性就在你脚下。休谟的经历告诉我们:玩哲学的人,最好先玩大家喜闻乐见的东西,一朝成了红人,何愁没人追随你玩哲学。

好了，请您寻出家传的霉绿斑斓的铜香炉，点上一炉沉香屑，听我说一说休谟的哲学。您这一炉沉香屑点完了，休谟的哲学也该讲完了。

## 干掉传统经验论

"面壁十年图破壁"，在进取者心中，前人的理论就是给人破的。

在经验主义哲学的江湖上，唯物经验论、唯心经验论两派宗师横亘在面前，休谟得和经验主义的前辈——过招，打败他们，成就宗师地位。

休谟以知觉表述感觉，先对感觉经验进行反思。

知觉分为印象和观念。

人当下产生的知觉为印象，声、色、味、硬，以及心中出现的各种情绪爱、恨、欲等，都属于印象，印象是所有观念与认识的直接来源和材料；人通过回忆和想象等方法，在头脑中把原有的印象再现出来，就形成观念。

印象先于观念，观念是印象的再现；印象生动有力，观念淡薄而微弱。

不论观念怎样复杂多变，归根到底都有印象与它对应，具有感觉经验基础，感觉是一切认识的源泉。

这便是休谟哲学的压舱石。

那么感觉经验、印象又从何而来呢？

休谟之前的经验论哲学，给出两种针锋相对的答案。

培根、霍布斯和洛克走唯物经验论路线，认定经验通过人的感官对外物的反映而来，具有客观性的来源和内容；贝克莱则将经验与事物混同，说"存在即感知"，走上唯心主义道路。

休谟坚持彻底的经验主义，认定唯物、唯心经验论是两条不靠谱的路。

休谟一挥刀，斩断了唯物经验论的道路。

按照唯物经验论的说法，知觉之外存在着独立的"物质实体"，知觉正是其表象，并与之相似。人凭借自然本能相信，外界对象独立自在，感觉中的形象即外物本身。

休谟说，这没有任何根据，是不曾经过仔细反思的偏见和可憎的假设。没人能经验到知觉与对象之间的联系，人心中除了直接的感觉印象以外，并不存在对外物与知觉之间相互关系的知觉。人看见一个红苹果，除了红苹果的直接印象外，并不能想到这个红苹果背后还有个"外在的红苹果"。人只能感觉到自己的感觉印象而已，永远都无法知道感觉之外的任何东西。

洛克等人被日常感觉欺骗，坚持外物独立于主体而存在，把感觉和感觉的内容（即所谓的外物或对象）硬生生区分开，把个别的、特殊的感觉化为实体，这是方法论导致的错误。

休谟再挥刀，斩断了唯心经验论的去途。

干掉唯物经验论的招数，休谟师承贝克莱。可惜贝克莱粉碎了外在物质实体之后，却认定感觉来源于精神实体"自我"。按照贝克莱的意思，"自我"是一种恒常不变的、自身同一的心灵实体，"自我"设定了感觉对象的存在。归根到底，这是上帝的旨意。

人无法感受到一个没有具体知觉的、抽象单纯的"自我"。人对自身的印象和知觉，总是具体的、特殊的、个别的，人的喜怒哀乐不会全部同时呈现，而是一个片断一个片断相继而来，"自我"

其实是一连串流动中的知觉集合体。所以，作为心灵实体的"自我"根本不存在。

按照人们对于上帝的说法，它超出人的经验范围存在，人的经验无法证实，所以，也不能设想上帝这个最高精神实体存在。

休谟坚持彻底的经验论原则，以经验为依据判定，人的经验无法证明贝克莱这个"自我"的存在，也无法证明上帝的存在。

休谟的哲学导致了深刻的怀疑主义：对象世界是否存在？可否认识？这些问题人永远都无法解答。除了呈现在我知觉中的印象或经验以外，我不能肯定和知道任何东西。

这样，休谟的经验论走上一条新路，一条彻底的怀疑论道路。

你很难驳倒怀疑论，即便伶牙俐齿，批驳也无处下手，就像狗遇到了刺猬。它是认识论最具破坏力的谦逊姿态，若它谦逊到底，就化身为不可知论匍匐在地，你很难再把它打翻在地。

怀疑论破坏力极强，比可乐溶解胃结石还厉害，它消解了经验哲学上自以为是的独断论。它警告口大气粗的独断论哲学家，不要无原则、超逻辑地去作出形而上学的断言，对不知道的东西最好保持沉默。

休谟的这套极端怀疑的经验主义，斩断了英国传统经验论的后路，使其一蹶不振、寿终正寝。

休谟的哲学对于神学的论证，对于唯理论的先验主义独断论观念，也是沉重的打击。几十年后，休谟的哲学更把康德从独断论的迷梦中唤醒，令他重新审视唯理论和经验论等认识论的基本问题，深刻地批判形而上学的独断论，从而对自然科学和实证主义哲学产生巨大影响。

# 因果关系批判

世间两桩事物，若前后相随、紧密相连，譬如桃花谢了，结出桃子，就很容易让人把它们联系起来，归结为因果关系，桃花在前称为因，桃子在后叫做果。确定的因果，构成了人们观念中的必然。

你要知道，因果关系至关重要，一切科学所探究，都如同沙中淘金，千筛万选，无非透过现象找出因果关系，确定其必然。没有因果关系支撑，就没有一切的现代科学技术。

然而，休谟奉行彻底的怀疑哲学，对因果关系严密分析大加批判，他将因果关系归结为主观的感觉，给科学崇尚的因果客观必然性和知识的普遍性以实锤打击，惊呆了所有的小伙伴。

休谟认为，经验知识不具有普遍必然性，然而人们却盲信经验中存在因果必然。

何以至此？在人们的经验中，两个事物总是先后相随，使人形成一种习惯性意向，两个前后相继的现象间存在着一种必然的因果关系，自然而然地形成了因果关系的观念。而且，人们误以为经验之中，原因存在着产生结果的能力。

实际上，人们从经验中至多只能看到两个现象前后相续，不可能发现它们中一个有产生另一个的能力。就像公鸡打鸣之后，日头东升，久而久之，连雄鸡都豪情万丈，觉着自己一唱，便唤出了太阳，这当然没有必然根据。实际上，人们从经验观察中无法发现对象之间的因果必然，人的经验无法企及这种因果关系。经验认识充其量只是一种或然性的人为观念，不可能真正认识世界。

在这里，休谟再次从怀疑论走向不可知论，人囿于经验论自身的范畴，不可能解决认识论的问题。

经验论无法给出答案，那么"科学知识何以可能？"这个问题，就成为一个巨大的疑问悬在哲学家心头，留待康德这样的牛人去解答。

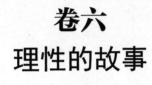

# 卷六
# 理性的故事

# 第一章
# 沉思帝

在古代西方，婴儿遭逢难产，死亡几乎不可避免。在产钳发明以前，有时，为了保全大人，接生婆往往使用另一种恐怖的钳子，把婴儿头颅夹碎，从母体取出来，接生变成"接死"。每个人能够生存下来，都仰仗自己的祖先能活下来，而且顺利地生出了自己的父辈。每个人都要庆幸，在这个比蛛丝还细弱的链条上，居然没有一个环节发生断裂，你敢说这不是奇迹？

勒内·笛卡尔（1596—1650年），法国人，1596年3月31日出生。笛卡尔的产前状态并不好，不过很幸运，接生婆的技术高明，才使得笛卡尔侥幸降生。他一生身体虚弱，只适合温和的活动，大多数时候都躺在床上。我们俗人在床上，多数时间在做梦，也有少数时间在造人。笛卡尔的床上活动则主要是沉思，他的长篇作品几乎都在床上完成，他在沉思中创造了理性哲学，故天龙先生赠送他"沉思帝"的雅号。

牛皮不是吹的，火车不是推的，沉思帝的学界地位无可争议。他是"近代哲学的始祖"，他倡导理性，用人类理性评判一切原则，培育了整个欧洲近代哲学。在笛卡尔离开这个世界时，人们在他的墓碑上刻下铭文"笛卡尔，欧洲文艺复兴以来，第一个为人类争取并保证理性权利的人。"

从 1619 年开始，笛卡尔沉思科学方法论九年，著成《指导心灵的规则》一书。1629 年移居尼德兰，潜心学术，1637 出版《谈谈这种为了更好地指导理性并在各科学中探求真理的方法》。笛卡尔拉丁语哲学力作《第一哲学沉思集》于 1641 年出版，后来此书译成法语，更名为《形而上学的沉思》。1644 年他的《哲学原理》问世。

笛卡尔一天中大多数时间都在温暖舒适的床上沉思，他看到屋顶墙角的蜘蛛在织网，蛛网好似坐标线，蜘蛛好似一个移动的点，遂创立了坐标系。

人家笛卡尔不是勤奋的人，但硬是聪明，他工作的时间很短，也不太读书，他的工作仿佛是在极短时间精神非常集中的情况下做出来的。他什么都玩得转，除了哲学、数学，他简直要包打天下，1637 年还写出《折光学》《气象学》《几何学》三篇论文，并一同发表。

实在让人感叹，上帝是多么不公平，有些人沉思了一下，于是数学家、物理学家、生理学家、哲学家的名头美誉就扎堆儿奉上。终了，笛卡尔老先生还说知识越是渊博越是深感自己知识之不足，实在是让人羡慕嫉妒恨！


## 笛卡尔的帮助

二十世纪九十年代，大学毕业国家还包就业分配，男生不用想着创业，女生也不会想着钓金龟婿。没谁急吼吼地考会计证、考律师证，考各类白领、金领的岗位"入门证"。一半大学生在为理想读书，一半大学生在忙着谈恋爱。

那时候，女大学生很纯洁，会喜欢诗人、哲学家，朦胧诗正盛行，尼采和叔本华的书很好卖，文学和哲学是谈恋爱的必杀技。天龙先生方青春少年，见到肤如凝脂、美目顾盼的女孩，难免心向往之，可自己身无长物，只想才学上胜人一筹引发关注，便苦读哲学著作。此等作法，被同宿舍的室友称为冒充大尾巴狼。"有心插花花不发，无心插柳柳成荫"，虽然大学里天龙先生没有谈成轰轰烈烈的恋爱，却扎扎实实读了些哲学书，其中一部便是人民大学冯俊先生的博士论文《笛卡尔第一哲学研究》。

大学毕业时，天龙先生报考人民大学哲学系研究生，专业试卷拆封一看，顿时眉开眼笑，卷中赫然有关于笛卡尔哲学的大题，心道，天助我也！后来，我与西方哲学专业两个同学选修冯俊教授的专业英语课，他在小教室里给我们三人上课，他一定不知道他教的这三个学生中，有个学生常暗自得意地想，那年考研的题是您出的吧，被我收割到了。

笛卡尔喜欢卧床，却不恋家。青年笛卡尔行走江湖，到巴黎学骑马击剑。还参军，到过德国、奥地利和匈牙利，不过他这兵当得有趣，不领津贴，不上战场，也不做勤务，每天主要的工作就是沉思。1621 年他结束了军旅生涯。之后，他访问意大利，1625 年定居巴黎。

笛卡尔的生活节奏舒缓，不到中午，很少下床。可是，巴黎的朋友们却热情似火，急不可耐，偏要在他起身以前去拜访他，令他倍感烦扰。此外，笛卡尔不愿意惹是生非，他的巨著《宇宙论》包含了要被教会视为异端的学说"地球自转说"和"宇宙无限论"的意思，这很危险。为逃避教会迫害，他并不发表，可终究心中憋屈。所以，他思前想后，决定到熟人不多、宗教氛围宽容的尼德兰居住。

1628 年，他去到繁华富庶的尼德兰。热闹非凡的尼德兰，会让人不由得兴奋，想要吟诗，吟山寨李白的诗，"海上马车郁金香，玉碗盛来闪金光"。可是，笛卡尔却冷静得很，他躺在床上沉思，如他所言"人也完全可以孤独隐退地生活，就像在遥远的沙漠中一样"，这在中国大约便是"大隐隐于市"。

当然，能够这样不受干扰地思考，关键在于笛卡尔不差钱。后世一位富有的年轻人总结自己的财富人生路时讲，自己少时异常注重艰苦奋斗，经过多年努力以后，他终于继承了父亲丰厚的遗产，实现了财务自由。笛卡尔也有位富爸爸，他把继承得来的地产卖掉，拿钱来投资，每年有六千或七千法郎的收入，妥妥地实现了财务自由。

有闲有钱的笛卡尔，保有绅士哲学家的派头。他衣着讲究，常常身穿神气的制服，脚蹬锃亮的长筒皮靴，头戴插着羽毛的礼帽，腰佩长剑，派头十足。女人见了他英武帅气的样子，难免会动心。所以，不难理解，他虽没有结过婚，却有一个私生女儿。可惜，这个女孩 5 岁夭亡，成为他一生最大的伤痛。

在尼德兰，他通过匿名通信，将隐居沉思的成果合盘托出，这些思想如同卧底的爆料，在社会上引起轩然大波。那时，打击思想对手最有效的方法，仍延续中世纪的一套，先污名化之，然后从思想上否定之，从肉体上消灭之。笛卡尔的敌手们照例，将他的思想定性为异端，要教会下狠手，于是，笛卡尔的《谈方法》《第一哲学沉思》便被扣上了无神论的帽子。还好，笛卡尔早料到危险，匿名发声，且隐身在尼德兰，敌人找不到他。

瑞典女王克丽斯蒂娜是一个热情而博学的君主，笛卡尔曾寄赠她一篇论爱情的作品和一篇论灵魂之种种激情的文章，女王超级喜欢，于是派了海军大元帅邀请他赴瑞典做御用家教，而且下了死命令说，如果元帅接不来笛卡尔，自己也甭回瑞典了。海军元帅压力山大呀，软硬兼施把他"搬"到了女王的王宫。

1649 年冬，笛卡尔到达瑞典首都斯德哥尔摩。女王迫不及待，请笛卡尔每天早上五点钟就过来给她讲哲学。要踩着女王这个点儿，笛卡尔得三、四点钟起床，睡眼惺忪，冒着瑞典的严寒，抖抖索索去人家女王宫殿讲课。你要知道，笛卡尔每天恨不得躺在床上过中午呢。可不管你笛卡尔多牛，你总不能让人家女王跑到你床上来和你学哲学吧？

这下，可要了笛卡尔的老命。瑞典乃是熊的故乡，在荒芜的冰雪原野和山崖之上，毛茸茸的熊宝宝们无惧严寒安然无恙。可是，笛卡尔没有熊一样结实的身子骨，一天两天还勉强凑合，一直下去岂不要了卿卿性命。果然，四个月后，笛卡尔就病倒了。

一日凌晨，抱疾方剧的笛卡尔勉强睁开了眼问："现在几点？"

仆人回答："四点了。"

"该起床给女王讲课了"，他挣扎着坐起来说。可是，他身子又无力地歪倒，口中呢呢喃喃地说道："灵魂该上路了。"

1650 年 2 月，沉思帝笛卡尔就在这冰雪之乡去世，死时年仅54 岁。

## 普遍怀疑法

笛卡尔的思想世界里，人类知识体系可视作一棵大树，树根是形而上学，树干是物理学，树枝是其他的科学（医学、机械学、伦理学之类）。

笛卡尔觉着，现有的形而上学不确定、不靠谱，真假难分，难以担当起"树根"的大任。形而上学应该建立在不证自明、无可置疑的原理之上，必须采用科学方法重建哲学。

那么该用何种科学方法得出呢？

他在尼德兰陷入沉思。

嘿嘿！笛卡尔灵光闪现，他想到数学方法很不错。

数学方法先确定初始原理，再从初始原理演绎出所有其他的原理。如果初始原理真实可靠，那么，从中演绎出来的整个知识体系也一定真实可靠。

可是，数学只研究抽象符号，与知识内容无关，所以，笛卡尔考虑把数学方法改造一下，创立一种既具有数学严密推理，又能获得新知识的方法。为此，笛卡尔写出两本最重要的著作，即 1637 年出版的《方法论》和 1642 出版的《沉思录》。在这两部书中，他提出一向被人称作"笛卡尔式怀疑"的方法，即普遍怀疑法。

普遍怀疑对一切知识采取怀疑的态度。

要对感觉知识予以怀疑。他说，我能不能怀疑我正穿着晨衣坐在炉火边？当然可以啦，因为有时候我实实裸睡在床，可我梦见我在炉边。并且，精神病人往往有幻觉，所以我也可能处在同样状况。

即便算术和几何这样理性以为确凿的知识，仍可以怀疑。说不定每当我算二加三的时候，神就叫我出错。也难保没有一个既神通广大又狡猾欺诈的恶魔，用尽它的巧计聪明来蒙骗我。假使真有这样的恶魔，说不定我所见的一切事物不过是错觉，恶魔就利用这种错觉当作陷阱，来骗取我的轻信。

不过，笛卡尔的怀疑与传统怀疑论的怀疑有所不同，传统怀疑论为怀疑而怀疑，装作永远犹疑不决，笛卡尔的怀疑则是一种方法和手段，运用怀疑寻求一个无可置疑的依据，以怀疑筛查工具，把原理中的"浮土和沙子"排除，以便找出坚硬的石头作为基础，来构建一座知识大厦。

正是运用这种方法论上的怀疑，笛卡尔开始了重建形而上学的工作。

黑格尔对笛卡尔赞誉有加："他是一个彻底从头做起、带头重建哲学的基础的英雄人物，哲学在奔波了一千多年之后，现在才回到这个基础上面。"笛卡尔对哲学的伟大贡献就在于，他通过怀疑这种否定性的方式将思想的形式与思想的内容（对象）分开，由此而确立了主体的独立地位，并且以之为一切思想或认识的基础。

## 我思故我在

一切都值得怀疑，这个我们中国哲学家庄子早就知道了，"庄生晓梦迷蝴蝶"就讲了这个事。

笛卡尔没那么多诗意，他躺在床上，或从梦中醒来，或在黑甜乡中，不知是梦还是醒，就在半梦半醒之间，他卧床沉思如何区分梦与非梦。

笛卡尔想来想去，在普遍怀疑之时，领悟到，无论我怎么怀疑世界的真实性，可是，"我在怀疑"，这个活动却无可置疑，是实实在在邦邦硬的事实。

他说："当我要把一切事物都想成是虚假的时候，这个进行思维的'我'必然非是某种东西不可；我认识到'我思故我在'这条真理十分牢靠、十分确实，怀疑论者的所有最狂妄的假定都无法把它推翻。"

于是，笛卡尔毫不犹疑地把"我思故我在"确定为自己哲学的第一原理，这是他摸到的第一块石头。

笛卡尔不放心，继续追问自己这个"我"是什么？

当我思想时，思想活动证明了我的存在，我思故我在嘛；如果我停止了思想，就没什么能证明我的存在了。所以，只有一种属性与我不可分，这就是思想。它并不需要任何地点以便存在，也不依赖任何物质性的东西；因此这个"我"，亦即我赖以成为我的那个心灵，是与身体完全不同的，纵然身体并不存在，心灵也仍然不失其为心灵。因此，严格来说我只是一个在思维的东西，一个精神、一个理智或一个理性。

这就是说，我是一个心灵实体，这个心灵实体的本质乃是思想，是意识活动。

最后，笛卡尔强调，"我思故我在"并不是推论，而是一个直观到的自明真理。

### ◎上帝依旧在

笛卡尔讲，"我"在怀疑，发觉自己不完美。

怎么得出"不完美"的结论？相互比较出来的呀。

跟谁比较呢？跟"完美"啊。

那谁给了我"完美"观念？答曰：上帝。

笛卡尔断言："由一个真正比我更完满的本性把这个观念放进我心里来，而且这个本性具有我所能想到的一切完满性，就是说，简单的一句话，它就是上帝。"

"上帝存在"便成为笛卡尔形而上学的第二原理。

◎**物质也存在**

笛卡尔拥有了心灵实体观念后，心中又蹦出一个明白、清楚的观念，就是物质世界。

为啥会这样呢？因为上帝存在。

依上帝他老人家的本性，他清楚明白地在"我"的心中呈现了物质的观念。

那我心之外有无物质？有。

笛卡尔使出反证法，演说了道理何在。他说，如果"我"外没有物质，物质只是上帝他老人家随便放在"我"心头的一个观念而已，那么上帝他老人家就欺骗了我，上帝成了骗子。呸！这怎么可能，上帝他老人家完美无缺，不可能有骗人的坏毛病，岂有骗人之理。所以，在"我"之外，必有物质的实体。


# 心物二元论

心和物的关系问题是笛卡尔哲学的核心问题之一。

笛卡尔从普遍怀疑出发，确定了心灵、上帝和物质三种东西的存在，他把这三样宝贝称为实体。

所谓实体，用哲学家的话讲，即能够自己存在、不依赖其他事物的一种事物。所以，在笛卡尔看来，真正符合这个实体定义的只有上帝，因为只有上帝是绝对独立的存在；心灵、物质勉强可以叫做实体，因为从来源看，心灵与物质都依赖于上帝，不过它们独立性强，仅只依赖于上帝；从本性看，心灵、物质各自依赖自身存在，所以从相对意义上说，它们也可算作实体。

笛卡尔进一步描述，心灵与物质是互相独立、没有关系的实体。心灵的属性是思维，它没有广延，不可分割，却可以思考。物质的属性是广延，物质无限可分，却不能思想。很显然，心灵是思考的主体，物体是思考的对象或客体。这样，笛卡尔确立了主体性的原则，但是也造成了"心"与"物"的关系问题，具体落实到人身上，就是人的心灵与身体之间的关系问题。

心灵与物质不是一回事，是俩东西，咋能行动协调一致，更不用说要让心灵去确定有没有个物质世界，能不能认识物质世界规律了。

好头痛啊！好在还有个无所不能的上帝。

于是，笛卡尔讲，我们只需深思真实的上帝，顺着这条道路就能走向认识宇宙间的其他事物，因为上帝包含着科学和智慧的全部宝藏。

有了这样的信心，笛卡尔着手解决"心""身"问题。

笛卡尔觉着，千万不能把"我"和"我的肉体"当成一回事。

"我"千真万确存在，"我"要怀疑，就彻底些，"我"怀疑"我"没肉体。摒弃了"我的肉体"，真是奇妙，"我"还可以继续怀疑，继续思想，可见"我的肉体"可有可无；可是，如果"我"停止思想，那个"我"就啥都没了。所以，这个"我"可以确定为思想性存在，确定为一个心灵的存在，一种精神实体；它没肉体，没形状，非物质性实体。

真是的,本来无一事,大家都可以拍着胸脯自信地说:我就是我。可让笛卡尔这普遍怀疑,就出现了"我"和"我的肉体"两个,简言之,我分裂为一个"心"、一个"身",此所谓"身心二元论"。

笛卡尔老兄,你道理讲得顶呱呱,你说"我"和"我的肉体"不一码事,可"我的肉体"这家伙不是个省油的灯,它会抗议,它会折腾,你不给它吃喝,它就制造出各种不舒服来,让"我"不得安生。你可以怀疑"我的肉体",你可以在思想里假装它不存在,可你最好乖乖给它伺候好了,不然要你的那个"我"好看!

好好儿的一个我,一分为二了,灵肉分离。

笛卡尔也在琢磨,"我的肉体"这么可疑,却能让"我"欢喜让"我"忧,它怎么做到的呢?

要不说笛卡尔的时代科学技术也有进步了么,人们解剖人脑发现了个状如小松果的"松果腺",笛卡尔说,对!就在这枚神秘的"小松果"里头,人的灵魂寄居其间,"小松果"振动,灵魂固有的知觉就呈现出来,这样"小松果"就把"我"和"我的肉体"联系起来。

于是,他满意地笑了,认为自己解决了·"身""心"问题。

笛卡尔的心物问题解决了没有?当然没有。

笛卡尔的心与物、心与身的说法,显然自相矛盾。他一方面把心灵和物质说成独立存在不需要依赖他物的实体,另一方面又讲它们归因于上帝的存在,这是一处自相矛盾。同时,既把心灵和肉体看成相互独立、互不影响的实体,又肯定心灵与人脑中的松果腺有关,实际上肯定了物质与思维有某种相互作用的关系,这又是一处自相矛盾。

笛卡尔的心物二元论,受到英国经验论者霍布斯和洛克等人的批评。斯宾诺莎则为解决笛卡尔进退维谷的困境,创造了一个新的实体理论，来弥合二元论蕴含的心与物的鸿沟。

## 笛氏"物理学"

不管怎么说，笛卡尔一路怀疑下来，已有心灵实体、物质实体、上帝实体三块宝石在握，他觉得足以构造整个知识世界。

怎么构造世界？笛卡尔用他的"物理学"来告诉你。

笛卡尔眼里，物质实体无非是一大坨东西。用精致的哲学语言讲，物质实体的根本特性是广延。所谓"广延"，无非是物体长宽高的样貌而已。

物质实体显现为一大坨东西，手执利刃，便可以切割了。我们可以像切酱牛肉一样把它切割成块，也可以像剁饺子馅儿一样剁成小粒儿，这还不够，要一分再分，直至微粒还不停。这微粒不像德谟克利特说的"原子"不可分割，微粒可以无限分下去乃至无穷，笛卡尔管这微粒叫"分子"。

在笛卡尔的物理世界，物质实体处于无限的空间中，物质之外更有物质，无穷无尽。他说："天和地是由同一物质做成的；而且纵然有无数的世界，它们也都是由这种物质构成的。"

笛卡尔认为，物质分子及其运动造成了大千世界，就连声、色、味等感觉也由分子作用于人的感官而产生。

物质世界皆是同一物质构成，它何以产生？

物质运动最根本在于位置移动和外力推动，这些运动尊崇上帝的规则，"即令上帝创造出许多世界，也不会有一个世界不遵守这些规律。"

上帝在创造物体时，创造了运动和静止，上帝使物质中始终保持着起初那么多的运动和静止。因此，世界中的物质与运动是恒定的，运动在物体间流转不已。进而，笛卡尔提出天体演化的"漩涡形成说"。他说，我们知道世界如《创世记》中讲的那样创造出来的，但是且看它本可能如何自然生成，也很有意思：在太阳周围的实空里有巨大的漩涡，带动着行星回转，从而形成世界。

这样，笛卡尔借上帝之名，通过理性的方法把世界创造出来了。

对于世界的构成了然于胸，笛卡尔遂具超越女娲补天的神通，他豪情万丈地说："给我物质和运动，我将为你们构造出世界来。"

世界宏观的物理构造已陈设在你面前，笛卡尔召唤你去研究世界规律，去发现真理了。

他率先为之，而且他聪明得要命，真正创立平面解析几何，侃动量守恒，描述惯性定律，报告光学折射定律，交由世人赞叹。

## 天赋观念说

孩子没娘说来话长，要把"天赋观念说"讲清楚，就要从头说起。

话说笛卡尔讲出了"我思故我在"的金句，他自觉论证如此精妙，简直无懈可击，不能简单用"飞机上挂暖瓶——高水平"之类不痛不痒的表扬来赞誉，他认为这就是确凿的真理，它明白无误，真实无疑。

何以断定"我思故我在"为真理？

笛卡尔曰："它之所以为真，在于其'清楚明白'。"

于是，笛卡尔道出了他的真理标准："凡'清楚明白'地呈现在理性中的东西就是真的，否则就是假的。"

怎么才算"清楚明白"？

所谓"明白"，是指一个对象明显地呈现于心灵之前，就如同当对象以充分的力量刺激眼睛，而眼睛观察的位置又适当的时候，所明白看到的那样。

所谓"清楚"，是指所观察的对象同其他对象界限分明地呈现于心灵之前。

明白不暗昧，清楚不混杂。俗话说，那就是：秃子头上的虱子，明摆着。

笛卡尔说："决不把任何我没有明确认识为真的东西当作真的，只把那些十分清楚明白地呈现在我心智之前，使我根本无法怀疑的东西放进我的判断之中。"

在认识论上，他主打唯理论的牌。

他贬低感性知觉，唱出希腊怀疑派的调调。一座塔，远看像圆的，近看原来是方的；塔顶有雕像，塔下仰望看似微小，塔上一看真巨大。你看，视觉靠不住吧！你靠眼耳鼻舌身得到的感觉不可靠啊。

他说，只有理性才靠谱。蜡块受热融化了，由白白的块状物，变成半透明的流体，样子全不同，可理性依然聪明地断定，它是蜡，它还是蜡，"只有我的心灵了解它"。理性才能认识真相，理性才忠诚可靠。

理性有俩好哥们儿，大哥理性直观，二哥逻辑演绎。

大哥理性直观最可靠，它"完全是从理性的光亮中产生出来的"；二哥逻辑演绎也不差，"演绎也永远不会被我们弄错"。只有它哥儿俩才最有资格发现真理。笛卡尔说："这两条途径是获得知识的最可靠的途径，在我们的天赋能力方面，任何别的能力都不应被接受。所有其他的途径都应当看作是有危险的、容易发生错误的。"

理性直观大哥要比逻辑演绎二哥更强，大哥比二哥更简单直接，大哥可以直接从人心获取不证自明的真理。

说到这儿，那你要问了，人心上哪里来的真理？

笛卡尔半闭着眼说，真理是人在出世前，上帝他老人家印在人心上的。数学公理、逻辑法则以及上帝观念均为"天赋观念"，一切真理皆由天赋观念推演出来。

这个就叫做"天赋观念说"。

绕了好些弯子，终于把沉思帝笛卡尔这点儿事儿说完了，大家喝口咖啡歇口气吧。

笛卡尔的沉思很有意思，在哲学里头，他大刀阔斧闹革命；在社会生存中，却恪守谨慎小心之道。

他给自己规定的行为守则：服从王法，笃守教条，遵循中道，远离极端。

他还有句劝世名言："始终只求克服自己，不求克服命运，只求改变自己的欲望，不求改变世界的秩序。"

罗素赞誉他是"近代哲学的始祖，他是第一个禀有高超哲学能力、在见解方面受新物理学和新天文学深刻影响的人"。

# 第二章
# 磨镜哲学家

德国伟大诗人歌德说，自己只读了一遍斯宾诺莎的《伦理学》就完全叹服了。

这正是他心灵渴望已久的哲学，他发现了那深刻的训谕："我们必须接受大自然对我们的制约。"从此，这种哲学便渗透到歌德的诗歌和散文中。斯宾诺莎平静的气息，使歌德超越了浪漫主义的狂热，在晚年获得古典主义的宁静。

在英国，华兹华斯以精美的诗句，讴歌尼德兰哲学家斯宾诺莎的深邃："它的居所是瑰丽的晚霞，是和风，是大海，它翱翔于蓝天，又深藏于心灵；它是运动，也是精神，它驱动一切思维和思维的对象，在万物中运行。"

人类秉性，古来如此，有捧的，就有踩的。

斯宾诺莎生为犹太人，族人却把他驱逐出犹太教，基督教徒对他同样恨之入骨。尽管他的全部哲学贯彻着"神"这个观念，仍被斥责为无神论者。他死后，有整整一代人都憎恨斯宾诺莎这个名字，甚至当他在世和离世后的一个世纪，仍被看成是坏得可怕的人，就连休谟也称他的理论是"可憎的假说"。

然而，爱恨都不能改变斯宾诺莎哲学的伟大，在他身后许多哲学都渗透了他的思想。单就他的"自我保存的努力"之说，便衍生了费希特的"自我"、叔本华的"生命意志"、尼采的"权力意志"和柏格森的"生命冲动"。难怪德国剧作家莱辛说，人们提起斯宾诺莎好像是在提一条死狗，可在自己思想成熟后，就始终是一个斯宾诺莎主义者，他断言："在斯宾诺莎的哲学以外不存在其他任何哲学。"

说真的，斯宾诺莎真了不起，他年纪轻轻就创立了自己的哲学体系，到他 45 岁去世时，已名满天下了。有人用《旧约·传道书》中的一段话来评论斯宾诺莎："第一个人不能完全读懂他，最后一个人也不能完全理解他，因为他的思想比海洋还宽广，他的智慧比海洋还深邃。"

## 被放逐的哲人

巴鲁克·德·斯宾诺莎（1632—1677 年）擅长打磨镜片，以磨镜为生，生活困苦，但这并不影响他成为西方近代唯物论、无神论、唯理论的杰出代表和十七世纪尼德兰最伟大的哲学家。

斯宾诺莎哲学以本体论为基础，以认识论为手段，最终的归宿则是伦理学；斯宾诺莎哲学的根本目的是追求人的自由和幸福，以达到至善和神人同一的至上境界。

在聊斯宾诺莎的哲学之前，照例先说他的身世。

斯宾诺莎家族早先住在葡萄牙，后来受宗教迫害逃到尼德兰。

十六世纪末，西班牙由腓力二世统治。腓力二世自命不凡，搞出很多大动作，他跟奥斯曼帝国海军死磕，终获惨胜；他娶过英国女王血腥玛丽，俩人同心同德搞宗教迫害；他把葡萄牙强并入西班牙；他和血腥玛丽的继承人伊丽莎白较劲，1588 年夏季派出无敌舰队远征英国，大败而还。腓力二世如此折腾，把西班牙的家底全都败光，西班牙从此一蹶不振。

腓力二世狂热且贪婪，他属于狂热的天主教派，同时，他对犹太人积累的财富垂涎三尺。他为了打仗到处借钱，欠下几辈子也还不完的债。于是，他大搞宗教裁判，借着打击异教徒，趁势大肆掠夺犹太人的钱财。1580 年后，葡萄牙也归西班牙管，腓力二世把葡萄牙犹太人的日子也搞得很难过。

斯宾诺莎家族眼明心活，觉知在葡萄牙活下去很难，他们也随着犹太人的逃亡潮，坐船逃出葡萄牙，来到尼德兰。

尼德兰的意思是"低洼地带"。1581 年，尼德兰与腓力二世签订合约取得独立，成立了共和国。尼德兰人搞自由贸易港，来来往往各族各教的人都来这里做买卖，尼德兰对五花八门的宗教教派宽容许多。1598 年，犹太人在阿姆斯特丹建起了第一座犹太教堂。

各种价值创造要素因缘际会，孕育出尼德兰的鼎盛。

上万条商船，为尼德兰人带来了"海上马车夫"的名头，自由贸易港的大宗物资贸易，东印度公司豪夺而来的滚滚红利，大量人口涌入，尼德兰成就了迅速崛起的奇迹，这里出现了公司，甚至出现了世界上第一家股票市场。在这样朝气蓬勃的尼德兰，犹太人小心翼翼地呵护着自己的和平生活。

1632 年，斯宾诺莎在尼德兰诞生。此时，斯宾诺莎的老爹已非当年背井离乡的流亡者，他在商业上算作成功人士，多多少少实现了财务自由。老斯宾诺莎如同其他犹太人一样重视教育，一直供养儿子上学。

孩提时代，斯宾诺莎在犹太教会学校上学，学习希伯来语、旧约圣经和犹太经典。毕业之后，斯宾诺莎师从学者恩德学习拉丁文学。通过拉丁文的学习，他开始接触欧洲古代和中世纪的文化遗产。他似乎研究过苏格拉底、柏拉图和亚里士多德，但他更喜欢那些伟大的原子论者德谟克利特、伊壁鸠鲁和卢克莱修，斯多葛学派也在他脑海留下明显的印记。另外，他还学习希腊语，又阅读布鲁诺、培根、霍布斯、笛卡尔的自然科学和哲学著作。他还读了经院哲学家们的作品。通过不断的学习，他不但掌握了哲学术语，还掌握了运用公理、定义、命题、证明、附注、推论等阐述自己观点的方法。

斯宾诺莎属于学霸式的人物，犹太教的长老们曾视他为犹太教信仰的希望。

学习令他思想精进，然而他却对神学产生怀疑，觉得犹太教教条不可信。1656年，他被指发表异端言论。犹太教会长老们质问他，是否说过一些大逆不道的话，包括"上帝也许有一个形体，天使也许是一种幻象，灵魂也许仅仅是生命，《旧约》根本就没提到过永恒的存在。"

犹太教会咄咄逼人，形势大大不妙，斯宾诺莎仍然坚持怀疑。

他受了多年犹太教学问的教育，教内神圣经典的话稔熟于心。明明那里头有些话前后矛盾嘛，怎么不让人起疑。他怀疑那些神圣经典，令犹太教会很恐慌，而且他说得颇有道理，谁也说服不了他。

于是，就有人跟斯宾诺莎说，如果你不宣扬你那些怀疑，可以每年给你一千个银币。

什么嘛？为了钱就不讲真话，那不是斯宾诺莎的作风，他一口回绝了。

斯宾诺莎固执己见，犹太教会的长老们肝火大动，他们祭出了

"绝罚令"，对斯宾诺莎启动了最强力的"极端大开除"。

教会长老宣告，他们在确知斯宾诺莎的邪恶言行之后，曾采取各种方法尽力使他迷途知返，但他不仅不思悔改，反而更加猖獗，不断宣扬和传播异端邪说。许多忠诚的人证实斯宾诺莎渎神，罪行证据确凿。于是，他们发布教会的公文诅咒他：

"遵照天使的意愿和圣徒的判决，我们驱逐、憎恶、诅咒并抛弃巴鲁克·德·斯宾诺莎，全体教徒一致同意，以圣书的名义对他宣告律书上所有的诅咒。让他日夜受诅咒；外出受诅咒，回家也受诅咒。

"愿主永远不再宽恕和承认他；愿主的怒火将他烧毁，从世上所有的地方抹去他的名字；愿主使他的罪恶与以色列所有支族脱离关系，将律书中所有的天谴都加在他身上。

"愿所有服从上帝的人今天都得到拯救。在此郑重告诫全体信徒，任何人都不许与他交谈、通信，或者帮助他；任何人都不许与他住在一起，不许靠近离他四腕尺以内的地方，不许阅读他口授或书写的任何文件。"

在宣读绝罚令时，一支大号角不时发出悠长的哀鸣，燃烧的蜡烛被一支支吹灭。随后，会堂里所有的人都置身于一片黑暗中。

这便是犹太教的象征主义手法，寓意被开除教籍者精神生命泯灭。

1656年7月27日，他被逐出犹太教。

如同关汉卿《不伏老》中的自喻："我是个蒸不烂、煮不熟、捶不匾、炒不爆、响珰珰一粒铜豌豆""你便是落了我的牙，歪了我的嘴，瘸了我的腿，折了我的手，天赐我这几般儿歹症候，尚兀自不肯休！"

斯宾诺莎温和而坚定，他勇敢而平静地接受了被驱逐的命运，他说："这件事不能迫使我做任何我不愿意做的事情。"

本来，斯宾诺莎的父亲像中国神童方仲永的爹一样，指望他依仗希伯来学问出人头地，没想到儿子会落个这样的下场。父亲晓得绝罚令的厉害，谁要搭理斯宾诺莎，都要遭到厌弃，所以不得不催促他赶紧离家。他姐心中则暗自得意，私底下偷偷算计着怎么拿走他那可怜的继承权。

斯宾诺莎被开除教籍不久，便遭遇到了危险，一个狂热的犹太信徒想杀死他"为教除害"。有天晚上，斯宾诺莎正在街上走，那个家伙突然扑过来，拔出匕首直刺他的喉咙，他的脖子被刺中了，血"哗"一下就流了出来。还算斯宾诺莎命大，他飞也似地跑开，才逃过一劫。

斯宾诺莎有一副好脾气，小白兔式的温和，人家脾气好可也不能这样下毒手吧，那些家伙如此下三滥，硬是把他逼急了，要知道温柔也是有边界的。当然，哲学家怒发冲冠，也不会像《复仇者联盟》的绿巨人浩克，爆出绿色老拳，把他们揍扁，但他也立马报仇，狠狠地把那个家伙咒骂了一通。

## 咬住自己尾巴的蛇

一个 24 岁的书生，面临犹太教会最严厉的绝罚令，还有性命之忧，哲学家难道真的无法安身立命了么？

真正有智慧的哲学家不迂腐，风口浪尖上的斯宾诺莎隐姓埋名潜伏下来。他把自己的名字巴鲁克改成了贝尼迪克特，他悄悄来到阿姆斯特丹城外一个僻静之处，租了个阁楼住下来，房东夫妇人很好，他们相处融洽。

起初，他在恩德老师的学校里教了一阵书。后来，他觉着打磨光学镜片更适合他，成了一位磨镜哲学家。我常想，他为啥不愿当教师，反倒愿意做体力劳动，寻思半天，估计孩子们活泼好动，很难让人安宁沉静，镜片不会吵吵闹闹，而且打磨镜片主要靠手法，大可以一边打磨一边思考他的哲学。

他打磨镜片的手艺不错，这个要拜犹太传统所赐。在犹太人社会里，光会读书修炼品德可不成，犹太教规要求每个人都必须掌握一门手艺。

真是家有万贯，不如薄技在身呀！

那时候，在斯宾诺莎的社交网络里，能找到一份真心友善的对待相当不容易。所以，他很黏房东。1660 年，房东搬到莱茵斯堡，他也随之搬到那里。

他的镜片做得很好，可他并不总做镜片卖钱。他太爱智慧了，他不想花太多的时间用在赚钱上。他仔细计算每个季度的账目，以便手中的钱不多不少正好够花到年底，他自嘲说，自己像一条咬住了自己尾巴的蛇，到最后一个子儿也剩不下。

日子清苦，可他在理性思考中自得其乐，他过简朴的生活，时时刻刻都在思考。有时候，他宅在自己的房间里，一待两三天，不见外人，所用简餐都请人送到房间。他说："尽管我有时会发现靠我天生的理解力所获得的成果并不实惠，但我感到十分满意，因为我喜欢这样做，它给我带来了安宁和愉悦，使我不用生活在悲叹和忧虑中。"

贫穷的生活困不住他，他能够自由地思考，按照中国古代君子的标准，斯宾诺莎属于贫而不困，手无余钱是贫，没招使、没咒念才是困。

他物质欲望简单，一生当中对金钱淡漠。他的一个富商粉丝，名叫弗里斯，坚决要求赞助他，后来甚至要把自己的丰厚遗产捐赠他。倘使这事发生在现今，那些四处推销性命双修的伪"仁波切"，遇上此等赞助供养好事，早已眉开眼笑，慌不迭答应了。斯宾诺莎却说服弗里斯，将财产留给弗里斯的弟弟。这位富商去世后，人们发现他在遗嘱中仍吩咐每年给斯宾诺莎200银币。斯宾诺莎推辞说："大自然并无过多要求，我也是如此。"最后，他被说服接受150银币的年金。后来，法国君主路易十四表示要给他一笔丰厚的年金，不过路易十四却暗示，要斯宾诺莎把下一部著作题献给他。斯宾诺莎不爱钱，他不卑不亢，谢绝了。

有一次，一位声名显赫的大官前来看望他，大官见他敬重的哲学家，居然身着一件皱皱巴巴的破旧睡袍，有些吃惊，立马表示要送他新睡袍。斯宾诺莎笑笑说，一个人并不会因为有了一件好睡袍而变得更有价值；同样，给一钱不值的东西加个昂贵的包装也极不合理。

不过，斯宾诺莎不追求华丽包装，倒也不崇尚犬儒派的丐帮作风，他说："使我们成为哲人的并不是邋遢的外表，故意不修边幅的外表恰恰证明了精神的贫乏。在这种人的头脑里，真正的智慧完全没有容身之地，科学也只能在这里遇到混乱。"

要说斯宾诺莎也有花边新闻，他也年轻过，也犯年轻人会犯的"错误"，会爱上美丽的女孩子。那时，他中等身材，长相清秀，皮肤有点黑，一头深色鬈发，双眉浓密，模样真不赖。年轻的他迷恋上了自己老师恩德的女儿。那女孩子美丽并爱钱，当有钱人带着昂贵礼物来求婚时，斯宾诺莎只好靠边儿站了。没有了爱情，只能爱智慧。大概失恋是哲学家的清醒剂吧，所以你看到很多哲学家都没老婆，比如柏拉图、笛卡尔、莱布尼茨、康德。你要晓得，没老婆孩子是这些哲学家的优势，若有个成天爱买名牌衣服、名牌化妆品、名牌包包的老婆，加上要上贵族学校的娃，再看自己的干瘪钱囊，怎不会眼红首富多金。一旦心系钱财，哲学很容易就搞丢了。不过，要说娶媳妇跟成为哲学家也并不全然矛盾，你看人家黑格尔、人家费尔巴哈，老婆帮哲学家好大忙，所以事因人而异。

斯宾诺莎喜欢的女人有过一个，喜欢过的哲学家有一群。

要说他最喜欢的，要算笛卡尔了。他喜欢笛卡尔的哲学精神和方法，还想着法儿解决笛卡尔留下的心物二元矛盾的问题。为破解笛卡尔苦恼的身心二元论，他以几何学方法构造一个完整严密的哲学体系，这个你在后文会看到。

有信念的哲学家，坚持研究，坚持写作。一位伟大的哲人曾经说："如果拿破仑像斯宾诺莎那样明智，他也会住进阁楼里写出四本书来。"

这话说得真好，天龙先生都在向斯宾诺莎学习哩，决定十年磨一剑，磨出一套大白话版本的西方哲学呢。

## 心灵与自然一体

斯宾诺莎寿命不长，生前出版了两部著作，一部是1663问世的《笛卡尔哲学原理》，另一部是1670年匿名出版的《神学政治论》。他去世之后，友人和学生将他的《伦理学》《知性改进论（未

完稿)》《政治论(未完稿)》以及一部分书信收集出版,命名为
《遗著集》。不久,书被尼德兰当局查禁,直到十九世纪初才重版。
另外,在十九世纪的五六十年代,经过考证,又发现了一部他大约
写于 1662 年的早期哲学著作《神、人及其幸福简论》。

在这些著作中,斯宾诺莎历经十多年完成的《伦理学》当属其
代表作。1675 年,斯宾诺莎准备出版他的《伦理学》时,突然听到
一个消息,伺机害他的某些神学家打算到公爵和地方法官那里去控
告他,说他将要出版的书中竭力宣扬没有上帝。斯宾诺莎一看不妙,
即刻推迟发表作品。这一等就过了两年,当 1677 年《伦理学》面
世时候,他已死去了。同时出版的还有他的一篇没有完成的《政治论》
和《论虹》。

我觉着这是很聪明的作法,留得青山在,不怕没柴烧,斯宾诺
莎何必与比他强大的社会暴力机构死磕?要知道,即便中世纪已经
过去,可出版异端言论依然危险。1668 年,一位叫阿德里安的人,
由于发表了与斯宾诺莎相同的观点,就被判十年监禁,服刑才十八
个月,大约因为和囚徒们玩"躲猫猫"之类的游戏,不小心死在狱中。

斯宾诺莎内心坚定,他发现了哲学的秘密。为此,他不惜放弃
了一切人世间的"快乐"。

他说,日常生活中的一切都是虚幻的。他发现,他所害怕的和
害怕他的一切事物,除了能够影响情绪之外,本身并无善恶可言。
于是,他决心去探索一下到底有没有真正的善,并能将这种善传给
别人,使人受其感染而排除一切杂念。也就是说,他决心试一试自
己能否发现并获得那种本领,它可以使人永远享受至高无上的幸福。

他也看到了荣誉和财富给人带来的诸多好处,他知道,如果他
真要努力去研究哲学,就不可能得到财富。不管是金钱还是荣誉,

人们得到的越多，就越快乐，就想得到更多。然而，假如人们发财的欲望遭受挫折，心里就会产生极大的痛苦；对名声的追求也是如此，为了获得名声，就必须迎合别人。只有热爱永恒和无限的事物，才能使人在得到快乐的同时不怕所有烦恼和痛苦的威胁。

最大的善，就是认识到心灵与自然本是一体。

人获得的知识越多，就越能理解自身的力量与自然的秩序，就越善于运用自身的力量并为自己立下规则。人越能理解自然的秩序，就越能使自己从无用的俗念中解脱出来。

那么，人，应该如何生活呢？

斯宾诺莎制定了一套极简行为规则，我以时下大行其道的列"清单方法"，把它们呈上：

用人们理解的方式说话。

为人们做一切不背离我们目标的事情。

只享受那些有利于健康的生活乐趣。

不贪财，金钱能维持健康和生命即可。

不媚俗，只遵守那些与我们事业不冲突的习俗。

他一生都遵循了这些极简主义原则。

在西方，学问归学问，人品归人品，学问和人格分离并不奇怪，这是有传统的。你大概还记得《很哲学，狠幽默》第一部里有位古罗马哲学家塞涅卡，这位老兄大谈"肉体的快乐微不足道"，但私底下搜刮聚敛无数财货，他还振振有词："如果我的生活完全符合我的学说，谁会比我更幸福呢？"西方传统上很少有王阳明那样"知行合一"的哲学家，他们的哲学主要是忽悠别人的，就像贪官污吏口口声声讲，要做廉洁自律的清官好官。

所以，斯宾诺莎一生坚守自己的规矩，就显得特别珍贵，成就了高贵品质的美名，为世人敬仰。

1673 年，海德堡大学邀请斯宾诺莎担任哲学教授，并保证给他最完美的思想自由。不过信里同时带了巴拉丁亲王的话，说巴拉丁亲王殿下深信，斯宾诺莎不会滥用自由，唤起民众怀疑本国国教。

斯宾诺莎回信道："如果我曾有过到某个学府充任教授的愿望，那么，巴拉丁亲王殿下通过您发来的邀请将使我获得极大的满足，而且这一邀请由于保证了思想自由，使我觉得更加珍贵……但是，我不知道这种自由具体的极限在什么地方，所以难以确保不触犯贵国既定的国教。"言下之意，这事儿，我看算了吧！

斯宾诺莎的父母都曾患过肺病，他自己也未能幸免。那狭小的生活空间和灰尘弥漫的工作环境，令他呼吸越来越困难，肺病一年比一年严重。他知道自己会早逝，他对此并不悲哀。他只担心自己生前不敢出版的著作，会在死后遗失或被毁。他把手稿小心翼翼锁进小书桌的抽屉里，把钥匙交给房东，请求他在自己死后，将它交给阿姆斯特丹的出版商朋友。

斯宾诺莎有句名言："自由人最少想到死；所以他的智慧不是关于死的默念而是关于生的沉思。"他极彻底地实践了自己的这句箴言，他在活着的最后一天，完全保持镇静，如同在任何旁的日子，照常叙谈。

1677 年 2 月 20 日，这位哲学家躺在他朋友的怀里离开了人世。当他离开这个世界，人们为他送行，浩荡的群众队伍到墓地纪念他，他的盛名为敬仰他的人所赞颂。

## 斯有"三宝"

斯宾诺莎的哲学体系由本体论、认识论和伦理学三个部分组成。其中，本体论是基础，认识论是手段，伦理学则是最高的目的。他的哲学具有浓厚的伦理学色彩，哲学的目的在于道德上的至善，即达到人生最高的完满境界。

我们先从他的本体论说起。

在西方古典哲学中，哲学家会尝试理解事物的终极意义，即从表象中寻找"实体的本质"。

什么是从表象中寻找"实体的本质"？

普通人看到东西，不过肉眼凡胎所见，看到表面现象。哲学家嘛，总要高人一等，他们会"看到"现象之后，他们认定现象后边必有古怪作妖，这古怪东西，即所谓"实体"，它才更实在、更真实，讲明了真相。总结一句话，凡人所见现象而已，哲人所知"实体"是也。据此，亚里士多德在史上首创"实体说"。

就一般而言，实体就是内部存在的本质，就是永恒不变的存在，其他一切只不过是它的形式，因为你研究这些背后的东西，你才配称研究形而上学。只不过，提到"实体"会有不同理解，唯心主义者所说的"精神"，唯物主义者所说的"物质"，在形而上学里都算实体。马克思主义哲学认为，所谓实体就是永远运动着和发展着的物质。

对于唯理论哲学家来说，本体论乃是哲学的命根子，唯理论哲学最重要的部分，堪比烤串吧里的至尊烤羊宝，他们的本体论通常就是关于实体的学说。

在斯宾诺莎的唯理论哲学体系中，有三个极为重要的术语："实体""属性""样式"。

在天龙先生讲给小女儿的哲学童话里，这斯宾诺莎的老三样便是"吉祥三宝"：太阳宝实体、月亮宝属性、星星宝样式。太阳宝具有神奇的本领，光凭自己一身正气地屹立在那里，就宝光四射，可以被呈现出来。能映现太阳宝的自然是月亮宝了，月亮宝展现太阳宝的本质。星星宝则是太阳宝发射出来的星星点点的幻彩光亮，虽然瞬息湮灭，可那却是太阳宝绽放的多彩烟花……

这么云山雾罩地讲斯宾诺莎哲学，恐怕会把大家给说迷糊了，还是稍微把浪漫思绪往回收一收！

斯宾诺莎说，"实体"是在自身内并通过自身而被认识的东西，"属性"即实体的本质，"样式"是实体的特殊状态或具体表现形态。

这些哲学术语貌似很深奥，我们用通俗的方法说道说道。

◎ "太阳宝"实体

哲学家挺麻烦的，你看过前面的高超理论，你懂的。他们说理论，讲道理，滔滔不绝。可你却茫然如坠五里云雾，因为他们用的词，样子差不多，即便是同样一个词，你也要万分小心，你要先看他怎么定义它，就像你去著名旅游景区饭店用餐，看他海报招贴上分明写了"大虾38"，你一定要弱弱地问商家，是一只虾还是一斤虾，用美元结算还是人民币结算，这叫"先说好，后不恼"。

你要知道哲学家和商人在这里奇妙共振，虽然词用的是同一个，但他会说，我说的东西，跟你日常说的东西可不是一个东西。

出现这种状况，怨不得斯宾诺莎，他只好用经院哲学的词。发明一套新词出来也不是那么容易，比如曾经风靡的人造语言"世界语"，横空出世，脱离了现实生活的土地，很容易就被丢到世界之外了，再没人用，再没人懂。搞哲学往往得用旧瓶装新酒，以免人们没醉就先迷糊了。

笛卡尔也要拿实体说事，他给实体下定义：实体是在自身内并通过自身而被认识的东西。

这句话说得别别扭扭，实在费解。

我用简单直白的话给你说说吧，"实体"就是这样一个东西，它不依靠别个东西，就依靠它自个儿，就能在人心中形成对它的认识。斯宾诺莎所说的实体实际上包括神、心灵和物体，这是后话，此处不展开讲了。

斯宾诺莎在《伦理学》中经常称实体为神或自然。

要知道，斯宾诺莎所说的神，并非基督教的神。斯宾诺莎的"神"和你我日常说的"神"不一回事，正好比蠕虫是小鸡的美味，却不是我的；他丢过来的面包可能正是砸破神学家脑袋的砖头，小心哦！

他说："神，我理解为绝对无限的存在，亦即具有无限'多'属性的实体。宇宙间只有一个实体，或说，只有一个神，除了神之外没有任何实体。"

这话你细品，他说宇宙间别无实体，只有一个神，那宇宙里那些形形色色的物体，无论什么那都是神的体现了。所有的东西都是神，神是所有的东西，这是典型的泛神论啊！所以，尽管斯宾诺莎说自己不是无神论，可还是被犹太教和基督教视为无神论。在那时候，信神至关重要，人们至少要表示一种信仰来皈依和敬畏。彼时，无神论和不讲道德无底线被看作一类货色，说他人为无神论者，几乎就是在骂人了。

斯宾诺莎不管那么多，继续饶有趣味地论述他的实体论。

他说，实体是唯一的。

这个话斯宾诺莎耐心地给我们论证了一番。

他说，因为如果实体是多，那么众多实体必有众多的本质。众多的本质，或者相同，或者不同。如果本质相同，那么它们实际上就只是一个实体。如果本质不同，这就意味着有"多个不同本质的实体"，这是不可能的：因为有"实体本质"的就是实体，不具有"实体本质"的就不是实体。

你还不明白？

你仍坚持，硬说此"实体本质"之外，还有好多其他本质。好吧，就继续掰开了揉碎了给你讲。

这多种本质你是区别于"实体本质"的，否则你不能说它是多个，对不对？既然这些本质不同于"实体本质"，我自然可以得出结论，你说的所谓实体是不具有"实体本质"的东西，进而，我们就不应该把它算作实体。你这种固执的想法，会推导出自相矛盾的结论，不能成立。所以，我们无法想象有不同的实体。

你听到这里，你还不信服？

再进一步给你讲一讲。你想想看啊，道理很简单，实体的本质是什么？"在自身内并通过自身而被认识"，对吧。这个本质意味着，你所谓不同的实体，它即便有，你也不可能认识，因为能被认识的只有实体。你说还有样东西，你声称它是实体，它的本质与斯宾诺莎的实体本质不同。既然如此，那你口中的"实体"就不是"在自身内并通过自身而被认识"的了。好了，你既然无法认识它，那我们只能当它不存在了。

上面这些话很绕脖子，容易让人蒙圈，你可能有点信了，但还不放心，会追问，那请斯宾诺莎先生说说这个唯一实体是怎么个样子？

他说，实体是自因的。

实体本质是"在自身内并通过自身而被认识的东西"，它的存在必然地由它的本质得到说明。因此，也不需要任何别的东西来说明，"换言之，它的本质必然包含存在，或者存在属于它的本性。"实体不可能由别的事物所产生，因此它的存在既没有开端也没有终结，必然是永恒的存在。所以说，实体必然存在，而且永恒存在，它不能为任何别的东西所产生，实体独立自存，自己说明自己，它自己就是自己的原因。

他说，实体是无限的。

如果它有限，必然有别的实体限制它，那就在说不止一个实体，前面讲过了，实体只有一个，它只能是无限的。如果你觉着这个说法牵强，给你另一种说法：如果实体是有限的，那么它的部分存在就被否定了，但是，实体是自因的，它的本质即包含存在，否定它的存在是不可能的，因而给它设限是不可能的，它只能是无限的。

你看，斯宾诺莎的推理多有意思，就像几何学，先给你一个点，从点画出线，由线形成面……依照定理，一步步推导出这么多有趣的说辞来，真像一个太阳发出万道光，然后"日"映万川。

◎ "月亮宝"属性

"属性"是构成实体本质的东西，所以它与实体如影相随，永远在一起。实体有无数的属性，这些属性都存在于同一个实体之中，这些属性本质上都是同一个东西，一个属性不能够产生或限制另一个属性。

你不要觉着斯宾诺莎在梦中呓语，他可不像神，神开口便说："要有'光'，就有了光，神看光是好的，就把光暗分开了"。哲学家不那样随性说话，斯宾诺莎的话都要精心求证，仔细推敲，用他的哲学公理证明过，故而"杠杠"地有根据。他讲论"属性"的这些话，都有来由的，前面他谈实体，说过实体唯一、实体自因、实体无限，"属性"即是实体本质，即"在自身内并通过自身而被认识"的性质，自然可得出上面"属性"这些推论了，我暂不解说，你仔细揣摩下。

我们继续，斯宾诺莎认为，我们人类认识能力有限，光知道两个属性，"思维"和"广延"。你若按本书的顺序读咱的书，一定看过笛卡尔哲学，对于"思维"和"广延"必不陌生，沉思帝笛卡尔那里，这是两个实体靠松果腺链接起来，但是他还是没从根本上解决思维、广延的关系问题（它两个到底谁决定谁，把谁定于一尊），故而，他的"二元论"的小辫子，让人揪住不放。

斯宾诺莎的实体说就要把这个"二元论"问题给解决掉，给它归结到一个"神"上来，他的实体论有两项"注意"。

首先注意！这里说到"思维"和"广延"两个属性，其实它们两个是同一的，即"思维与广延同一"。

这个太费思量了吧，前头说有"两个"属性，后头又说二者"同一"，你究竟是"一"还是"二"呢？你昨晚上饮酒，觉着夜郎古家的老酱酒比飞天茅台还好喝，贪杯过量，现在还没酒醒呢吧。

你别急，且听我慢慢道来：

通过"思维"属性，或者通过"广延"属性，皆可了解实体。可是，你还记得吧，实体只有一个，不管"思维"还是"广延"，本质上都是唯一实体的属性。

实体"广延"属性表现为"广延"的样式，而"广延"的样式与关于这个"广延"样式的观念，二者亦同一。

这就让人奇怪了，它两个样式怎么就同一起来？

斯宾诺莎说，"观念的次序和联系"与"事物的次序和联系"相同。所以，或者借"思维"这一属性，或者借别的属性来认识实体，我们总会发现同一的因果次序或同一的因果联系。

还要注意！"思维"与"广延"各自独立，并不相互限制。

道理何在？

说明白这理儿，先把斯宾诺莎哲学的金科玉律晒出来：性质相同的东西才能相互作用，好似英雄好汉惺惺相惜；不同性质之间不起作用，如同热脸贴上冷屁股。另外，骡子生不出驴驹子，一个属性也不能产生另一个属性。

很显然，"思维""广延"不同类，相互之间不能发生直接关系，像中国古语所言"道不同，不相为谋"，他俩谁也治不了谁。这个理儿套在人身上说事儿，即斯宾诺莎"心物平行论"，心灵即"思维"，身体即"广延"，身体不能决定心灵思维与否，心灵也不能决定身体变化。这个可能看上去不着调，按照斯宾诺莎的说法，咱把手抬起来，与我想抬起手来这一观念，相互之间并没有因果关系，它们只不过是同时发生的。因为它们是同一物的两面，心物同时发生，所以，总是一致。你或以为是心灵指导了行动，或以为行动为心灵的照相，都不对。心灵与身体乃是同一的东西，不过有时借思想的、有时借广延的属性去理解罢了。

斯宾诺莎的哲学思考，想把笛卡尔的思维实体和广延实体降低为实体的属性，来化解笛卡尔的二元论。他坚持不同性质的东西不能相互影响，思维与广延之间的矛盾并没有因此彻底解决。

◎ **"星星宝"样式**

斯宾诺莎给样式下定义说："样式，我理解为实体的分殊，亦即在他物内通过他物而被认知的东西。"

"样式"短暂地存在于现实之中，是永恒实体的表现形式。有各种各样的形式，可以为物体，亦可为事件，比如说你的身体、思想、星球，等等。

重要的事再说一遍，这个藏在样式之后的永恒的现实是什么呢？是实体。宇宙间只有一个实体，我们所见万事万物都是这个实体的特殊表现形式。

样式的特点：他因的、有限的、可分的、暂时的和杂多的。

无数的样式，彼此互相依赖，存在于实体之内，并通过实体而被认识。世界上的一切事物虽多，可它要么属于思维属性的样式，如个别的思想、观念、情绪、情感等，要么属于广延属性的样式如一切具有广延的物质事物。

实体与样式之间的关系是一般与个别的关系。实体为一般性，是根本；样式为个别性，是一般性的具体表现。实体和样式不可分离，一般性存在于个别性之中，个别性亦存在于一般性之内。

实体与样式之间的关系还是原因与结果的关系。自然之中，无一事物没有原因，因而万事万物都是必然的：自然中没有任何偶然的东西，其所以说一物是偶然的，除了表示我们的知识有了缺陷外，实在没有别的原因。

顺带说一句，样式在他物内，并通过他物而被认知，它是有限事物。因此，样式与样式之间的关系是有限的因果关系。

斯宾诺莎"吉祥三宝"的故事，也就是他的实体论，包含了他对世界的根本认识，这是他的哲学的核心。在他的实体论里，他俯瞰着整个自然。自然的一切物体，虽有极其多样的转化，但整个自然却不致有什么改变。由此，他得出结论："万物都预先为神所决定""一切事物都依必然的法则而出于神之永恒的命令"，而这个神就是自然本身。

## 指导心灵的原则

认识了实体，就认识了全世界，进而可以达到至善的最高境界，从有限进展到无限。

这个"果位"太诱人啦，说啥也要学一学。

圣人王阳明去世时说："我心光明，亦复何言。"

阳明先生说得太有道理了，人类若有一颗剔透玲珑的玻璃心，所有进入心灵的东西，也都清清楚楚、明明白白，到了这境界还需要说什么。

心灵怎样才能如此透亮？

首先，建立一个清楚明白的、自明的普遍概念，即真观念。

其次，以几何学方法为模型的理性演绎法进行推导，按照规范或规律进行推论，构成观念的体系。

斯宾诺莎的代表作《伦理学》由定义、公理、命题、推论、绎理等组成，构成了一个严密的演绎系统，几乎就像是一部几何学著作。

◎真观念

研究人怎么认识真理，就在讲认识论了。

在斯宾诺莎的词典里，真观念就是关于事物的本质的真理性认识。

说到"真观念是关于事物的本质的真理性认识"，你以为是真观念反映了事物本质？错！在斯宾诺莎哲学里，一个事物发生的时候，事物的观念同时发生，它们俩相互独立，"大雁回家各顾各"，观念与事物的本质之间并不存在反映与被反映的关系。

认识活动并不是从事物到观念，而是从观念到观念。当然，事物的次序与观念的次序一定是符合一致的。

观念与它对应事物的符合，通过真理标准来判定，真观念即真理标准。

斯宾诺莎说，除了真观念外，没什么更明白更确定的东西可作真理标准。正如光明之显示其自身并显示黑暗，"真理即是真理自身的标准，又是错误的标准。"

真观念本身是简单的或由简单的观念构成的，能表示一物怎样和为什么存在或产生，它是客观效果在心灵中，与其对象的形式本身相符合。

这种符合不是无中生有，它有靠山有来头。斯宾诺莎早已说过了，宇宙间只有一个实体，思想与广延是它的两个本质属性，而它们的特殊状态则构成了自然万物。因此，一方面人的心灵是神的无限理智之一部分，亦即有限的理智，因而是能够认识实体及其属性的；另一方面，尽管思想不可能影响广延，广延也不可能影响思想，但是两者作为同一个实体的属性是一致的，所以认识了观念的次序也就等于认识了事物的次序。

严格说来，实体是认识的唯一对象。

我们对实体的认识有两条路径，一是从神圣的自然必然性去认识，即对实体本身的认识；一是从实体的样式，即具体事物去认识实体。

◎**知识的区分**

听项目管理课时，老师讲过很经典的口诀："遇到问题先分解，解决问题求平衡，项目完成记下来"，想要把知识问题说清楚，把它劈成几块，各个击破。

斯宾诺莎解决知识问题时，采取了同样的战术。在《知性改进论》中，斯宾诺莎给知识分了分类，他把知识分切成四块："传闻知识"，由传闻或者由某种任意提出的名称或符号得来的知识；"泛泛的经验"，即尚未由理智所规定的经验知识；"推论"，这是由于一件事物的本质从另一件事物推出而得来的知识，这种知识并不必然正确，因为推论有可能出错；"直观"，纯粹从一件事物的本质来考察一件事物。在《伦理学》中，他声称直观知识是对事物的"永恒状态和关系"的认识，直观知识就是要找出事物背后的规律。

后来，他把四类知识归结为三种：

第一种是意见或想象，此类知识将"传闻知识""泛泛的经验"合并在内。这种知识是没有确定性的，更不能使我们洞见事物的本质。第一种知识是错误的原因，该把它们排斥出科学的领域。

第二种是理性知识，即由"推论"而得来的知识，如数学知识，是真知识。

第三种是直观知识，这是由神的某一属性的客观本质的正确观念出发，进而达到对事物本质的正确知识，是最高的认识。这种知识也必然是真知识，这种知识能够直接认识事物的本质而不至于陷入错误，并且为推论知识确立了出发点、前提和基础。斯宾诺莎认为，精通数学的人大多是通过这种直观的方法理解欧几里得的几何学的。同时，他也沮丧地承认，"直到今天，我用这种方法得到的知识仍然很少"。

在斯宾诺莎看来，直观和推理的能力是天赋的，我们由此而获得真观念，并且以真观念为前提进而获得了其他的真理。

人最初利用原始的天然工具制造了简单的工具，进而制造更精密的工具。认识也是如此。理智凭借天赋的力量自己制造理智的工具，再借这种工具充实它的力量来制造新的理智的作品，再由这种理智的作品进而探寻更新的工具或更大的力量，如此一步一步地进展，直至达到智慧的顶点为止。人们凭借天赋的认识能力（直观和推理）在心中首先建立起一个真观念，作为我们的天赋工具，作为认识的原始起点，逐渐形成作品，再制造新的工具……

这一系列过程就构成了知识的进步。

## 理性的道德

不管世人是否待见，斯宾诺莎的主要著作《伦理学》还是在1677年出版了，虽然那时他已去世。

斯宾诺莎主张一切事情全可证明，《伦理学》这本书里的讲法仿照几何学的体例，有定义、有公理、有定理；公理后面的一切都由演绎论证作了严格的证明。他说："当我写到人类时，我会像谈论线、面、体一样"。

他不带任何偏见的研究态度，使斯宾诺莎关于人性的研究取得了"有史以来伦理哲学家所达到的最全面、最卓越的地位"。他说："我一直尽力做到对人类的行为不嘲讽、不悲叹、不咒骂，而只求理解。为了达到这一目的，我从不把激情视为人性的缺陷，而只将其视为人的特性，正如热、冷、风暴、雷电等等都是大气的特性一样。"

斯宾诺莎的这本书难读，它的每一个命题、每一个章节，甚至看起来微不足道的一个假设，都与其他命题、篇章息息相关、连为一体，稍一疏忽，便如坠五里云烟，惹得一头雾水，不知所云了。

在斯宾诺莎哲学中，至善是认识的最高目的，人生的最高境界，也是它的最后归宿。

人在认识中达到"至善"或"真正的善"。此时，心灵与整个自然相一致，依照神圣的自然法则而生活，人从而实现自由。

斯宾诺莎的伦理学源自他的哲学。在他的哲学中，理性意味着从混乱多变的事物中找出规律；在他的伦理学中，理性意味着为混乱多变的欲望建立法则。哲学的理性是观察，伦理学的理性是"在永恒的形式下"行动。理性的价值就在于根据对全局的正确认识，来采取适当的行动。

理性之所以能帮我们更全面地认识事物，是因为它得到了想象的帮助。想象力能使我们预见到当前行动的后果。理智行为的最大障碍，就在于当前的感觉比我们的想象更加鲜活。

他说："只要心灵按照理智的指导去认识事物，就会对过去、现在和未来的事物产生一致的看法。"我们用理智和想象将经验变成预见，并成为我们未来的创造者，而不再是过去的奴隶。

◎美德论

人行为的目标是幸福，幸福可以简单地定义为：有快乐和无痛苦。

"快乐就是人从不完美的状态向完美的状态的转变""痛苦是人从较完美的状态向较不完美的状态转变"。当然，快乐并非完美本身。

"道德的基础就是人类保存自己的努力，人的幸福就在于他有保存自己的力量"，利己完全合理，是自我保存本能的必然产物，斯宾诺莎的伦理学基础是不可避免的、正当的利己。"既然理性不主张违反自然，那么它就应该承认，每一个人都应该爱自己，并谋取对自己有益的东西，他应该尽力维护自己的生存。"

品德和力量是一回事，美德就是某种行动的力量的增加，"一个人越有能力保持自己的存在并获得对他有益的东西，他美德的力量就越大。"

斯宾诺莎认为，一切美德都是不同形式的才能和力量，使人懦弱的道德观完全不可取。因此，悔恨也是一种缺点，"事后悔恨是加倍的不幸和双重的懦弱""一个最看不起自己的人最接近于一个骄傲的人"，谦卑没什么用处，它不过是阴谋家的伪善或奴仆的怯懦，它意味着力量的匮乏。尽管他并不欣赏谦卑，但他敬佩谦虚，他讨厌自负的人，因为他们"只说自己的优点和别人的缺点"，令人心生厌恶！

◎情感论

"情感是身体上的变化，这些变化能使行动的力量增加或减少；同时，情感是代表这些变化的观念"。

一种激情或情感本身并无好坏之分，关键要看它是增强还是削弱了我们的力量。令斯宾诺莎感到惊讶的是，世上竟有这么多的嫉妒、指责，甚至仇恨，它们会扰乱人心，使人与人之间出现隔阂。

斯宾诺莎相信，"憎"能够被"爱"克服，他说："憎受到憎回报则增强，但反之能够被爱打消。为爱所彻底战胜的憎，转化成爱；这种爱于是比先前假使没有憎还大。"他相信，只有爱，而不是相互仇视，才能克服恨；也许是因为恨本身就是一种离爱很近的情感。如果一个人发现他所恨的人爱他，他就很难再恨下去。恨别人就等于承认我们的无能和恐惧。当我们自信可以战胜对手时，就不会恨他的。"以牙还牙的人会生活在痛苦之中。但是，用爱去对付怀恨的人，却能愉快而满怀信心地进行斗争，并且不需要靠幸运之神的帮助，被他征服的人也会心悦诚服""心灵只能为伟大的灵魂所征服，而决不会向武力低头"。

斯宾诺莎看来，一切罪恶起因于无知，就像耶稣对杀害他的刽子手讲："父啊，赦免他们，因为他们所作的他们不晓得。"不过，斯宾诺莎会要你避开他所认为的罪恶本源——眼界狭隘，他会劝你即使遇到顶大的不幸，也要避免把自己关闭在个人悲伤的天地里；他会要你把罪恶和它的原因关联起来、当作整个自然大法的一部分来看，借以理解这罪恶。

斯多葛派的道德信条"莫关心你的朋友"是坏的，斯多葛派哲学家中有人说："哪怕我一家人受罪，对我有什么关系？我照旧能够道德高尚"，这种人的态度令人无法接受。基督教的道德信条"要爱你们的仇敌"是好的，基督教这信条无可反对，只不过对我们大多数人来讲太难，真心实践不了。

"激情"就是让人显得在外界力量之下、处于被动状态的那些情感。

斯宾诺莎只反对"激情"这种情感，受一个单独的激情主宰的生活是与一切种类的智慧皆难相容的狭隘生活。

理解一切事物都是必然的，这可以帮助精神得到控制情感的力量。如果某种情感是激情，我们对它一旦形成清晰、判然的观念，它就不再是激情。

"激情"是一种"不充分的观念"，理性是在问题的每个重要方面都已引起相关反应之后才出现的全面反应，它是一种充分的观念。本能是强大的动力，也是危险的向导。因为各种本能相互独立，只寻求自己的满足而不顾整体利益。比如它的贪婪、好斗、淫欲都会使人备受折磨，并成为自己本能的奴隶。"每天都刺激我们的那些情感只来自身体的一部分，这一部分所受的刺激大大超过了其他部分。一般来说，情感总是过度的，它会把思想固定在单一目的上，从而失之偏颇"。但是，由身体某个部分的快感和痛感引起的愿望，对于整体的人来说并没有什么好处。

人们在自己最有激情的时候，觉得自己最有能力自主。实际上，此时却是最被动的时候。人们卷入了某种代代相传的感情激流之中，不由自主地作出激烈的反应，这种反应只能认识到情况的一部分，此时人已离开了理性，就不可能看清全局。

他认为，正如没有理性顾全大局的激情是盲目的一样，没有激情的理性也是死气沉沉的。思想不应没有欲望之热，欲望也不应没有思想之光。

"一旦我们对某种激情形成了清楚的认识，这种激情也就不再是激情了。心灵受激情控制的程度，是由头脑中充分观念的多少决定的"。只有不充分的观念引起的欲望才是激情，而"由充分观念产生的欲望则是美德"。

◎自由论

激情的被动性是人类的桎梏，理性的主动性才能给人类以自由。自由并不脱离因果法则和过程，而只摆脱了偏执的激情。自由并不排斥激情，应该摆脱无节制的、片面的激情。

知识就意味着自由。因理性而善良的人，"并不想得到他们不想让别人得到的东西"。成为超人，并非不顾社会公正的原则和礼节，而是要摆脱纷乱的本能；伟人并非凌驾于他人之上的统治者，而是超越了蒙昧的欲望，能够驾驭自己的人。

这种自由比人们称之为自由意志的自由更加高尚，因为意志并不自由，甚至"意志"可能根本就不存在。然而，谁也不能因为自己不再"自由"，就对自己的行为不再负道德上的责任。

正因为人的行动由记忆决定，社会出于自我保护的目的，就会通过希望和恐惧使公民们形成一定程度的社会秩序和人际关系。一切教育都是以决定论为前提的，它们向年轻人的头脑里灌进许多禁令，希望以此来决定他们的行为。"邪恶并不因为它的必然性就不值得忧虑：无论我们的行动是否自由，我们的推动力都是希望和恐惧。因此，不给教训和克制留余地的说法是不能成立的。"相反，决定论可以改善人的道德生活：它教我们不要蔑视或嘲笑任何人，或对任何人发火，因为人是"无罪的"，尽管我们会惩罚坏人，但却不是出于仇恨，我们不恨他们，因为他们不知道自己干了些什么。

◎决定论

决定论使我们能够以同样平静的心情预料和面对好运和厄运，因为我们知道，这一切都是天意。也许决定论还教给我们"上帝理智的爱"，从而使我们愉快地接受自然规律，并在自然规律的范围内寻求自我满足。

相信天命的人虽然也可能反抗，但决不会埋怨，因为他知道，从全局来看，自己的幸运或不幸并不是偶然的，而只是世界永恒序列和结构的必然结果。这样，他就会将一切事物都看成永恒秩序和过程的要素，从而超越激情所产生的动荡不定的愉悦，达到平和宁静的境界。他会以微笑面对死亡，"不管是现在死去，还是再活一千年，他同样心满意足"。

这种哲学教我们肯定生活，甚至肯定死亡，"一个自由的人无视死亡的存在；他的智慧不是对死、而是对生的思考"。它用广阔的视野抚慰我们骚动的自我，它使我们安于受制约。它也许会使人无所作为、消极和懒散，但它也是一切智慧和力量的必要基础。

凡是人办得到的事情没有一件会使人长生不死，所以，为我们必然不免一死而恐惧、而悲叹，在这上面耗费时间徒劳无益。让死的恐怖缠住心，是一种奴役，斯宾诺莎说得对，"自由人最少想到死"。

《伦理学》结尾质朴而雄辩："关于征服情感的那种心灵之力，或者心灵自由的含义，我已经讲完了。从我所说的内容中可以清楚地看到，一个智者的天地是多么广阔，他与受欲望摆布的无知者相比是多么强大。一介无知的人，除了听任外部因素的摆布，他永远也享受不到心灵的真正满足。他虽然活着，却几乎意识不到自己、上帝和万物的存在。一旦他不再受摆布，他的生命也就停止了。相反，一个智者在精神上极少有动摇的时候。他凭借一种永恒的必然性意识到自己、上帝和万物的存在。他的生命永远不会结束，并始终享受着心灵的满足。也许我所指明的通向这个境界的道路过于艰难，但是，它毕竟还是能够找到的。"

## 政治学之殇

通过构造实体哲学，著述伦理学，斯宾诺莎的功力日渐成熟，他开始著作《政治学论》，只可惜，他的政治学研究由于他的早逝而中断了。

在斯宾诺莎的同代人中，霍布斯正在提倡绝对的君主专制；斯宾诺莎则简洁地阐述了一种政治哲学，表达了那个时代尼德兰对自由和民主的期望，这是卢梭和法国大革命思想潮流的一个主要源头。

斯宾诺莎与霍布斯政治学说大致一脉相承，他设想，人类曾一度在自然状态中孤独地存在，没有"罪恶"这一概念，人根据自身利益的得失来判断事物的善恶。孤独者没有足够的力量保护自己和取得生活必需品，出于相互需要，人类倾向成立社会组织，"人并非生来就是公民，但必须学会做一个公民"，由此形成自然的秩序，因此转变为公德。大多数人内心都潜伏着对法律和习俗的个人仇恨，人只是因为合作才产生了同情，最后导致了某种程度的良心。

个人将天生权利的一部分移交给有组织的团体，作为回报，他剩下的权利范围得到了扩大。整体的强权制约着个人强权，使个人权利的发挥不至于损害他人的平等权益。

完善的法律协调个人相互冲突的势力以避免毁灭，从而增强整体的权力。斯宾诺莎说，只要它还允许合理的抗议和讨论，只要它还承认和平改革的言论自由，我们就应遵守那些哪怕是不公平的法律。违背言论自由的法律将破坏它的自身，因为人们不会长久尊重那些不允许他们批评的法律。

国家的目标是自由。为使人们免于暴力危害，国家用暴力来约束人。完美的国家只限制公民之间相互破坏的那些权力，它剥夺自由的目的是为了保障更大的自由。他知道，权力甚至能使那些最坚定的人腐化，国家权力的范围由人的行动扩展到人的思想，将带来毁灭性的结局，他反对国家干涉教育。国家对思想的控制越少，公民和国家双方所得到的好处就越大。

无论哪一种国家政体，都能够被改造得"使每一个人都把公共利益置于个人利益之上，这也是立法者的职责"。

君主政体最有效，但会导致暴政。有人认为只有将全部权力交给某一个人，才有利于实现和平，因为没有一种统治像土耳其人的政权那样长久和稳定，也没有一种民主政体能够长治久安。如果奴役、残暴和死寂能被称作和平的话，那么人的命运就太不幸了！把全部权力交给一个人，只会导致奴隶制，而不会带来和平。

渴望独裁的人有一种论调：为了维护国家利益，国家的事务应该秘密进行。但是，越是打着公共利益的幌子，就越会导致残暴的奴隶制。宁可让敌人知道正当的计划，也不应该让暴君蒙蔽人民。秘密处理国家事务的人会成为独裁者。在战争时他们用阴谋对付敌人，在和平时期则会用阴谋对付人民。

最合理的政体是民主政体，因为"每个人的行动只受权威的控制，而不是自己的判断，就是说，人们知道不可能所有的人都有同样的观点，只要是多数人的意见就具有法律的效力"。

民主政体的军事基础应该是普遍兵役制，它的财政基础应是单一税制。民主制还需要在保证人人都有选举权的同时，最大限度地调动起人们的积极性。权力的平均分配会导致动乱，因为人天生就是不平等的，"在不平等中谋求平等是极其荒谬的"。

民主制的缺点是它很容易使平庸的人获得权力，除非只让有真才实学的人担任政府职务。人的数量并不能产生智慧，反而可能让那些投机钻营之辈获得权力，"大众的反复无常几乎使那些有学识的人陷入绝望，因为左右他们的不是理性，而是感情"。尽管有真才实学的人只是少数，但他们迟早会出来反对这种体制，"民主政体将会逐渐转变为贵族政体，贵族政体又会最终变成君主专制"。最后，人们宁愿要专制，也不要混乱。

在写到民主制这一章时，他与世长辞了。

在斯宾诺莎的哲学中，理性是认识万物的秩序；在他的伦理学中，理性是在欲望中建立秩序；在他的政治学中，理性是在人与人之间建立秩序。

## 最大逆不道的无神论者

有人曾经写信反对斯宾诺莎将神非人格化。

斯宾诺莎则引用古希腊怀疑论者色诺芬尼的观点回答说："你说如果我不承认上帝能看、能听、能观察、能思维等等，你就不知道我的上帝是何物。可见你不相信除了拥有上述属性的上帝之外，还有一个更加完美的上帝。我对此并不感到奇怪，因为我相信如果三角形会说话，同样会说上帝是一个三角形；而圆圈则会说神性是一个出色的圆。这就是说，每一种事物都会把自己的属性加在上帝身上。"

斯宾诺莎的一个学生最终皈依了天主教，他愤愤不平地写信质问斯宾诺莎："你以为你终于发现了真正的哲学。你怎么知道你的哲学是过去、现在、将来世界上所有哲学中最好的呢？你是否已经研究过了，在这里、在印度、在世界各地所教授的全部古代和现代哲学呢？就算你把它们全都看了一遍，你又怎么知道你选择的是最好的呢？"

斯宾诺莎写信回敬他："你以为你终于发现了最好的宗教……你怎么知道它们是过去、现在、将来所有宗教中最好的呢？就算你已经把它们都很好地看了一遍，你又怎么知道你选择的是最好的呢？"

斯宾诺莎1670年匿名发表了《神学政治论》，它刚问世就被当局打入禁书之列。很多人写书对它加以批驳，有一本书称斯宾诺莎为"有史以来最大逆不道的无神论者"。但雪莱在长诗《麦布女王》

的注解中，照样引用《神学政治论》，还着手将它译成英文。

　　说到这里，报告列位看官，天龙先生好喜欢雪莱的《西风颂》，让我借花献佛，把雪莱的这段诗献给斯宾诺莎吧：

　　"请把我枯死的思想向世界吹落，

　　让它像枯叶一样促成新的生命！

　　哦，请听从这一篇符咒似的诗歌，

　　就把我的话语，像是灰烬和火星

　　从还未熄灭的炉火向人间播散！

　　让预言的喇叭通过我的嘴唇

　　把昏睡的大地唤醒吧！

　　西风啊，如果冬天来了，春天还会远吗？"

# 第三章
# 单子世界混世者

　　莱布尼茨（1646—1716 年）这家伙太聪明了，用法国启蒙思想家狄德罗的话说，如果一个人拿自己的才能和莱布尼茨比，"他就会恨不得能扔掉一切书，在世界上找个昏暗的角落躲藏起来，无声无息地死掉。"

　　莱布尼茨是德国莱比锡一个哲学教授的儿子，他天资聪颖，8 岁就能破译密码，15 岁上了大学，17 岁发表《单子论》徒手创造出一个单子世界，20 岁获得法学博士并收到阿尔杜夫大学教授之职的邀约，38 岁创立微积分，与牛顿并称为微积分的创始人。

　　在业余时间，他从事数学、物理学、地质学、逻辑学和哲学研究，也热衷于技术发明和革新。他设计过计算机，提出过蒸汽机的设想，改进了采矿技术和抽水机。他还制定了逻辑学上的充足理由律，提出了数理逻辑的基本设想。

　　就学识而言，莱布尼茨算得上是历史上少数几个最博学的人物之一。马克思在给恩格斯的信中，表达了他对莱布尼茨的钦佩之情。现代英国著名哲学家罗素，也称誉莱布尼茨为"千古绝伦的大智者"。

　　莱布尼茨的主要著作有 1714 年出的《单子论》，1704 年出的《人类理解新论》，1710 年出的《神正论》。

## 流俗

莱布尼茨博士毕业时获了大学教授的 Offer，却无意于大学老师生涯，而是野心勃勃地投入社会和政治生活，毕生为德国汉诺威王室服务。他先后担任过外交官、宫廷顾问和王室图书馆长职务，他还做过俄国彼得大帝的顾问，还创办了德国柏林科学院并担任第一任院长。

1672 年，莱布尼茨到巴黎搞外交工作。正是在巴黎，他接触到笛卡尔主义哲学。

1675 年到 1676 年之间，他发明了微积分的无穷小算法，在 1684 年发表。牛顿就同一问题也早已作出发明，不过，牛顿阐明微积分理论的《自然哲学的数学原理》一书延宕至 1687 年才出版。

牛顿坚称自己是微积分之父，微积分理论他几年以前就已经完成了。莱布尼茨率先发表微积分，动了牛顿的奶酪，牛顿大生其气，两人就发明权发生了一场你来我往的争执，甚至引发了英德两国的情绪对立。牛顿在英国人民心中，那是神一样的存在，就连英国学者也很生莱布尼茨的气，甚至拒绝采纳莱布尼茨的数学符号，尽管那确实是更加适用和灵活的数学解释工具。

科学界后来终于澄清了事实，将莱布尼茨与牛顿并列为微积分的发明者，了结了那场旷日持久的发明权之争。

1680 年以后，莱布尼茨做了王室图书馆长。1698 年，他的君王老板乔治（1698—1727 年在位）在其父王逝世后，继位为汉诺威选帝侯。

顺便插句话，什么是选帝侯呢？

从十三世纪中开始，那些拥有选举神圣罗马皇帝权利的诸侯被称为选帝侯。1356 年，神圣罗马帝国卢森堡王朝的查理四世皇帝为了谋求诸侯承认皇子可以继其位，在纽伦堡制订了著名的宪章"金玺诏书"，正式确认大封建诸侯选举皇帝的合法性。这个选帝制度直至 1806 年神圣罗马帝国灭亡才废止。

莱布尼茨在汉诺威王室供职时，王室发生了一件天上掉馅饼的美事儿。1714 年，英国安妮女王驾崩，她没有子嗣，按 1701 年英国的"王位继承法"，因为乔治的母亲索菲亚是英王的外孙女，英王的王冠居然拐弯抹角落到了乔治的头上。从此，他被史家称为"乔治一世"，成为大不列颠、爱尔兰、汉诺威王朝首位国王。

乔治继了英国国王的位，可他的母语是德语，平时说欧洲贵族语言法语，他英语讲得实在太烂。他的英国大臣们又不会讲德语，懂法语的廷臣不多，连他的首相罗伯特·沃波尔也不会说法语。国王和大臣说话，常如鸡同鸭讲，词不达意。这下首相沃波尔可高兴了，他得意地对亲信说："我用蹩脚的拉丁语和可口的混合甜酒控制了乔治。"

开内阁会议，大家叽里呱啦扯半天，啥也说不明白，简直不要太烦了！后来，乔治干脆不再参加内阁会，他要求大臣们给他书面报告，再把这些报告翻译成法语给他。大多数情况下，他只在文书上签名，不管事儿。无心插柳柳成荫，正因为他不太干涉国事，从而使威廉三世时形成的内阁制更趋成熟。

乔治本人的兴趣不在英国内政，兴趣在外交与汉诺威领地，他大部分时间在汉诺威度过。1727 年，乔治在汉诺威驾崩。

乔治当上英王时，手下都感觉要鸡犬升天，兴高采烈跟国王去英国享受荣华富贵。照常理，莱布尼茨应随行去沾光，但英国人因他与牛顿争执，对他甚为反感。结果，他郁郁不得志，被留了下来。1716年，他在冷落中死去。

莱布尼茨爱钱好名，狄德罗作诗笑话他："圣徒，或是疯子，你怎么叫都成……他爱听颂扬之声，犹如财迷爱听金钱音声。"

他在财务上非常算计，用日本鬼子的话来说，莱布尼茨这人实在是"狡猾，狡猾地！"

他喜欢写格言，认为格言抵千金。当然，别人是不是这么想的，我们不知道，大概主要是他这么想的罢，而且一贯如此。汉诺威宫廷有年轻女子结婚，他也送人家一套所谓"结婚礼物"，他不送金银珠宝，他只送几句"千金难买"的格言。

他思想博大精深，可满脑子转的全是功名利禄，他一心钻营怎么"红"起来。你若得空研究一下复强先生的《成名学》，你会发现莱布尼茨使用了相同的套路，只要王公后妃们喜欢，他说啥也要鼓捣出一些响动来；如果无人嘉赏，多精湛、多有利于发展的学问，都靠边站。所以，他生前发表的许多作品，大多为有意博取王公后妃们欢心的东西，而真正深刻、有独立见解的著作，则因担心不会给他带来名望、甚至会招来非议而被他束之高阁，直到死后才为人们整理发表。

莱布尼茨的哲学曾受到斯宾诺莎的重大影响。他在1676年拜访斯宾诺莎，二人相处一个月，经常交谈，他还获得了斯宾诺莎的《伦理学》部分原稿。可是到晚年时，他却附和对斯宾诺莎的攻讦，为撇清与斯宾诺莎的干系，他说只跟斯宾诺莎见过一面，听了些政治趣事而已。

莱布尼茨完全缺乏斯宾诺莎的崇高品德。为了证明当今权贵的合理性，他蓄意杜撰"现实世界是上帝选定的最好的可能世界"这种理论谎言，他是一个活跃于人生舞台上的庸人，满口赞歌、曲意逢迎。

## 单子世界

莱布尼茨构造了自己的哲学体系，营造出一个单子世界。

他说，单子是世界的本原，世界万物由单子构成。

单子是一种不可分割的单纯实体。单纯就没有部分，没有广延；没有广延，就没有形状和体积，看不见摸不着。莱布尼茨主张广延性不会是某一个实体的属性，他的理由是，广延性含有"复多"的意思，只能够属于若干个实体并成的集团，所以，单个实体必无广延。

世界上单子的数量无限，但每个单子都是自行封闭的实体，即一个独立的"小宇宙"。单子是"没窗户的"，单子之间不能发生作用。任何两个单子彼此决不能有因果关系，纵然有时看起来好像有因果关系。

单子具有能动性和可变性，并且拥有知觉，每个单子都能在自身中反映全宇宙。莱布尼茨主张一切单子反映宇宙，这并非因为宇宙对单子发生影响，而是因为神给了它一种性质，自发地产生这样的结果。

每一个单子都像一部无形的自动机，按照自己的知觉、意识和欲望进行活动。显然，单子纯粹是一种精神性的、能动的东西。

单子之间的知觉程度不同，形成一个等级体统。最低级的单子，只有模糊昏暗的微知觉，构成无机物和植物；高级一点便有嗅觉、触觉与记忆，因此成为动物；更高一级的单子就是人，具有理性的灵魂，能运用概念进行判断和推理，达到必然性的认识；最高级的单子乃是上帝，它是绝对完满、全知全能的，具有至高无上的能动性，其他一切单子全都是上帝的发散物。

人的肉体完全由单子组成，这些单子各是一个灵魂，各自永生不死，但是有一个主宰单子，它构成谁的肉体的一部分，它就是那人的固有灵魂。主宰单子不仅比其他单子具有更清晰的知觉，而且人体的种种变化也由主宰单子而起，比如当我的手臂活动时，这活动完成的目的是主宰单子的目的，而不是组成我手臂的那些单子的目的。

当人们难以明确认识物质与精神的区别时，莱布尼茨这样向人们解释说：物质与精神的不同就在于，物质可以不断地分割成更小的单位，但灵魂却连分割成一半也不可能。

总而言之，上帝创造单子，单子组成世界，这便是莱布尼茨的单子论。

## 预定和谐

莱布尼茨说，单子之间互不影响，可当一个单子产生变化时，其他的单子便会相应地、自动地发生变化，由此生出相互作用的样子。

这貌似有些矛盾呀，到底是咋回事呢？

莱布尼茨不慌不忙地说，这是"预定和谐"呀！

上帝使一切单子能和谐发展，就仿佛一位精明灵巧的钟表匠那样，把两个钟表造得完全一样，走时准确一致，纵使它们之间没有制约、不能互相影响，但彼此报时的钟声却始终吻合一致。

这与音乐的协奏也是同一个道理：不同的演奏者根据同一个乐谱分别奏出自己的旋律，共同汇成一曲和谐优美的乐章。

单子与单子虽然是彼此独立的，然而，上帝在创造万物之初，就预先安排好了单子之间的相互关系，使每一个单子与其他单子紧密地联系在一起，它们的发展可以和谐协调地进行，从最低级、最简单的单子到最高级、最复杂的单子，构成一个无限系列的链条，从而组成一个完满和谐的宇宙，这就是"预定和谐"。

## 充足理由律

莱布尼茨讲，无论什么事情，没理由决不发生。但是，事情发生的理由，却是"有倾向力而无必然性"。所以，人的所作所为总有动机，但人行为的充足理由却没有逻辑必然性。

上帝永远怀着最良善的意图而行动，做任何从逻辑上讲可能的事情，上帝不能做违反逻辑定律的行为。因此，我们一考察已知的世界，便发现有些事情解释成盲目的自然力的产物说不过去，把它们看成是一个慈悲意旨的证据，这要合理得多。

一个世界如果与逻辑规律不矛盾，就叫"可能的"世界。可能的世界有无限多个，上帝在创造这现实世界之前全都仔细思量了。上帝因为性善，决定创造这些可能的世界当中最好的一个，而上帝把"善超出恶最多"的那个世界看成最好的。

上帝本来可以创造一个不含一点恶的世界，可这样的世界就不如现实世界好，因为有些大善与某种恶必定密切关联。

为什么这么说？给你做个类比说明一下。

假使你在大热天渴极的时候，喝点儿凉水可以给你无比的痛快。这必定让你认为，以前的口渴固然难受，也值得忍受，因为若不口渴，随后的快活就不会那么大。

这情况在神学上也类似，自由意志是一宗大善，但按逻辑讲来，神不可能赋予人自由意志而同时命令人不得有罪。所以，尽管上帝预见到亚当要吃掉苹果，尽管罪不免惹起罚，上帝决定予人自由。结果产生的这个世界，虽然含有恶，但是善超出恶的盈余比其他任何可能的世界都多。因此，这个世界是所有可能的世界当中最好的一个。同时，这个世界含有的恶，也不能成为反对神性善的理由。

这套道理说明一个道理，一切都是最好的安排！

莱布尼茨的说辞令汉诺威王室畅心快意，农奴忍受恶的折磨，王室享受善的快乐，这里有一套伟大的哲学证明，这件事完全公道合理，是上帝作出的最佳选择。


## 《人类理解新论》

洛克在《人类理解论》描述了认识世界的经验论，莱布尼茨的《人类理解新论》为反对洛克而作。

莱布尼茨说，既然认识的主体，即灵魂或心灵，本身就是一种高级的单子，而单子又没有可供外界事物出入的窗户，不能接受来自外部事物的影响，因此，认识不可能有客观来源，不可能是对客观事物的反映。

他说，单子的基本特性就是知觉，心灵作为一种高级单子，无时无刻不在知觉状态中，只是因为这些知觉印象太小而数量又太多，或者彼此联系得过分紧密而不被人觉察罢了。因此，人的心灵绝不像洛克说的那样是一块空无一物的白板，而像是一片有天然花纹的大理石，经过艺术家（即理性）的精心雕琢，便可成为一个完整清晰的形象；而某种花纹的大理石能雕成什么形象，则是由大理石固有的花纹决定的。这个比喻隐含的推论是：观念和真理是作为倾向、禀赋、习性或自然的潜能而天赋在人的心中的。

他说，如果认为我们的心灵可以像读一本打开的书那样轻易地读到理性的永恒法则，那是根本不可能的事情。事实上，当感官与外界对象相遇时，潜在的天赋观念和真理就像火花一样迸发出来，由潜在能力一下子变成为清晰确定的观念，由此产生了认识。

感觉经验作为媒介对认识是绝对必要的，然而它终究不能为人提供普遍必然的知识。原因就在于，感觉永远只能给出一些个别的例子，而要达到一个普遍必然的真理，即便是无数的例证也是无济于事的。

为此，他将真理划分为两种：事实真理和推理真理。前者借助经验的方法，通过归纳而确定，具有偶然性和个别性，自然科学的知识就属于这一类；后者完全是依据逻辑的规律性推导出来的，具有普遍必然性，逻辑学和数学知识等就属于这一类。

## 莱布尼茨二三事

据说，莱布尼茨发明了微积分后，变得非常的自负。可是，当他读到中国古籍《河图洛书》的拉丁文译本后，激动之下将自己写的微积分书扔了，大叹自己虽了不起，却比不过中国人。由此，他如痴如醉地研读中国文化和哲学。为表达他对中国的仰慕和向往之情，还给康熙皇帝写信，可自恃国势强盛的大清皇帝没搭理他。

有一次，汉诺威王室请莱布尼茨去授课，他说天地间从来没有完全相同的东西，大家都不相信。不好拿两个人出来比较了，找树叶比较吧，大家一心想驳倒他，发动宫女到花园里找两片一样的树叶，可真就没找到。

莱布尼茨曾给自己的秘书讲过这样的故事，说他自己到一个陌生地方，坐一艘船遇到险情，当时风浪骤起，水手目露凶光。那些水手看他是外地人，估计他不懂当地黑话，就当他面商量，把他"做掉"，瓜分他的财物。

怎么"做掉"？大抵可以参照《水浒传》里张横给宋江提供的套餐，要么请宋江吃"馄饨"，就是囫囵扔水里；要么吃"板刀面"，就是砍了扔水里。

莱布尼茨立刻动用超级心灵单子计算机分析运算，作出正确选择。他佯作不懂水手的黑话，拿出个十字架，虽然自己很少进教堂，却知道这护身符的厉害，面对惊涛骇浪假装祈祷。水手被这位同教教友祈祷感化，居然没把他扔进海里。

也许他太聪明了，世间更无女子可匹配。他也不是不想女人，他50岁时想和一位女士结婚，可那女士有点儿矜持，或者北京人说的"作"，说要考虑考虑，他老人家就失去了兴致，改变了主意。觉着还是自己一个人比较好，女人太让人分心了，打搅他的思考。他虽没娶过媳妇，却喜欢孩子，时不常带些小孩来家玩儿，自己坐在椅子上瞧着有趣，孩子们离开时还给些点心犒赏一下。

他平日不会随大流进教堂，人送外号"Lovenix"，意思是什么也不相信的人。常规来说，西方社会的人死时，教士该主持葬礼送一程，念一念"尘归尘，土归土"之类的祈祷词，愿死者升入天堂，等莱布尼茨死的时候，教士谁也不来，只有秘书艾克哈特和医生在旁。

不过，莱布尼茨毕竟是伟大的科学家、哲学家，1793年汉诺威人为他树了碑，1883年在莱比锡教堂附近还立了他的雕像。

# 后记
## 静静等他来

午夜梦回，天龙先生总要扪心自问：哲学不俗，你玩通俗，你到底在搞哲学，还是在毁哲学？

于是，内心的良知开始讲话，这么问不对，你是在拯救哲学啊！人民群众不掌握哲学，哲学怎么掌握人民群众？看来，你还需要很多很多的自信。

试想一下，几个哲学家钻在黑屋子里，说了一通莫名其妙的话，然后，相视而笑，莫逆于心，他们读懂了彼此。我等凡夫俗子却不懂他们的聪明，就像白天不懂夜的黑。

这么多玄妙学问，说出来像江湖黑话，写下来像上古阴符，如果不烹调料理成人民喜闻乐见很幽默的哲学，教大家"如享太牢，如春登台"，开开心心读哲学，先辈哲人的思想恐怕会被堆放在阴暗角落，落灰发霉，那就太可惜了。所以，天龙先生发愿，要把哲学这场盛宴摆下去。

读幽默化的哲学书，如同享用满汉全席式的饕餮大餐，这大餐要好吃好看又营养。天龙先生只恨自己没有混子哥的画家团队，要不然这部书不但文字精彩纷呈，还要漫画通篇养眼，令读者老爷甘之如饴。

据说，老康德只喝红酒，认为啤酒是给下等人喝的。可是，不管什么样哲学家的酒水，你都需要有下酒的好菜，你不吃点时令菜蔬，非但会倒胃口，而且还会消化不良，会弄坏了身体。因而，大餐要按顺序来，先来碟开胃熏鲑鱼，再上道意式蔬菜汤，副菜是洒了白奶油调味汁的水产，然后上烤牛排大餐，也要配上蔬菜沙拉，菜上过了，布丁甜点爽爽口。最后，来杯咖啡回味一下，真是惬意呀！

写哲学书也得这样呀，一开头就上大段大段的枯燥理论，好似大鱼大肉地傻吃，很快就败了胃口，最后要导致梗阻便秘。所以，别觉着自己看了貌似掺了水的哲学书，这其实是非常精巧的安排。哲学原本来自社会生活，就该像家长里短一样，被咀嚼谈论、消化吸收。倘若哲学家像提炼辣椒精一样，炼出纯而又纯的"哲学精"端上来，劝你还是不要整顿拿它当饭吃。

好书非要靠"十年不鸣""十年不飞"的耐心打磨出来。历经成百上千的日晒夜露，栉风沐雨的青涩羊角，熟成了哈蜜。十年的光阴，带走了许多，一些铭心的记忆，一些亲爱的人，往事一切随风。岁月依然静好，一幕一幕皆是回忆的画卷，我们且行且珍惜。

说来，在不知不觉中，《很哲学，狠幽默》已陪您走过两千多年的西方哲学历程。到如今，漫漫旅途上，我们还有讲"人是机器"的机械唯物论、博学多才的百科全书派、德国古典哲学可以聊。哲人的话语，会伴桨声波影，慢悠悠，一段段飘来，入耳入脑入心，滋养灵魂。

做人处世总难以逃离危机。危机会埋伏在每一个人生的旅途，准备随时给人狠狠一击。传说中，哲学家可以化解这样的危险。在踏入人生的危局前，我们应当和哲学家在一起。哪怕哲学家的法宝也无计消除危难，但重要的不是陪伴么，等等哲学家到来，值得的。

春日煦暖，蓓蕾绽放，花粉散逸，蜂儿振翅而来，那琥珀色的蜜汁，还要等蜜蜂酝酿。似乎到众所期盼的德国古典哲学光临，时候尚早。何必捉急，来，沏一壶酽酽的老普洱，找出《很哲学，狠哲学Ⅳ》，伴随不老的时光，一起等待老康德和黑格尔们慢慢到来。

也许，在下一本书里，他们就要讲着铿锵睿智的语句来了。

也许……

# 附录
## 重要历史人物生卒年表

但丁（意大利诗人、人文主义的先知，1265—1321 年）

彼特拉克（意大利学者、诗人、人文主义之父，1304—1347 年）

薄伽丘（意大利人文主义先驱、诗人，1313—1375 年）


库萨（德国神学家、哲学家、数学家、政治家，1401—1464 年）

达·芬奇（意大利画家、科学家、发明家，人类史上的全才，
1452—1519 年）

爱拉斯谟（尼德兰人文主义者、思想家，1466—1536 年）

马基雅维利（意大利近代国家学说的奠基人，1469—1527 年）


哥白尼（波兰天文学家，1473—1543 年）


蒙田（法国思想家、作家、怀疑论者，1533—1592 年）

布鲁诺（意大利思想家、自然科学家、哲学家，1548—1600 年）


培根（英国经验论哲学鼻祖、实验科学的先驱，1561—1626 年）

伽利略（意大利天文学家、物理学家，1564—1642 年）

霍布斯（英国哲学家、政治家，1588—1679 年）
笛卡尔（法国唯理论哲学家、数学家，1596—1650 年）

斯宾诺莎（尼德兰理性主义哲学家，1632—1677 年）
洛克（英国经验主义哲学家、政治家，1632—1704 年）
牛顿（英国物理学家、数学家，百科全书式全才，1643—1727 年）
莱布尼茨（德国著名哲学家、数学家，1646—1716 年）
贝克莱（英国经验主义者、天才哲学家，1685—1753 年）
休谟（英国怀疑主义哲学家、经济学家、历史学家，1711—1776 年）